# 우리가 몰랐던 마르크스

마르크스 사상의 재구성

이병창 지음

# 들어가면서

그동안 접어 두었던 마르크스주의 연구를 다시 시작하겠다고 결심하게 된 것은 그리스의 좌파연합인 시리자 때문이었다. 시리자는 불평등한 유럽연합을 탈출하기 직전 되돌아서고 말았다. 신자유주의 체제를 벗어나 새로운 세상으로 들어간다는 것이 두렵기 때문일 것이다. 동병상련을 느끼는 것은 우리도 마찬가지이기 때문이다. 촛불 이후 누구나 신자유주의를 넘어서야 한다고 말한다. 하지만 아무도 신자유주의 질서를 넘어서 무엇을 생각하지 못한다. 그 너머에 텅 빈 공허밖에 없으며 거기엔 악마가 기다리지 않을까? 그런 두려움 때문에 우리는 지금 신자유주의를 땜질하는 수준에 머무르고 있다. 이제 두려움을 극복할 필요가 있다. 그것을 위해서는 신자유주의 너머를 그려내야 한다.

신자유주의, 그것은 자본주의가 300년 만에 도달한 괴물이었다. 자본주의는 불가피하게 그런 괴물이 될 수밖에 없었다. 더 새로운 자본주의가 있을까? 신자유주의가 자본주의의 마지막이 아닐까? 신자유주의를 극복하려면 대안적인 자본주의가 아니라 자본주의를 넘어설 수밖에 없지 않을까?

자본주의를 넘어서기 위해서는 마르크스로 다시 돌아갈 수밖에 없다. 자본주의 내에서 대안을 모색하는 사상은 많이 있다. 포스트모던 자유주의가 대부분 그런 대안을 모색한다. 한때 무정부주의, 코뮌주의, 공유제가 그런 가능성으로 떠올랐다. 얼마 지나지 않아 사람들은 시들해졌다. 왜냐하면 그 역시 자본주의적인 사적 소유의 일종이기 때문이었다. 자본주의를 넘어서는 가능성은 오직 마르크스주의에서만 발견할 수 있다.

마르크스주의는 끝없이 파산하고 다시 살아났다. '불사조'라는 말이 마르크스주의의 운명을 잘 표현해준다. 그만큼 내적인 생명력이 존재한다는 뜻이다. 새로운 탄생이 있으려면 지난 모든 것이 불타 시꺼먼 재로 변하는 과정이 있어야 했다. 서구에서 1980년대 말 신자유주의가 등장할 무렵, 소련 및 동구 사회주의 진영은 파산했다. 그 사이 몇몇 나라는 사회주의를 지켰다. 조선, 쿠바 등에서는 여전히 사회주의의 강인한 생명력이 꿈틀거린다. 중국, 베트남에서 사회주의가 시장과 접목하여 살아남았다. 신자유주의가 몰락해 가는 지금, 세계 곳곳에서 마르크스주의 연구의 붐이 다시 분다.

마르크스는 『공산당 선언』에서 '공산주의'라는 유령을 언급했다. 요즈음은 세계 곳곳에서 '21세기 사회주의'라는 유령이 출몰하고 있다. 니카라과의 산디니스타, 멕시코의 사파티스타, 베네즈엘라의 차베스, 유럽의 자율운동이 공통으로 들고나오는 것이 '21세기 사회주의'이다. 신자유주의 시대 불평등의 테러에 잠들지 못하면서도 이런 사실을 생각하면, 다시 믿음이 솟아난다.

이런 관점에서 마르크스 등 이전 사회주의 이론가, 혁명가의 저서를 다시 살펴보면 깜짝 놀라게 된다. 그동안 교과서적으로 이해된 마르크스주의와 전혀 다른 모습, 추상적이고 상투적인 것이 아닌 구체적이고 풍부한 내용이 발견되기 때문이다. 마르크스에 대한 새로운 발견은 최근 등장한 21세기 사회주의 사상과 연결된다. 21세기 사회주의가 공통으로 강조하는 것은 아우토노미아[Autonomia]라는 개념이다. 흔히 자율성으로 번역하지만, 그 의미는 오히려 자주성에 가깝다. 인민이 직접 실행하는 자치를 강조하는 개념이다. 과거엔 왜 이런 걸 보지 못했을까? 자괴감이 절로 든다.

21세기 사회주의는 지금 완성된 이론이 아니다. 새로운 사회주의는 우리 앞에 백지처럼 놓여 있다. 이전 이론가와 혁명가의 저서를 읽으며 창조적으로 계승할 의무가 우리를 재촉한다. 올빼미는 황혼에 난다고 한다. 지금은 신자유주의가 몰락하는 황혼의 시대이다. 마르크스가 1818년 탄생했으니 2018년은 마르크스 탄생 200주년이다. 불사조 마르크스주의의 새로운 비상을 고대한다.

2018년 10월 18일
남양주에서

# 차례

6 우리가 몰랐던 마르크스

# 1부 역사철학 연구

"그러나 패배에 굴복한 것은 혁명이 아니었다. 굴복한 것은 …혁명 이전의 전통적 유제였다. 즉 그것은 인물, 환상, 관념, 계획들로서 2월혁명 이전의 혁명적 정당은 여기에서 벗어날 수 없었던 것이며, 혁명적 정당은 2월혁명의 승리에 의해서가 아니라 일련의 패배를 통해서만 그것들로부터 해방될 수 있었다."(마르크스, 『프랑스에서의 계급투쟁』)

1848년 2월 혁명에서 공화정을 선포하는 임정 수반 시인 라마르틴

# 1장 1848년 2월혁명의 연구

## -계급투쟁이란 무엇인가?-

**문:** 마르크스는 역사를 계급투쟁이라 했습니다. 자본주의 사회에서는 부르주아와 프롤레타리아가 대립한다는 말인데, 좀 추상적이고 딱딱한 느낌이 들어 쉽게 다가오지 않습니다.

**답:** 역사 속에서 등장한 생생한 계급투쟁을 보려면 마르크스가 지은 역사책 즉『프랑스에서 계급투쟁』과『루이 보나파르트의 브뤼메르 18일』이란 책을 보는 것이 좋겠습니다. 이 책들은 1848년 2월혁명의 역사를 계급투쟁의 관점에서 서술했어요. 계급투쟁을 구체적인 역사적 사건을 통해 생생하게 우리 눈앞에 그려내 주죠.

# 1절 마르크스의 역사서술

## 1) 마르크스의 역사 철학

　역사적 유물론의 원리는『독일 이데올로기』에서부터 출현한다. 마르크스는 대학 시절 포이어바흐의 무신론을 받아들였다. 프랑스 망명 시절 그는 다시 푸르동의 사회주의 사상을 받아들였다. 이어서 그는 엥겔스의 소개로 영국의 정치경제학을 습득했다. 그는 1846년에서 1847년까지『독일 이데올로기』를 작성하는 중에 마침내 자기의 철학인 역사적 유물론에 도달했다. 역사적 유물론의 원리를 획득하기까지 그가 얼마나 고투했는지, 그 흔적이『독일 이데올로기』1부 1장「포이어바흐」장에서 발견된다. 마르크스는 그 장을 초고 상태에서 미완성으로 남겨 두었다. 초고에는 그가 수없이 첨삭을 반복한 흔적이 고스란히 남아 다.

　『독일 이데올로기』에서 그는 겨우 역사적 유물론의 원리만 완성했다. 이 책에서는 역사에 관한 약간의 스케치 외에 구체적인 연구는 아직 보이지 않는다. 역사에 관한 구체적인 연구는 마르크스, 엥겔스가 1848년 3월 독일혁명에 참가한 다음 다시 런던으로 망명한 직후부터 시작됐다.

마르크스는 1850년『프랑스에서의 계급투쟁』과 1852년『루이 보나파르트의 브뤼메르 18일』을 작성했다. 엥겔스는 1850년 후반『독일 농민전쟁』과 1851년 겨울『혁명과 반혁명』을 작성했다. 이 4권의 저서가 마르크스, 엥겔스의 대표적인 역사서다. [1]

### 2) 계급투쟁의 역사

마르크스와 엥겔스가 1850년과 1852년 사이에 지은 역사서들은『독일 농민전쟁』을 제외하고는 그들이 직접 보거나 겪었던 1848년 유럽혁명을 대상으로 삼았다. 이 역사서들은 눈앞에서 일어난 역사를 현장에서 기록한 책이다. 이 시기 그들이 역사서를 서술했던 이유는 쉽게 짐작된다. 1848년 유럽혁명은 프랑스에서든 독일에서든 실패로 돌아갔다. 그들은 혁명이 실패한 원인을 발견하고 다가오는 새로운 혁명을 준비하려 했다.

> "다행스럽게도 운동 제1막의 끝과 제2막의 시작 사이에 허용된, 아마 매우 짧을 것 같은 휴지기는 우리에게 절실한 작업 일부를 위한 시간 여유를 부여한다."[2]

---

1  한참 지난 이후 1871년 파리코뮌 전후에 마르크스는『프랑스 내전』을 작성했다. 마르크스 사후 엥겔스는 1884년『가족, 사유재산, 국가의 기원』을 발표했다. 이 책들도 넓게 보면 역사서이다. 하지만 전자는 주로 국가론과 관련해서 후자는 전자본주의의 시대와 연관해서 참고된다.

2  엥겔스,『독일 혁명사 2부작』, 허교진 역, 소나무, 1988, 142쪽. 이 글은 독일 3월혁명을 다루는『혁명과 반혁명』1장에 있다. 1851년 9월 런던에서 썼다.

우리는 이 시기 여러 역사서 가운데 특히 『프랑스에서의 계급투쟁』과 『루이 보나파르트의 브뤼메르 18일』에 주목한다. 이 두 책은 모두 마르크스의 것이고, 프랑스의 2월혁명을 다루기 때문이다.[3]

1848년 2월 프랑스에서 왕정이 무너지고 공화정이 수립됐다. 4년도 채되지 못해 다시 쿠데타가 일어나 왕정이 복귀했다. 1848년 2월혁명은 역사를 전진시킨 바가 없으니, 1789년 프랑스 대혁명이나 1871년 파리코뮌에 비교해 비중이 낮은 혁명이었다. 그러나 역사철학이라는 관점에서 본다면 1848년 2월혁명만큼 좋은 교과서가 없다. 실패한 혁명이 오히려 역사를 움직이는 진정한 힘을 밝혀주기 때문이다.

역사를 움직이는 진정한 힘이 무엇인가? 마르크스는 그 힘을 계급투쟁이라 보았다. 그 점은 아래 인용문이 잘 설명한다.

"그 작업이란 그 뒤의 사태 폭발과 그 패배를 불가피하게 했던 제원인에 대한

---

3 여기서 두 책을 제외한 나머지 역사 연구를 간단하게 소개하고자 한다. 우선 『프랑스 내전』이란 책은 보불전쟁이 일어난 직후 마르크스가 '국제 노동자 협회' 총평의회에서 했던 연설문 3편(1870년 7월 23일, 9월 9일, 1871년 5월 30일)과 노트, 쿠겔만 박사에게 보내는 편지(1871년 4월)로 이루어져 있다. 마르크스는 이 글에서 파리코뮌의 역사를 분석했다. 『독일 농민전쟁』은 엥겔스가 1850년 여름 런던에서 작성하고 『신라인신문』 5호와 6호에 실렸다. 이 글은 마르크스의 『프랑스에서의 계급투쟁』과 거의 동시적으로 작성됐다. 이 글은 루터 종교 개혁 직후 발생한 독일 농민전쟁의 역사를 서술한 책이다. 마지막으로는 『혁명과 반혁명』이다. 이 글은 1851년 10월부터 12월까지 미국의 『뉴욕 트리뷴』지에 연재됐다. 마르크스의 이름으로 발표했으나 실제로는 엥겔스의 글이다. 이 글은 1848년 3월 독일 혁명을 다루니 1848년 2월혁명을 다룬 마르크스의 『프랑스에서의 계급투쟁』과 비교할만하다. 이 글은 시기적으로는 후자보다 일 년 뒤의 작품이다.

연구이며, 일부 지도자의 우발적인 시도, 재능, 결함, 실수 또는 배반 등에서
가 아니라 전반적인 사회 상황과 격변이라는 각국의 존재 여건 속에서 찾아
지게 되는 제원인에 대한 연구이다."[4]

"위대한 역사의 운동법칙을 최초로 발견한 사람은 바로 마르크스였다. 이 법
칙에 따르면 역사상의 모든 투쟁은 ... 사실상 사회 제 계급 사이의 투쟁이 다
소 분명히 표현된 것일 뿐이며, 이와 같은 사회 계급의 존재와 그로 인한 계급
간의 충돌은 역시 .....생산양식 그리고 생산양식에 의해 결정되는 교환양식에
의해 조건 지워진다는 것이다. ...이 법칙은 여기서 역시 그[마르크스]에게 프
랑스 제2공화정의 역사를 이해할 수 있는 열쇠를 제공해 주었다."[5]

마르크스는 1848년 2월에서 1851년 12월 2일의 쿠데타까지를 계급투
쟁의 관점에서 서술한다. 그는 계급투쟁을 단순히 개념적으로 설명하지
않는다. 그는 이 계급투쟁을 생생한 사건과 등장인물들을 통해서 또 그들
의 기대와 좌절이라는 드라마를 통해 명료하게 설명한다.

### 3) 『프랑스에서의 계급투쟁』

먼저 두 책의 배경을 보자. 1848년에는 프랑스에서 2월혁명이 발생했
다. 이어서 3월에는 베를린과 빈에서 혁명이 발생했다. 런던에 망명 중이
던 마르크스는 귀국했다. 그는 혁명의 소용돌이 속에서 『라인 신문』을 복

---

4  엥겔스, 『혁명과 반혁명 』, 위의 책, 142쪽. 엥겔스의 말이다.

5  마르크스, 『루이 보나파르트의 브뤼메르 18일』, 위의 책, 145쪽. 『루이 보나파르
트의 브뤼메르 18일』, 3판 서문에 나오는 글인데, 이 서문은 엥겔스가 작성했다. 참고
로 2판 서문(1869년)은 마르크스의 글이다. 3판은 마르크스 사후 1885년 나왔다.

간했다. 그는 이 신문,『신라인 신문』을 통해 독일 혁명에서 노동 계급이 취해야 할 입장을 제시했다. 혁명은 안타깝게도 실패로 돌아갔다. 그는 1849년 5월 간신히 영국으로 탈출했다.

영국에서 1850년, 마르크스는 프랑스 2월혁명에 관한 기사를 작성해『신라인 신문』에 실었다. 그는 총 4편에 걸쳐서 2월혁명의 역사를 연재했다. 그중 처음 3편은 1~3월 호에 발표했으니 마지막 4편은 10월에 가서야 발표할 수 있었다.[6] 마르크스 사후 1895년에 엥겔스가 그때 기사를 엮어서『프랑스에서 계급투쟁』(progress 출판사) 이라는 책으로 발간했다.

이 글은 1850년 5월 31일 프랑스에서 질서당(왕당파, 정통 왕조파와 오를레앙파 연합세력)이 2월혁명 초 채택한 보통선거제를 다시 폐지하기까지 다룬다. 마르크스는 이 사건을 보면서 혁명은 종지부에 이르렀다고 판단했다. 그는 앞으로 공화정의 한계 내에서 의회의 질서당과 대통령 루이 보나파르트가 서로 물고 물리는 가운데 균형을 얻으리라 예상했다. 그때 그는 루이 보나파르트의 쿠데타를 예상하지 못했다.


4)『루이 보나파르트의 브뤼메르 18일』

『루이 보나파르트의 브뤼메르 18일』[7]이란 글을 쓴 배경은 이렇다. 마

---

6  엥겔스는 서문에서 이런 시간 차이 때문에 1~3편과 마지막 4편에 견해 차이가 있다고 설명했다. 1847년 프랑스 경제는 불황에 들어갔다. 그 결과 혁명이 발생했다. 반면 1850년 후반 프랑스 경제는 호황을 맞이했다.  3편의 말에는 마르크스는 이런 경제적 변화를 예측하지 못해 혁명에 대해 낙관적이었으나, 4편에서는 다음 공황이 오기 전까지 혁명은 불가능하리라 예측했다.

7  당시 혁명력에서 브뤼메르(11월) 18일은 현재 달력으로 12월 2일이다.

르크스의 친구 바이데마이어Josef Weydemeyer가 뉴욕으로 건너가 1852년부터 1월 초부터 시사 월간지를 발간하기로 기획했다. 바이데마이어가 마르크스에게 루이 보나파르트의 쿠데타에 관한 기고를 요청하자 마르크스는 이 글을 1852년 2월 중순까지 작성했다. 이 시사 월간지는 발간되지 못했고 대신 바이데마이어는 1852년 3월부터 『혁명』이란 월간지를 발간했다. 그 첫 호에 이 글이 실렸다. 나중에 마르크스는 이 글을 1869년 progress 출판사에서 다시 책으로 출판했다.

이 책은 1852년 12월 2일 루이 보나파르트가 쿠데타를 일으킨 다음에 작성했다. 『프랑스에서의 계급투쟁』에서 쿠데타를 예상하지 않았기에 마르크스는 사건의 경과를 다시 서술할 필요를 느꼈을 것이다. 그는 이 새로운 책 앞부분에서 다시 한번 1848년 2월혁명을 개관했다. 이 개관은 1850년 11월 1일, 대통령이 질서당 내각을 해체하고 친정 내각을 세워 질서당에 대항하기까지는 앞의 책과 큰 차이가 없다.

이어서 이 책은 친정 내각 이후 1851년 12월 2일 루이 보나파르트의 친위 쿠데타까지 이어진다. 이 시기 의회의 질서당과 대통령 루이 보나파르트 사이에 권력 투쟁이 벌어졌다. 이 책에서 마르크스는 이미 사실로 드러난 루이 보나파르트의 쿠데타를 전제로 했다. 마르크스는 의회의 질서당이 대통령의 쿠데타 앞에서 속수무책이었던 이유를 분석했다. 그는 질서당의 두 분파가 자발적으로 타협을 이루지 못해 제3자인 대통령이 쿠데타를 통해 강제로 타협시켰다고 주장했다. 쿠데타를 전제한 새 책은 질서당의 승리를 예견한 앞의 책과 대립한다.

## 5) 두 책의 비교
이런 차이를 제외한다면 『루이 보나파르트의 브뤼메르 18일』은 『프랑스에서의 계급투쟁』의 속편이라 할 수 있다. 두 글을 비교해 보면 내용만 겹치는 것이 아니라, 글의 방식도 유사하다. 마르크스는 사건을 시간에 따라 나열하지 않고 원인과 결과를 파악하여 서술했다. 어느 글에서나 구체적 사건보다는 역사에 대한 설명과 인과적 분석이 더 많다. 그는 다양한 알레고리를 사용해 이를 표현했으니, 때로는 신랄하고 때로는 열정이 넘친다. 그의 신랄함을 대하면 풍자 소설을 읽는 듯하고 그의 열정을 대하면 두 주먹을 쥐고 결의를 다질 정도이다.

후일의 역사가들은 마르크스의 역사적 통찰력에 놀란다. 그의 역사 서술은 사건과 거의 동시대적이다. 그런데도 사건의 인과적 과정이 일목요연하게 정리되어 있으니 놀라울 뿐이다.

마르크스는 두 번째 책을 끝내면서 예언을 남겼다. 마르크스는 루이 보나파르트가 황제에 등극하는 순간 "나폴레옹의 동상은 방돔 광장의 전승 기념비의 꼭대기에서 떨어져 산산조각날 것이라"[8]고 예언했다. 그의 예언은 적중했다. 루이 보나파르트는 쿠데타 이후 정확히 1년 뒤 1852년 12월 2일 황제로 등극했다. 그 뒤 1870년 보불전쟁에서 황제가 독일군에 포로가 되자, 파리에 혁명이 일어나 제3공화국이 수립됐다. 분노한 시민은 방돔 광장에 있던 나폴레옹의 동상을 밧줄로 쓰러뜨렸다. 쓰러진 나폴레옹의 동상 곁에서 환호하는 시민의 모습이 사진으로 남아있다. 마르크스의 놀라운 통찰력을 여기서 다시 확인할 수 있다.

---

8 마르크스, 『루이 보나파르트의 브뤼메르 18일』, 위의 책, 253쪽

# 2절 2월혁명의 아이러니

## 1) 1830년 7월 혁명

1848년 2월혁명에 관해 생소한 사람이 많다. 마르크스가 이 혁명(베를린에서는 3월 18일 일어났기에 3월혁명이라 한다)에 참여했다는 이야기는 아마 들었을 것이다. 간단하게 이 혁명을 소개하자.

프랑스 혁명이라면 1789년 프랑스 대혁명이 있고 1871년 파리코뮌이 있다. 전자가 부르주아 혁명이고 후자가 최초의 사회주의 혁명이다. 이 사회주의 혁명은 파리에 국한된, 3개월에 그친 단기간의 혁명이었다. 그 사이 두 차례 정도 큰 혁명이 있었다. 1830년 7월혁명과 1848년 2월혁명이다.

나폴레옹 몰락 이후 1814년 왕정이 부활했다. 루이 18세(단두대에 오른 루이 16세의 손자이며, 그를 중심으로 하는 세력을 정통 왕조파라 한다)의 입헌 군주국이 출발했다. 루이 18세는 자유주의를 가능한 한 유지하려 했으나 그의 사후 1824년 왕위에 오른 그의 동생 샤를 10세는 노골적으로 왕정을 부활하려 했다. 1830년에는 언론의 자유를 폐지하고 선거 인구를 축소하며 하원을 해산하려 했다. 1830년 7월 26일 인민이 봉기했고 샤를 10세는 퇴위하고 독일로 망명했다. 이것이 1830년의 7월 혁명이다.

7월 혁명으로 새로운 왕정이 들어섰다. 정통 왕가의 방계인 오를레앙파[9]의 루이 필립Louis Phillipe이 새로운 왕이 됐다. 그는 금융 귀족을 중심으로 하는 내각을 세웠다. 새 왕정은 봉건적 토지 귀족을 물리친 금융가, 증권업자, 철도 투기꾼, 광산 소유주 등 신 귀족의 정부이다.

### 2) 금융 귀족의 정부

금융 귀족은 국채를 할인해 주고 막대한 이득을 챙겼다. 당연히 부패가 만연했다. 국가가 국채로 벌인 사업이란 철도 건설과 같은 것이며, 복권 장사와 같은 노골적인 투기도 들끓었다. 산업은 일시적으로 붐을 일으켰으나 곧 불황이 닥치자 풍선은 터지고 말았다.

풍선이 터진 계기는 1846년 발생한 흉작이었다. 수확이 감소했다. 원재료 가격이 상승했으며(당시 보호무역 체제에서 외국으로부터의 수입이 제한됐다) 산업이 비틀거렸다. 부르주아는 몰락했고 실업자가 만연했다. 수요 부족으로 악순환이 도래했다. 기업이 도산하면서 1847년 경제공황이 발생했다.

의회는 무기력했다. 의회는 국민의 1%인 지주와 금융 귀족만 대변하는 의회였다. 도산한 부르주아는 정치적으로 저항하기 시작했다. 영국에

---

9 오를레앙파; 절대왕 루이 14세의 동생 계보, 프랑스 혁명을 지지했던 개혁 자유주의적인 왕가였다. 그 덕분에 루이 필립은 평등공이라 불렸다.

서 1830년대 참정권 운동(차티스트 운동)이 발생해 상당한 성과를 이루자, 프랑스에서도 참정권 운동이 일어났다. 부르주아는 보통선거권을 요구했다. 정부의 감시와 탄압을 피해 보통선거권을 선전하기 위한 장소로 연회장이 이용됐다. 이를 개혁 연회라 불렀다.

부르주아의 참정권 운동에 실업자가 된 노동자와 빚더미에 올라앉은 도시의 프티부르주아도 가담했다. 7월 왕정의 높은 세금(주세)은 농민의 몰락을 재촉했다. 참정권 운동은 농촌으로 퍼져나갔다.

### 3) 1848년 2월혁명

저항은 마침내 변곡점에 이르렀다. 1848년 2월, 위기를 느낀 정부는 개혁 연회를 금지했다. 2월 22일 드디어 인민이 거리로 쏟아져 나왔다. 인민은 수상 기조Guizot[10]의 책임을 물었다. 인민은 기조의 집에 난입했다. 수상의 집을 지키던 군인이 발포하면서 52명이 살해됐다. 기조가 사임하고 망명하자 인민의 분노는 왕인 루이 필립으로 향했다. 인민은 가로수와 합승 마차로 바리케이드를 쌓았다. 정부군이 퇴각하자 무장한 인민은 왕궁으로 행진했다. 루이 필립은 퇴위하고 영국으로 망명했다. 이렇게 해서 1848년 혁명의 막이 올랐다.

1848년 2월혁명의 최종 결과는 1851년 12월 2일 일어난 루이 보나파르트의 쿠데타였다. 루이 보나파르트는 쿠데타 후 꼭 1년 뒤 황제의 자리에 올랐으니 역사는 1848년 2월혁명 전의 왕정으로 되돌아갔다. 이 기막

---

10  기조(François Pierre Guillaume Guizot: 1787 – 1874); 1830년 혁명 이후 루이 필립을 보좌한 정치인, 그는 1848년 2월혁명 직전 수상이었다. 그는 선거권 확대를 거부했기에 인민의 원성을 샀다.

힌 순환이 어떻게 해서 일어나게 됐는가? 마르크스는 2월혁명을 분석하면서 이 의문을 풀려 했다. 그는 이 의문을 계급투쟁의 개념을 통해 설명하려 했다. 상세한 것은 앞으로의 설명에 맡기고 여기서는 간단하게 그 대강만 정리해 보자.

1848년 2월혁명에서 각 계급의 처지를 객관적으로 보자면 다음과 같다. 이 시기는 자본주의가 발전하는 가운데 금융 자본에서 산업 자본으로 이행기였다. 왕당파 귀족은 이미 산업 자본에 토지와 자본을 빌려주는 자본가로 변신했다. 산업 부르주아는 발전했으나 아직 국가의 보호를 필요로 했다. 농민과 도시 프티부르주아는 금융 자본의 고리대적 지배 아래 몰락했다. 대규모 공장체제가 아직 등장하지 않아 노동 계급은 고립 분산적이었다.

각 계급의 객관적 처지는 각 계급의 등 뒤에 존재했다. 각 계급은 이를 의식하지 못했다. 각 계급의 의식은 과거에 고착되거나 향수에 빠졌다. 아니면 미래에 대한 본능적 예감만 존재했다. 왕당파 귀족은 왕정복고라는 자신도 믿지 않는 꿈을 꾸었다. 산업 부르주아는 자신이 여전히 프티부르주아와 노동 계급의 지지를 받는다고 믿었다. 프티부르주아는 사라진 소규모 소유자의 시대를 그리워했다. 노동 계급은 다가오는 미래를 성급히 실현하려 했다.

각 계급의 주관적 의도와 객관적 현실은 충돌했다. 이런 충돌 속에서 각 계급은 자멸의 길을 가게 됐다. 객관적 현실을 무시하고 주관적으로 행동한 결과 자신의 의도와 반대되는 결과에 이르렀기 때문이다. 각 계급은 예외 없이 역사의 아이러니를 겪었다. 1848년 2월혁명은 노동자와 프티부르주아만 패배한 역사가 아니라 모든 계급이 예외 없이 패배한 역사였다. 마르크스는 2월혁명에서의 역사적 순환을 역사의 아이러니로 설명했다.

간단하게나마 2월혁명의 역사의 대강을 머리에 새겨두고 이제 2월혁명 속에서 각 계급이 어떻게 활동했는지, 어떤 기대와 어떤 좌절을 겪었는지 구체적으로 살펴보기로 하자.

# 3절 노동 계급의 등장

## 1) 혁명의 주인공

진짜 혁명은 2월 24일 왕인 루이 필립이 망명하고 임시정부가 들어서면서부터 시작했다. 임시정부는 다양한 세력을 포괄했다. 중심은 부르주아 공화파였다. 프티부르주아도 상당한 자리를 얻었다. 노동 계급의 대표도 소수 참여했다. 왕당파도 지분을 얻었다. 이들이 앞으로 2월혁명이라는 연극을 전개할 주요 등장인물이었다.

혁명 초기 임시정부가 공화정 선포를 머뭇거리자 프티부르주아와 노동 계급이 단결하여 무장된 힘으로 압박을 가했다. 2월 25일 놀란 임시정부는 공화정을 선포했다. 임시정부는 프랑스 대혁명이 선언한 인간의 권리를 다시 확인했다. 3월 5일에는 혁명의 정치적 목표였던 보통선거제를 결정했다.

이때만 해도 노동 계급은 강력한 힘을 행사했다. 노동 계급의 우선적인 요구는 일자리였다. 노동 계급의 요구에 따라서 임시정부는 상설 특별 위원회('뤽상부르 위원회')를 설치하고, 노동 계급 지도자 루이 블랑Louis Blanc을 임명했다. 특별위원회는 1848년 2월 27일, 혁명 4일째에 국립작업장을 설치하기로 결정했다. 그 뒤 특별위원회는 10만여 명의 실업자를 구제했다.

국립작업장은 과거 혁명에서 보이지 않았던 제도이다. 그래서 1848년 혁명은 노동자가 역사의 무대에 최초로 등장했던 혁명이라 한다. 마르크스는 이 시기 임시정부를 '사회주의 제도에 둘러싸인 공화정'이라 말했다.

### 2) 빅토 위고와 노동자 팡틴

노동 계급의 당시 상태부터 확인할 필요가 있다. 노동 계급의 상태는 번거로운 통계를 굳이 참조할 필요도 없다. 노동 계급의 모습에 관해서는 소설가 위고Victor Hugo가 그의 소설 『레미제라블』에서 너무나도 생생하게 서술했다.

『레미제라블』의 무대는 1830년 7월 혁명 직후 1832년에 일어난 작은 봉기(라마르크 장군의 죽음을 계기로 '인민의 친구 협회'가 일으킨 봉기)였다. 위고는 이 소설을 1862년 완성하는 가운데 그가 직접 참여했던 1848년 혁명 당시의 사정을 소설에 투영했다. 그의 소설에 1848년 혁명에 참여한 노동자의 모습도 잘 나타난다.

소설의 여주인공 코제트의 어머니 팡틴을 보자. 그녀는 면직물 공장의 직공이다. 단순 기술자이다. 당시 기계는 원시적이었고 공장은 크지 않다. 노동자는 기껏해야 수십 명이며, 가혹하게 착취된다. 팡틴은 생존을 위해 매춘에 내몰린다. 그녀는 폐결핵으로 병들어 죽어간다. 팡틴의 모습처럼 그 당시 공장 노동자의 삶을 잘 보여주는 것은 없다.

팡틴이 일하는 공장은 1880년대가 되면 대규모 공장으로 발전하게 될 것이다. 공장은 점차 고도화된 기계 설비를 갖추고 수백 명 규모의 노동자를 고용할 것이다. 이들 밀집된 노동자를 중심으로 거대한 공장 도시가 출현할 것이다. 그것은 미래의 모습이고, 당시는 이행기였다. 팡틴의 공장보다 이전에 노동자는 소규모 가내 공장에서 일했다. 장인과 도제 사이는 가부장적인 관계가 지배했다. 도제는 장기간의 훈련을 통해 비로소 장인이 됐다.

### 3) 노동자의 분노

위고가 팡틴의 삶을 통해 그린 노동 계급의 상황은 평시 상황이다. 1848년 2월 혁명 직전에 프랑스 노동 계급의 상황은 그보다 더욱 악화했다. 앞에서 설명했듯이 1846년부터 시작한 경제공황으로 프랑스 산업이 무너졌다. 전국적으로 실업자가 넘쳐 흘렀으니 마르크스는 그 수를 약 80만 명으로 계산했다. 실업자가 된 노동 계급은 다시 룸펜 프롤레타리아의 처지로 전락했다. 노동 계급의 분노는 하늘을 찌를 듯 솟아올랐다. 그 분노로 노동 계급은 1848년 2월혁명에서 선두에 섰지만, 혁명 자체가 노동 계급을 먹여 살려주지는 않았다.

노동자는 어떤 생각을 가지고 혁명에 뛰어들었을까? 초기 자본주의 이래 노동 계급의 저항을 바탕에 두고 다양한 사회주의 사상이 출현했다. 1840년대 초 유토피아 사회주의 사상이 등장했다. 대표적으로 프루동의 사상이 주목을 받았지만, 아직 실제 힘은 되지 못했다. 프루동주의는 1871년 파리코뮌에서는 커다란 힘을 발휘했다. 마르크스주의는 파리코뮌 시기에서조차 영향력이 없었다. 마르크스주의는 19세기 말 국제 노동자 협회와 독일 사회민주당이 세워지면서 비로소 위력적으로 됐다.

1848년 혁명 당시에는 루소주의(또는 자코뱅, 산악파)가 상당한 힘을 유지하고 있었다. 루소주의는 민주화된 국가의 힘으로 사회적인 불평등을 개선한다는 사상이다. 루소의 사상은 원래 부르주아(특히 프티부르주아)의 저항 사상이었다. 루이 블랑[11]은 루소주의를 노동자의 저항 사상으로 개조했다. 루이 블랑의 사상의 핵심은 노동권 개념이었다.

### 4) 루이 블랑

루이 블랑은 1848년 2월혁명에서 노동자들을 지도했다. 그는 혁명의 초기에 가장 돋보이는 존재였다. 그는 봉기한 노동자를 대표하면서 임시정부에 참여했다. 그는 머뭇거리는 임시정부를 강요하여 공화국을 선포하게 했다. 그는 단순한 공화주의자가 아니다. 그는 2월혁명에서 노동 계급을 대표했던 혁명가다. 그는 "노동에 의해 노동자가 생존하는 길을 보장하라"[12]는 노동권 선언을 이끌었다. 그의 사상적 핵심이 노동의 권리이며, 이를 실제로 구현한 것이 국립작업장이었다.

그의 노동권 개념이 어떻게 출현한 것일까? 그는 루소의 사상에서 출발했다. 루소 사상은 보편적인 민주 국가를 통해 사회적 불평등을 해소할

---

11　루이 블랑(Louis Blanc：1811~1882)；그는 저널리스트 출신이며, 1839년부터 노동권, 사회적 작업장 창설을 주장했다. 그는 1848년 2월혁명 이후 임시정부의 특별 노동위원회 위원으로 활동하면서 국립작업장을 설치했다. 1848년 6월 봉기 후 런던으로 망명했다. 그는 1870년 제3공화국 수립 이후 귀국했으나 파리코뮌에는 참가하지 않았다.

12　마르크스, 『프랑스에서의 계급투쟁』, 위의 책, 42쪽

수 있다는 주장을 골자로 한다. 이런 사상은 국가를 통해 자본을 통제할 수 있다고 믿는 프티부르주아 자유주의의 기본 사상이다. 루이 블랑은 루소 사상을 더욱 발전시켰다. 그는 인간에게 자연권이 있듯이 노동을 통해 자신의 삶을 실현할 자연적인 권리가 존재한다고 보았다. 그것이 노동권이다. 이런 노동권은 자연권의 일부이다. 국가는 이 권리를 적극적으로(의무적으로) 실현해야 했다.

그의 사상은 오늘날 헌법에 보장된 생존권 개념과 유사하지만, 생존권보다 더 탁월한 개념이다. 생존권 개념은 최소한의 생존만 국가가 보장하면 된다는 주장이다. 노동권은 최소 생존이 아니라, 노동자가 자기를 실현할 일자리를 국가가 의무적으로 제공해야 한다는 주장이니, 상당히 발전된 개념이다. 완전 고용은 사회주의에서 가능하게 된다는 사실을 생각해 보라.


### 5) 국립작업장

루이 블랑은 노동권을 실현하기 위해서는 국립작업장을 설치해야 한다고 주장했다. 국립작업장은 일종의 국유 기업이다. 국립작업장 내부에는 여러 조합이 있다. 각 조합은 각기 고유한 물품을 생산한다. 각 조합은 상호 합의에 따라 계획적으로 생산한다. 각 조합 내부에서 노동자는 공동으로 생산하며 공동으로 생활한다. 일종의 공동체이다. 분배는 너무나도 유명한 원리 즉 '능력에 따라 일하고 필요에 따라 분배한다'는 원리가 적용됐다.

국립 작업장을 그 원리만 본다면 마르크스가 말한 사회주의였다. 1848년 혁명으로 실제 건설된 국립작업장은 그런 것이 아니었다. 그것은 오늘날 말로 하자면 공공근로에 해당하는 것이었다. 국립작업장은 파리 시를

개조하는 일 즉 하수구를 파고 거리를 청소하는 등 일자리를 제공하고 값
싼 수당을 지급했다.

　　공공근로가 원래 루이 블랑의 기획은 아니었다. 여기에는 임시정부의
음모가 있었다. 임시정부는 마지못해 국립작업장을 허용했으나, 고의로
실패로 돌아가도록 조장했다. 국립작업장의 책임자로 루이 블랑의 반대자
를 임명했으니 제대로 될 일이 아니다. 원래 루이 블랑의 사상이 공공근로
정도의 생각에 머물렀다는 비판도 있다. 당시 역사적 조건에서는 국유기
업은 그런 공공근로의 방식 밖에는 실현되기 어려웠다는 것이다.

# 4절 노동자의 6월 봉기

## 1) 마르크스의 비판

앞에서 1848년 2월혁명 당시 노동자의 분노를 알아보았다. 1846년부터 시작된 경제공황은 전국적으로 80만여 명의 실업자 군단을 만들어냈다. 루이 블랑의 국립작업장도 이런 분노를 바탕으로 출현했다. 국립 작업장은 임시정부의 견제로 제대로 실현되기 어려웠다. 국립작업장은 공공근로로 전락했다. 공공근로는 지속의 전망이 없으니 노동자는 일할 의욕을 상실했다.

마르크스의 비판은 여기서 한 걸음 더 나간다. 만일 루이 블랑의 계획이 원래 대로 추진했다면 어떻게 됐을까? 국립작업장은 자본주의 체제 내부에 섬처럼 존재하는 사회주의 기업이다. 국립작업장은 다른 자본주의적인 기업과 시장에서 경쟁해야 했다. 과연 이런 경쟁에서 국유 사회주의 기업이 생존할 가능성이 있을까?

자본주의 사회에서나 중국 같은 시장 사회주의에서 국가(소유)기업이 존재하니까 가능하다 볼 수도 있다. 이 경우 국유 기업은 내부적으로 자본주의화 된 기업이다. 즉 노동자는 자본주의적 기업에서와 똑같이 고용되며 똑같은 방식으로 노동한다. 반면 루이 블랑이 계획한 국유기업은 자본주의하에 있지만, 그 내부 구조가 사회주의적인 원리에 따른 것이니, 자본주의 태내에서 사회주의 기업이 성공할 수 있는가 하는 의문이 들지 않을 수 없다.

### 2) 몽상적 태도

마르크스는 루이 블랑이 제시한 국립작업장은 자본주의 시장 경쟁 속에서 살아날 가능성이 없다고 보았다. 국립작업장은 역사적으로 실패할 운명이었다. 그 때문에 국립작업장은 공공근로로 전락할 수밖에 없었다.

루이 블랑의 노동권, 국립작업장은 미래 사회에서나 실현될 수 있는 것이다. 그것은 사회주의 혁명으로 비로소 현실화할 수 있다. 당시 자본주의 초기 상황에서 국립작업장이란 일종의 유토피아적인 몽상에 지나지 않았다.

국립작업장이 공공근로로 전락하게 되자 노동자는 노동 의욕을 상실했다. 국립작업장은 생산적인 기업이 되지 못했다. 국립작업장은 하마처럼 돈을 먹을 뿐이었다. 정부는 늘어만 가는 국립작업장을 유지할 수 없었다. 부르주아의 눈으로 보면 그것은 금융 귀족의 국채투기와 마찬가지로 놀고먹으면서 돈을 타가는 사기에 불과했다.

정부는 재정이 부족했다. 그나마 남아 있는 재정은 7월왕정이 금융 귀족에게 진 국채를 갚느라 소모했다. 임시정부는 바보같이 사망한 정부의 빚을 기꺼이 인수했다. 게다가 프티부르주아와 농민 역시 빚의 탕감을 요구했으니, 국가 재정을 둘러싼 각 계급의 전쟁이 벌어졌다.

### 3) 노동자의 봉기

역사는 유토피아를 허용하지 않았다. 임시 정부의 주역인 부르주아 공화파는 국립작업장을 폐쇄할 준비를 했다. 결정적인 계기는 1848년 5월 4일 제헌의회의 선거였다. 이 선거에서 부르주아 공화파가 다수를 차지했다. 권력을 공인받은 부르주아 공화파는 행동에 나섰다.

국립작업장을 폐지하려는 시도는 노동 계급을 자극했다. 1848년 5월 15일 노동자는 대대적으로 항의 시위에 돌입했다. 이는 오히려 역효과를 낳았다. 노동 계급의 지도부만 구속됐을 뿐이다. 남은 길은 봉기뿐이었다. 임시정부는 알제리에서 식민지 총독인 장군 카베냑[13]을 불러들여 노동자의 봉기에 대비했다. 1848년 6월 22일 노동 계급이 봉기했다. 봉기는 5일간에 걸쳐 치열하게 전개됐다. 카베냑 장군은 노동자 3,000여 명을 살해하면서 잔인하게 봉기를 진압했다. 루이 블랑은 런던으로 망명해 1871년 파리코뮌이 세워지기 전까지 들어올 수 없었다.

노동 계급은 2월혁명 초기에 사회주의적 공화정을 세울 만큼 강력했다. 이런 노동 계급이 어떻게 해서 혁명 초기에 제일 먼저 역사의 무대에서 퇴장하고 말았던 것인가?

---

13  카베냑(Louis Eugene Cavaignac:1802~1857); 그는 1830년 7월 혁명에서 연대장이었지만, 혁명을 지지했다. 그는 7월왕정 시기 알제리에 파견되어 16년 동안 원주민의 반란을 진압한 총독 겸 장군이었다. 그는 2월혁명이 일어나자 임시정부로부터 전쟁 장관으로 임명받았으나 부임하지 못했다. 그는 6월 노동자 봉기가 다가오자 급히 귀국하여 봉기를 진압했다. 그 뒤 그는 계엄령을 통해 독재권을 행사했다. 1851년 12월 루이 보나파르트의 쿠데타로 체포됐으나 명예로운 은퇴를 선택했다.

마르크스는 봉기가 실패한 우선적인 원인을 프티부르주아와 노동 계급의 분열에서 찾았다. 프티부르주아는 혁명 이후 국가 재정을 자신의 빚을 탕감하는 데 사용하고 싶어했다. 국립작업장은 공공근로라 하지만 실제는 놀고 돈을 받는 것이었다. 프티부르주아의 눈에 그것은 부도덕한 행위였다. 국민 방위군의 주력인 프티부르주아는 6월 22일 봉기를 방관하거나 심지어 진압하는데 나서기도 했다. 국민 방위군의 지원이 없는 한 노동 계급의 봉기는 적수공권이었다.

노동 계급의 패배는 더 깊은 이유를 가지고 있었다. 국립작업장의 개념은 국가적 소유 아래서나 완성될 수 있었다. 아직 소규모 공장, 장인 도제 관계가 위주인 생산관계에서 국립작업장은 실현되기 어려웠다. 이런 조건 아래서 국립작업장은 타락할 수밖에 없었다. 모든 몽상적 요구가 그렇듯이 국립작업장에 대한 노동 계급의 요구도 패배할 운명이었다. 결국 노동 계급이 패배한 최종적 원인은 노동 계급의 유토피아적인 관점 때문이었다.

### 4) 패배를 통한 해방

노동 계급의 봉기가 실패하자 부르주아 공화파의 권력은 강화했다. 부르주아 공화파는 봉기 시기에 선포했던 계엄령을 계속 유지했다. 1848년 12월 10일 대통령 선거까지 계엄령이 지속했다. 6월 봉기 이후 노동 계급은 더는 무대의 중심에 서지 못했다. 남은 노동 계급은 프티부르주아의 운동 속에서만 잔명을 유지했다. 마르크스는 1848년 6월 봉기에서 노동자의 실패를 결코 절망적으로 보지는 않았다. 오히려 그는 노동 계급은 실패함으로써 자기를 묶고 있는 굴레를 벗어날 수 있었다고 했다. 다시 마르크스의 말을 들어 보자.

"그러나 패배에 굴복한 것은 혁명이 아니었다. 굴복한 것은 ...혁명 이전의 전통적 유제였다. 즉 그것은 인물, 환상, 관념, 계획들로서 2월혁명 이전의 혁명적 정당은 여기에서 벗어날 수 없었던 것이며, 혁명적 정당은 2월혁명의 승리에 의해서가 아니라 일련의 패배를 통해서만 그것들로부터 해방될 수 있었다."[14]

이것은 장기적인 관점에서 보아 그렇다는 뜻이다. 노동 계급이 다시 등장하기까지 20년이 걸렸다. 1871년에 노동 계급은 권력의 중심으로 다시 돌아왔다. 그것이 파리코뮌이다.

---

14  마르크스, 『프랑스에서의 계급투쟁』, 위의 책, 34쪽

# 5절 프티부르주아

## 1) 프티부르주아

앞에서 2월혁명 이후 노동 계급의 영광과 좌절을 살펴보았다. 그 좌절의 원인은 프티부르주아와 노동 계급의 분열, 노동 계급의 몽상적인 요구였다. 이제 프티부르주아에 대한 마르크스의 설명을 보자.

프티부르주아란 사실 모호한 개념이다. 이 계층은 개념적으로는 자본가 계급과 노동 계급 사이에 존재하는 다양한 소규모 영세 자본 계층을 의미한다. 자영농, 영세 기업, 소상인, 소규모 서비스 업자가 여기에 속한다. 명색이 자본가이기는 하지만, 자신 또는 자기 가족을 동원하여 노동하는 존재이다.

마르크스는 프티부르주아 가운데 도시 프티부르주아와 농촌의 프티부르주아를 구분해서 따로 다루었다. 농촌의 프티부르주아, 즉 자영농, 소농은 자본주의의 발전과 더불어 몰락하는 중이었다. 반면 도시 프티부르주아는 자본주의 초기에 번성하는 계층이었다. 두 분파는 정치적으로 성격을 달리했다. 마르크스도 두 분파를 구분해 다루었으니 먼저 도시 프티부르주아를 살펴보자.

프랑스는 아직 자본주의가 발전하는 초기였다. 초기 자본주의 체제 아래서 프티부르주아는 수적으로 무시할 수 없는 규모이다. 프티부르주아는 경제적으로는 대자본에 비해 미미한 존재이지만, 정치적으로는 강력했다. 보통선거가 활성화되면 그 정치적 영향력은 더욱 커진다.

마르크스가 말한 프티부르주아는 오늘날에도 여전히 존재한다. 우리 주변에도 자영업자, 소상인, 소규모 서비스 업자가 득실거린다. 하지만 오늘날 프티부르주아 세력이라 한다면 오히려 상층 노동자 즉 관리, 전문기술, 관료 노동자를 포괄하는 의미로 사용한다. 이들의 수는 본래의 프티부르주아 층보다 더 많다. 프티부르주아라면 오히려 이들을 연상할 정도가 됐다.

관리, 전문기술, 관료는 과거 프티부르주아와 달리 임금노동자에 속하지만, 상당한 부와 사회적 지위를 얻었고, 이런 부와 지위가 가공적인 자본으로 기능한다. 이들은 은퇴하면 대개 소규모 자본으로 개인 사업을 하는 경우가 많다. 그 결과 이들은 본래의 프티부르주아와 유사한 사회적 태도를 보인다.

1848년 2월혁명 시기 프랑스에서는 자본은 대규모 독점 자본으로 이행하기 전이며, 따라서 관리, 전문 기술, 관료 노동자 계층이 충분하게 출현하지 않았다. 프티부르주아라면 주로 소규모, 영세, 자영 자본가 계층을 지시하며, 마르크스도 이런 의미에서 사용하고 있다.

## 2) 산악당

프티부르주아 주변에 일단의 정치적 지식인들이 있었다. 이들은 프랑스 대혁명 당시 출현한 자코뱅의 계보를 잇는 자들이며, 당시에는 주로 산악당[15]으로 불렸다. 이들은 잡지 『개혁La réformation』을 중심으로 활동했으므로 '개혁파'라 불리기도 한다. 그 대표자는 르드뤼 롤랭[16]이며, 그는 임시정부에서 내무상을 맡았다.

프티부르주아의 정치적 힘의 원천은 국민방위군이었다. 국민방위군은 프랑스 대혁명 이래로 자발적으로 형성된 군대였다. 물질적으로는 부르주아 공화파로부터 지원받았지만, 프티부르주아 계층이 주요 구성원이었다.

프티부르주아의 경제적 처지와 정치적 성향을 분석해 보자. 1846년 흉작, 1847년 경제 공황으로 프티부르주아는 빚더미 위에 올라섰다. 영세 기업과 소상인은 원자재나 상품을 제공한 기업가, 도매상에게 어음이 물려 있으며, 담보를 맡기고 은행으로부터 빌린 대출금은 상환 시각을 재촉했다. 몰락한 프티부르주아는 심지어 집세조차 제대로 낼 수 없었다. 수많은 프티부르주아가 파산에 직면했다.

---

15 산악당: 프랑스 대혁명 시기 자코뱅의 별명이다. 왕정복고 후에는 자코뱅은 주로 산악당이라고 불렸다. 의회의 맨 뒷줄 높은 자리에 앉아 있었다 해서 산악당이다.

16 르드뤼 롤랭(Ledru Rollin: 1807~1874); 법정 판사였으나 7월 왕정에서 사법개혁에 이바지했다. 그는 '개혁' 지를 창간하고 개혁 연회를 개최하면서 보통선거 운동을 전개했다. 임시정부 내무장관으로 1848년 노동자 6월 봉기를 진압했으나 다음 해 1849년 6월 프티부르주아 봉기에서 실패하여 런던으로 망명했다. 그는 1870년 제3공화국이 세워지자 귀국했고 1871년 파리코뮌의 수립에 이바지했다.

7월 왕정에서 금융 귀족이 벌였던 국가 재정 약탈, 사기에 지나지 않는 투기, 방탕하고 사치스러운 생활은 프티부르주아의 도덕적 분노를 폭발시켰다. 프티부르주아는 정치적으로 보통선거제에 기초한 순수 공화정을 요구하면서 1848년 2월혁명에 뛰어들었다. 순수 공화정을 통해서 프티부르주아도 국가의 운영에 참여할 수 있다는 희망을 품었다.

프티부르주아가 혁명을 통해 경제적 차원에서 원했던 것은 두 가지였다. 한 가지는 프티부르주아가 짊어지고 있는 엄청난 빚을 탕감해 달라는 것이었다. 이 빚의 탕감을 당시는 '화해 협약'이라 불렀다. 다른 한 가지는 누진세였다. 그것은 금융 귀족과 상층 부르주아가 털어먹은 국가 재정을 그들 자신이 책임지라는 요구였다.

### 3) 배반의 계절

프랑스 대혁명에서 지롱드와 자코뱅의 대결을 보았던 부르주아 공화파는 자코뱅의 계보를 잇는 산악파를 두려워하지 않을 수 없었다. 공화정은 수적으로 우세한 프티부르주아에 유리한 제도였으니 부르주아 공화파는 공화정을 유지하는 데 아무런 미련도 없었다. 부르주아 공화파는 공화정이라는 형태만 남겨두고 실질적으로는 독재를 했다. 그것이 6월 봉기 이후 계엄 통치였다. 프티부르주아가 받아든 선거권이란 폴란드 망명 정부의 지폐나 마찬가지였다.

부르주아 공화파는 계엄 통치를 이용해 자본가 연합의 이익 즉 계급 이익을 실현하는 정책을 추진했다. 자본가 연합이란 토지 자본(구 귀족), 금융 자본(신 귀족) 그리고 산업 자본 사이의 연합을 말한다. 부르주아 공화파는 계엄 체제 아래서 임시정부 시절 도입했던 저당권세(일종의 자산세)를 폐지했고, 10시간 이상 노동을 제한하는 법도 철폐했다.

부르주아 공화파는 노동 계급 봉기를 진압한 이후 그동안 유예했던 채무(주로 집세 등)를 강제로 집행했다. 프티부르주아는 항의했다. 프티부르주아는 화해협약을 제헌의회에 제출했다. 1848년 8월 22일 제헌의회는 상정된 화해협약을 부결시켰다. 파산한 프티부르주아는 채무 감옥에 끌려갔다.

누진세도 거부됐다. 제헌의회는 누진세를 법적으로 금지했다. 누진세를 폐지한다는 것은 국가의 모든 재정을 프티부르주아에 떠넘긴다는 말이다. 이미 빚더미에 올라앉은 프티부르주아는 부르주아 공화파의 배반을 맛보아야 했다. 프티부르주아가 당한 배반을 마르크스는 이렇게 말한다.

> "프티부르주아가 6월 승리의 결실로서 파산과 재판소에 의한 청산을 수확했다면 카베냑[부르주아 공화파 장군]의 군대와 기동 국민군[17]은 매춘부의 부드러운 팔에 안겨 보답을 받았다."[18]

17  부르주아 공화파 카베냑 장군은 프티부르주아로 이루어진 국민방위군을 믿지 못했다. 그는 타락한 룸펜 노동자를 돈을 주고 사서 방위군 별동대를 만들었다. 그것이 기동 국민군이다. 이 별동대는 부르주아 공화파의 독재 권력의 수족이 됐다.

18  마르크스, 『프랑스에서의 계급투쟁』, 위의 책, 67쪽

# 6절 프티부르주아의 몰락

## 1) 프티부르주아와 노동 계급의 분열

2월혁명에서 프티부르주아는 정치적으로 순수 공화정을, 사회적으로는 빚의 탕감과 누진세를 요구했다. 임시정부와 제헌의회에 걸쳐서 정권을 주도한 부르주아 공화파는 프티부르주아를 배반했다. 그들은 계엄령으로 순수 공화정을 휴짓조각으로 만들었으며, 화해 협약을 거부하고 누진세를 금지하면서 프티부르주아를 채무감옥으로 몰아넣었다.

프티부르주아가 2월혁명에서 배반당한 이유는 무엇인가? 결정적인 계기가 1848년 6월 노동 계급 봉기였다. 이 봉기가 실패로 돌아간 결정적인 이유는 프티부르주아가 노동 계급의 편에 서지 않았기 때문이다. 프티부르주아가 주도하는 국민방위군은 침묵하거나 오히려 부르주아 공화파에 동조했다. 봉기 이후 분노한 노동 계급이 거꾸로 프티부르주아를 지원하지 않았다. 프티부르주아도 힘을 잃었다. 프티부르주아는 정국의 주도권을 부르주아 공화파에 내주지 않을 수 없었다. 프티부르주아의 자가당착이었다.

> "대중 속의 중간 계층들은 ..부르주아에 대한 적대감이 점차 날카로워질수록 점점 더 프롤레타리아를 지지해야만 했다. 전에 그들이 프롤레타리아의 대두에서 자기들이 비참한 원인을 찾았던 것처럼, 이제 그들은 그 패배에서 자기들의 비참한 원인을 찾아야 했다."[19]

> "프티부르주아가 두려움과 함께 깨달은 사실은 노동자들을 진압함으로써 자신들은 저항하지도 못하고 스스로를 채권자의 수중에 놓이게 만들었다는 것이다."[20]

그럼, 두 세력이 분열한 이유는 무엇일까? 마르크스는 그 이유를 각 세력을 대변하는 정치가 사이의 갈등에서 찾지 않고, 오히려 두 세력의 계급적인 요구 속에서 찾았다.

프티부르주아와 노동 계급은 서로 비슷한 처지에 살았다. 생활 형편도 유사하다. 프티부르주아는 파산 직전이었다. 집세도 내지 못했다. 노동 계급도 실업자가 됐다. 노동 계급은 거리에 빈털터리로 쫓겨났다. 혁명 초기엔 동병상련으로 그들은 함께 싸웠다. 하지만 각자 자기의 문제를 해결하는 방법은 달랐다. 프티부르주아는 국가 재정을 통해 자신의 빚을 탕감하기를 기대했다. 노동 계급은 국가가 재정을 통해 국립 작업장을 확대하기를 기대했다. 국립작업장은 10만 정도를 수용했다고 한다. 그것도 모자랐

---

19 마르크스, 『프랑스에서의 계급투쟁』, 위의 책, 59쪽

20 마르크스, 『프랑스에서의 계급투쟁』, 위의 책, 66쪽

다. 당시 실업자는 무려 80만이었다. 프티부르주아와 프롤레타리아는 서로 국가 재정을 선점하기 위해 싸웠다. 결국 부르주아 공화파에 의해 각개 격파되고 말았다.

## 2) 평등주의

마르크스는 프티부르주아의 패배를 더 깊은 차원에서 들여다볼 줄 알았다. 그는 프티부르주아가 가지고 있는 근본적인 모순을 지적한다. 그 경향은 곧 평등주의적 경향이다. 평등주의란 모두가 평등하게 살자는 주장이니 어떻게 보면 공정한 것처럼 보인다. 봉건 체제 말기에 농민은 봉건귀족의 대토지를 몰수하여 나눌 것을 요구했다. 마찬가지로 도시 프티부르주아는 국가 재정을 통해 사회 평등이 가능하다 보았다. 앞에서 언급한 빚의 탕감이나 누진세도 그런 요구에 속한다.

평등주의는 사적 소유를 인정하면서 다만 규모를 평등하게 만들려 한다. 평등주의는 자본주의 소유를 인정하는 것이니 사회주의는 아니다. 사회주의는 근본적으로 모든 형태의 사적 소유를 폐지해야 한다.

역사적으로 평등주의가 실현된 시기가 있었다. 영국에서 크롬웰이 혁명적 독재를 펼치던 시기이다. 이 시기 영국에서 소농, 소자본가, 소상인 등이 사회의 주역으로 등장했다. 이 사회는 오래 가지 못했다. 왜냐하면 소자본은 상호 경쟁에 의해 다시 분화하기 때문이다. 그들 가운데 소수는 대자본가로 되며, 대부분은 몰락하여 노동자로 전락한다. 소자본이 분화하면 프티부르주아가 소망하는 평등 사회도 무너지기 마련이다.

1848년 2월 혁명에서 프티부르주아는 사라진 평등주의 사회를 다시 소망했다. 프티부르주아의 소망은 복고적이다. 그 소망은 사라진 과거에 대한 향수이다. 프티부르주아의 소망은 자본의 역사적 발전을 거역하는 것이다. 프티부르주아가 복고적 경향을 갖는 한 프티부르주아의 꿈과 현실은 괴리될 수밖에 없다.

### 3) 향수와 유토피아

프티부르주아와 노동자는 둘 다 국가 재정을 이용하여 처지를 개선하려 한다. 국립작업장과 같은 방식 속에서 마르크스는 역사의 미래를 본다. 그것은 사회주의적 소유의 원형이다. 반면 빚의 탕감이라는 주장 속에서 마르크스는 역사의 과거를 본다. 그것은 향수에서 나오는 주장이다.

향수에 빠진 프티부르주아는 부르주아 공화파도 노동 계급도 견인할 수 없었다. 프티부르주아의 역사적인 몰락은 필연적이다. 프티부르주아가 사라진다는 것이 아니라 프티부르주아의 정치적 힘이 사라진다는 말이다. 그들에게 남은 것은 부르주아의 편에 붙어 대자본의 발전에 종속하여 살아가든가 노동자의 편에 서서 사회주의를 위해 협력하든가, 두 가지 길뿐이다.

프티부르주아의 향수는 아름다운 시나 그림에서는 의미가 있겠지만, 냉혹한 역사의 흐름 앞에서는 자멸할 수밖에 없다. 마르크스는 1848년 2월혁명에서 프티부르주아의 운명은 자신이 좌초한 것이라 본다. 역사를 보는 마르크스의 냉엄한 눈에 다시 한번 찬탄을 금할 수 없다.

역사적으로 프티부르주아의 요구가 기각되면서 프티부르주아의 역사적 임무도 마쳤다. 프티부르주아 역시 자신이 퇴장시켰던 노동 계급의 뒤를 따랐다. 노동 계급과 프티부르주아가 퇴장한 다음 부르주아 공화파가 권력의 정점에 이르렀다.

역사는 아이러니다. 프티부르주아와 노동 계급의 지원을 상실한 부르주아 공화파도 더는 힘을 발휘할 수 없었다. 부르주아 공화파는 자기 발등에 도끼를 찍었다. 1848년 12월 2일 대통령 선거 그리고 1949년 5월 13일 입법의회 선거를 통해 부르주아 공화파가 몰락했고 왕당파가 주도하는 질서당이 권력을 잡았다.

# 7절 부르주아 공화파

## 1) 부르주아 공화파

부르주아 공화파는 임시정부와 제헌의회까지 주도적 위치를 차지했다. 부르주아 공화파는 노동 계급의 봉기를 진압하고 프티부르주아의 화해협약을 거부하면서 12월 2일 대통령 선거까지 계엄으로 통치했다. 제헌의회는 헌법을 제정한 이후에도 관계법을 제정한다면서 1849년 5월까지 해산하기를 거부했다. 부르주아 공화파는 끝내 1849년 5월의 입법의회 선거로 몰락하고 말았다. 부르주아 공화파가 겪은 영욕의 역사를 살펴보기로 하자.

부르주아 공화파는 다양한 제조업(산업) 자본가를 대변하는 세력을 말한다. 그 가운데에는 자신이 자본가인 사람도 있었지만, 그보다는 오히려 이데올로기적으로 자본가를 대변하는 작가, 연설가, '재능과 야망을 품은 사람들'(소위 정치꾼을 마르크스는 이렇게 묘사했다), 대의원, 장군, 법률가, 회계 관리자 등이다. 이들은 '국민Le National' 지를 중심으로 집결했기에 '국민파'라고 불린다.

부르주아 공화파의 대표자로서는 앞서 소개한 카베냑 장군과 언론인 마라스트(Armand Marrast : 1801~1852)를 들 수 있다. 마라스트는 신문 '국민'의 편집국장이다. 그는 혁명 이후 제헌의회 의장이 됐다. 그는 부르주아 공화파의 모사꾼, 작전 참모이다. 그외 낭만주의 시인 라마르틴Larmartine이 임시정부 수반을 맡았지만, 그는 그저 상징적 인물일 뿐이다.

## 2) 산업 자본가의 특권성

부르주아 공화파가 대변하는 산업 자본가는 1847년 금융 귀족의 투기가 터져 경제공황이 발생하자 가장 큰 피해를 받았다. 사기는 금융 귀족이 쳤지만, 산업 자본가도 한탕을 노려 뛰어들었다. 금융 귀족이야 손만 털고 일어서면 되지만, 산업 자본가는 기업이 파산하는 것을 피눈물을 흘리며 보아야 했다.

부르주아 공화파는 산업 자본가를 대변한다. 이 시기 프랑스 산업 자본가에게 한계가 있었다. 유럽에서는(독일과 비교해) 내로라하는 프랑스 산업 자본가는 영국 산업 자본가와 경쟁에 절대적으로 약세였다. 다행히 나폴레옹 이래로 보호 무역 정책을 취한 결과 어느 정도 성장할 수 있었다.

대외적인 보호 정책만 필요한 것이 아니었다. 똑같은 논리로 대내적으로도 보호가 필요했다. 생산력이 뒤떨어진 산업 자본가로서는 국가의 특권적인 보호 없이는 유지될 수 없기 때문이다. 그 특권이란 시장에서 경쟁하는 자본가를 따돌리고 노동 계급의 저항으로부터 자본가를 보호해 주는 특권이었다.

프랑스 산업 자본가는 영국의 자본가처럼 자유주의적일 수 없었다. 프랑스 산업 자본가는 국가와 결탁했다. 국가 권력의 특권적 보호가 필요하다는 점에서 산업 자본가는 금융 귀족과 마찬가지 성격을 지녔다. 금융 귀족이 국가의 재정을 등쳐먹기 위해 국가가 필요했다면 산업 자본가는 특권적인 보호 때문에 국가가 필요했다. 산업 자본가는 금융 귀족에 대항한다는 혁명적 성격과 자본가로서 특권을 요구한다는 억압적 성격을 지녔다. 이런 이중성 때문에 부르주아 공화파의 정치적 입장도 이중적이었다.

산업 자본가는 금융 귀족이 지배하는 7월왕정에 저항했다. 저항의 명분은 보통선거를 통한 공화정이었다. 보통선거는 수적으로 많은 프티부르주아에 유리하지 않을까? 산업 자본가는 1789년의 프랑스 대혁명에 대한 환상을 갖고 있었다. 산업 자본가는 그때 부르주아와 프티부르주아의 동맹이 또다시 반복될 것이라 믿었다. 부르주아 공화파는 환상에 기초하여 의식 표면으로는 보통선거를 지지했다.


### 3) 공화정의 선포

부르주아 공화파는 환상에 사로잡히면서도 이미 마음 한쪽에는(무의식적으로) 프티부르주아의 충성심을 회의했다. 부르주아 공화파는 혁명이 나자 공화정을 선포하기를 꺼렸다. 부르주아 공화파가 진짜 원했던 것은 공화국이 아니었다. 7월왕정의 유지였다. 말로는 제헌의회를 통해 헌법을 고친 다음 공화정을 하자고 주장했다. 이 소식을 듣고 혁명이 일어난 이틀 뒤 2월 25일에 프티부르주아와 노동 계급이 함께 무장한 채 임시정부로 쳐들어갔다. 부르주아 공화파는 무장세력 앞에 굴복했다. 부르주아 공화파는 울며 겨자 먹기로 공화국을 선포했다.

어쩔 수 없이 선포했던 공화정은 엄밀하게는 4개월도 채 유지되지 못했다. 앞서 말했지만, 노동 계급의 6월 봉기가 일어나자, 임시정부는 계엄령을 선포하고 카베냐 장군의 독재를 승인했다. 노동 계급 봉기를 진압한 뒤에도 계엄령은 해제되지 않았다. 1848년 12월 새로운 대통령이 선출되기까지 부르주아 공화파는 계엄령을 통해 지배했다. 부르주아 공화파의 임시정부는 겉으로는 공화정이었지만, 실제로는 계엄령에 의한 독재였다. 의식적인 말로는 보통선거를 주장했지만, 무의식적인 행동은 계급독재를 따랐다. 부르주아 공화파의 내적인 모순은 말과 행동, 의식과 무의식의 차이로 나타났다.

### 4) 보통선거의 포기

이런 모순은 공화파가 제정한 헌법에 반영됐다. 제헌의회는 계엄 독재 아래서 1848년 11월 12일 신헌법을 공포했다. 마르크스는 이 헌법에 들어있는 근본적인 모순을 이렇게 말했다.

> "이 헌법의 가장 포괄적인 모순은 다음과 같은 점에 내재해 있었다. 헌법은 제 계급의 사회적 노예 상태를 영구화시키려는 의도를 가졌음에도 불구하고 그 제 계급 즉 프롤레타리아, 농민, 프티부르주아에 보통선거권을 부여하고 그것을 통해 정치적 권력을 소유하게 했다. 그리고 이 헌법은 자신이 그 옛 사회적 권력을 인정했던 계급 즉 부르주아로부터 그들의 사회적 권력에 대한 정치적 보증을 철회시켰다. …헌법은 프롤레타리아, 농민, 프티부르주아에는 그들이 정치적 해방으로부터 사회적 해방으로 나가서는 안 된다고 요구하고 부르주아 계급에게는 그들이 사회적 복고로부터 정치적 복고로 후퇴해서는 안 된다고 요구했다."[21]

---

21 마르크스, 『프랑스에서의 계급투쟁』, 위의 책, 71쪽

50 우리가 몰랐던 마르크스

위의 인용문에서 마르크스는 신랄한 말로 헌법을 비판했다. 헌법은 한 편으로 보통선거권을 부여하고 다른 한편으로 부르주아의 특권을 인정했다. 이게 헌법의 모순이다.

그 의미는 이렇다. 헌법은 노동 계급과 프티부르주아에 보통선거권을 주었지만(정치적 해방). 이를 통해 사회적 요구를 실현하지(사회적 해방) 못하게 했다. 노동 계급과 프티부르주아에 사회적 요구의 실현이 없는 보통선거권은 공허했다. 반면 부르주아는 사회적 특권을 유지하기 위해서는(사회적 복고) 차라리 봉건제가 바람직 했다(정치적 복고). 부르주아에 헌법은 공화제를 명령했으니 그것은 부르주아에는 차라리 지옥이었다. 부르주아는 특권을 지키기 위해 (즉 "사회적 권력에 대한 정치적 보증"을 위해) 곧 헌법상 공화제를 폐기하고 말 것이다.

부르주아 공화파의 성격은 분명하다. 부르주아 공화파는 과거 프랑스혁명 당시의 혁명적 성격을 상실했다. 부르주아 공화파는 프티부르주아와 노동 계급의 연합 세력이 대두하는 것을 두려워하는 반동적 부르주아였다.

부르주아 공화파가 독재에 대해 호소한다면 이 점에서 왕당파를 역사속으로 소환한다. 부르주아 공화파는 특권을 얻는 대신 권력을 왕당파에 바치지 않을 수 없다. 곧 전개될 왕당파와의 투쟁에서 부르주아 공화파는 이미 내적으로 무너져 있었다. 부르주아 공화파의 표면에서의 투쟁이란 패배를 정당화하기 위한 변명에 불과했다.

부르주아 공화파가 힘을 가졌던 것은 프티부르주아의 국민방위군이 있었고 프롤레타리아의 단호한 투쟁이 있었기 때문이다. 1848년 내내 부르주아 공화파는 이들 두 세력을 토벌했으니, 왕당파와 투쟁에 나설 때 부르주아 공화파는 적수공권이었다. 부르주아 공화파에는 오직 공허하게 떠

들어대는 신문밖에 없었으니 패배는 불가피했다.

　1849년 5월 입법의회에서 질서당이 승리하고 12월 2일 대통령 선거 후 질서당 내각이 들어섰다. 질서당은 보통선거 폐지 운동을 전개했다. 공화파는 내심 바라던 현실을 조용히 수용했다. 보통선거는 2년 만에 1850년 5월 31일 마침내 폐지되고 말았다. 천만 인구 가운데 3백만 명이 투표권을 빼앗겼다.

　보통선거제의 폐지조차도 프티부르주아와 노동자 앞에서 느끼는 부르주아의 두려움을 막을 수 없었다. 공화정 자체의 폐지가 필요했다. 새로운 군주제가 요구됐다. 그것이 루이 보나파르트의 쿠데타였다. 마르크스는 후일 쿠데타의 의미를 아래와 같이 설명했다.

　　"헌법이 총검에 의해 결과적으로 폐지될 것이라면 다음과 같은 사실도 잊어서는 안 된다. 즉 헌법은 어머니의 태내에 있을 때부터 총검에 의해 보호받았으며 헌법이 태어난 것도 총검을 인민에게 겨눔으로써만 가능했다."[22]

　헌법은 부르주아 공화파의 계엄령 통치 아래 제정됐다. 계엄령이 헌법의 자궁이었다.

---

22　마르크스, 『루이 보나파르트의 브뤼메르 18일』, 위의 책, 165쪽

# 8절 부르주아 민족주의

## 1) 1849년의 정국

이즈음 정국의 흐름을 정리해 보자. 1848년 5월 제헌의회 선거에서 왕당파가 공화파를 제치고 승리했다. 왕당파는 2월혁명 당시 정통 왕조파와 오를레앙파로 나누어져 있었다. 왕당파 의원들은 연합하여 질서당을 구성했다. 1848년 12월 2일 신헌법에 따른 대통령 선거에서 루이 보나파르트가 당선됐다. 루이 보나파르트는 농민의 지지를 받아 당선됐으나 기대를 배반하고 왕당파 질서당에게 내각을 맡겼다. 그것이 바로[23]−팔루[24] 내각이

---

23 ㆍ바로(Odilon Barrot: 1791~1873); 그는 금융 귀족 출신이다. 7월왕정에서는 입각하지 못하고 야당으로 2월혁명에 참가했다. 루이 보나파르트 내각의 수상을 맡았다.

24 ㆍ팔루(Alfred Falloux: 1811~1886); 정통 왕조파, 그는 1848년 6월 노동 계급 봉기를 진압하기를 요구했다. 루이 보나파르트 내각의 교육부 장관을 맡았다.

다. 대통령 루이 보나파르트는 질서당 내각의 뒤에 숨었다.

카베냑 장군의 계엄 독재는 많은 원성을 자아냈다. 6월봉기에서 패배한 프롤레타리아도, 8월 화해협약을 거부당한 도시 프티부르주아와 농촌의 농민도 제헌의회와 계엄 독재에 등을 돌렸다. 부르주아 공화파는 12월 대통령 선거에서 패배를 예상했다. 부르주아 공화파는 헌법 제정을 마친 다음에도 제헌의회를 해산하지 않고 버티었다. 1848년 9월 제헌의회는 헌법의 부속조항 즉 관계법을 만드는 작업을 마친 다음에야 해산하겠다고 선언했다.

1848년 내내 탄압받았던 노동 계급, 프티부르주아가 다시 연합했다. 1848년 8월 프티부르주아가 요구한 화해 협약이 거부되자, 프티부르주아는 자기의 잘못을 알았다. 눈물로 회개한 프티부르주아는 다시 노동 계급 편에 서게 됐다. 마침내 1849년 2월 노동 계급과 프티부르주아의 연합당인 사회민주당[25]이 세워졌다.

1849년은 질서당과 부르주아 공화파가 대결한 시기였다. 질서당의 내각은 부르주아 공화파의 제헌의회를 해산하는 투쟁을 전개했다. 질서당 내각은 상가르니에 장군[26]을 파리주둔 1사단 사령관과 국민방위군 사령관에 임명했다. 내각은 부르주아 공화파가 장악한 기동국민군을 해산했다. 내각은 이어서 부르주아 공화파의 아성인 집회와 클럽을 금지하는 법을 제정했다. 마지막으로 내각은 제헌의회를 해산하는 동의안을 제출했다.

---

25 · 역사상 최초의 사회민주당이다. 후일 독일에서 립크네히트K. Liebknecht, 베벨 A. Bebel 등이 여기서 이름을 따서 사회민주라는 잡지를 발간했고, 나중에 이 명칭이 그들이 세운 노동자 정당의 이름이 됐다. 그게 독일 사회민주당이다.

26 · 상가르니에(Nicolas Anne Theodule Changarnier: 1793〜1877); 왕당파 장군

질서당의 샹가르니에 장군은 의회의 코앞에서 열병식을 개최하면서 의회의 해산을 압박했다.

　제헌의회의 부르주아 공화파는 내각 불신임안으로 대결했으나 무기력했다. 남은 것은 의회 밖에서의 압력이었다. 부르주아 공화파가 동원할 수 있는 무기는 프티부르주아와 노동 계급이었다. 부르주아 공화파는 자기의 무기를 자신이 해체했으니 속수무책이었다. 결국 5월 27일 제헌의회는 해산했다. 새로 입법의회를 선거했다. 이 선거에서 질서당이 대대적으로 승리하고, 사회민주당은 약진했으나, 부르주아 공화파는 몰락하고 말았다. 부르주아 공화파의 계엄 통치 때문에 민심이 돌아섰기 때문이다.


　2) 부르주아 민족주의

　혁명을 방어하기 위한 민족주의, 이웃 나라의 혁명을 지원하는 국제 연대, 그것은 프랑스 대혁명 이래 전통이었다. 프랑스 대혁명이 일어나자 유럽 봉건 왕조는 신성동맹을 맺었다. 부르주아 공화파는 혁명을 지키기 위해 신성동맹의 침략에 대항했다. 애국전쟁을 통해 프랑스 혁명세력은 단결을 유지할 수 있었고 혁명도 더욱 심화됐다. 프랑스의 부르주아 공화파는 다른 나라의 혁명 세력을 지원했다. 프랑스 혁명 이후 라인강 연안의 독일 소국들에서 소동이 벌어졌다. 혁명이 아니라 소동 정도였다. 프랑스 공화국은 이 소동을 지원했다. 그 지원은 미온적이고 빈말에 불과했지만, 어떻든 국제적 연대였다. 후일 나폴레옹 점령 이후 이 지역은 민주화되어 라인란트 연방을 구성했다.

　1848년 2월혁명에서 등장한 부르주아 공화파는 프랑스 대혁명 당시 부르주아 공화파와는 달랐다. 1848년 2월 프랑스에서 일어난 혁명은 곧 유럽 전역에 파급됐다. 그 규모는 과거 대혁명과 비교할 수 없을 정도였다. 독일과 오스트리아, 이탈리아, 헝가리, 폴란드에서도 인민 봉기가 일어났다. 부르주아 공화파가 주도한 임시정부, 카베냐의 계엄 정부는 혁명의 수출을 의심하는 유럽 봉건 왕조에 거듭 평화를 선언했다. 말이 평화였지 그것은 독일, 오스트리아, 이탈리아 등의 혁명 세력을 지원하지 않겠다는 서약이었다. 부르주아 공화파는 국제적 연대라는 신성한 대의를 포기했다. 프랑스 부르주아 공화파는 혁명을 가속할 수 있는 무기를 자신이 내버렸다.

### 3) 프랑스 부르주아의 야심

1848년 2월혁명에서 부르주아 공화파가 연대를 포기한 이유는 무엇인가? 그 원인에 관하여 마르크스는 이렇게 언급했다. 즉 프랑스 대혁명 시기의 역사적 경험 때문이었다. 프랑스 대혁명에서 신성 동맹군에 대항하는 가운데 혁명이 심화했다. 권력이 부르주아 공화파로부터 프티부르주아 자코뱅파로 이동했다. 이런 역사적 경험을 알고 있는 1848년의 부르주아 공화파로는 차라리 평화를 원했다. 혁명의 수출보다는 프랑스의 평화가 자신에게 권력을 보장하여 주리라 믿었다.

유럽 봉건 왕조가 자기 나라의 혁명세력을 진압한 다음에는 그 칼날은 어디로 겨눌지는 명약관화한 일이다. 봉건 왕조의 간섭 전쟁을 피하려면 차라리 유럽 각국의 혁명세력을 지원했어야 마땅했다. 혁명이 국제적인 성격을 지닐 경우에만 자기의 혁명을 보존할 수 있다는 간단한 원칙을 부르주아 공화파는 간과했다.

마르크스의 분석은 여기서 그친다. 마르크스의 분석을 넘어서 다음과 같이 생각해 볼 수 있지 않을까? 즉 부르주아 공화파가 대변하는 프랑스 산업 자본은 영국과 경쟁하면서 유럽 시장을 원했던 것이 아닐까?

부르주아는 늘 그래왔다. 시장 확보는 부르주아의 본성이다. 방어적 민족주의는 곧 침략적 제국주의로 전환했다. 프랑스 대혁명 시기 부르주아 공화파의 신념은 방어적 민족주의였다. 나폴레옹의 유럽침략의 시기에는 부르주아 공화파는 침략적 민족주의로 전환했다. 프랑스 부르주아는 나폴레옹의 대륙 봉쇄령 아래서 영국 자본을 배제한 채 성장했고 유럽 시장을 장악할 수 있었다. 마찬가지로 1848년 2월혁명 이후 프랑스 부르주아 공화파도 영국을 배제한 채 유럽 시장을 장악하고자 원했던 것이 아닐까? 프랑스 산업 자본이 진출하기 위해서 다른 나라의 자본주의 발전을 막아야 했던 것이 아닐까? 차라리 유럽 봉건왕조가 프랑스 부르주아에 유리했던 것이 아닐까?

### 4) 프티부르주아의 민족주의

부르주아 공화파의 잔존 제헌의회를 제압한 질서당은 권력을 위협하는 잔재를 청소할 필요가 있었다. 그것은 프티부르주아의 산악당(그리고 프롤레타리아와의 연합세력인 사회민주당)이었다. 부르주아 공화파와 달리 프티부르주아의 산악당은 여전히 국제 연대라는 원칙에 충실했다. 1849년에 들어와 부르주아 공화파라는 완충지대가 사라지자 질서당과 산악당은 국제연대를 둘러싸고 정면 충돌했다.

교황령 로마에서도 1849년 5월 인민 봉기가 일어나 교황을 추방했다. 교황은 전통적인 보호국이었던 프랑스에 지원을 요청했다. 루이 보나파르트의 질서당 내각은 파견군을 보냈다. 파견군 대장 우디노(Lieutenant-General Charles Nicolas Victor Oudinot:1791~1863)는 로마를 포위하고 무차별 포격을 가했다.

이는 명백히 헌법 위반이었다. 새로 제정된 헌법에 따르면 프랑스군이

외국의 압제자를 지원하지 못하기 때문이다. 산악당은 루이 보나파르트를 탄핵하는 동의안을 제출했으나 탄핵안은 6월 12일 부결됐다. 1849년 6월 13일 프티부르주아는 질서당의 내각에 대항하여 봉기를 일으켰다.

프티부르주아는 오판했다. 프티부르주아는 부르주아 공화파와 노동 계급이 대대적으로 지원을 해 줄 것으로 내심 기대했다. 의회에 남아 있던 부르주아 공화파(제헌 동지회: 대표 카베냑)는 침묵하거나 심지어 질서당의 편에 섰다. 부르주아 공화파로서는 국제연대를 고집할 이유가 없었다. 반면 사회민주당 속에 프티부르주아와 연합한 노동 계급은 적극적이었다. 노동 계급은 프티부르주아에 무장저항을 제안했으나 거부당했다. 프티부르주아는 평화적 봉기를 택했다. 프티부르주아는 국민 방위군을 동원했지만, 국민방위군은 비무장 상태로 행진했다. 마르크스는 이런 봉기를 비꼬면서 '순수이성의 범위 내에서의 반란'이라고 말했다. 당시 사정에 대해 마르크스는 이렇게 평가했다.

> "산악당은 의사당에서 철수하자 땅의 신의 아들인 거인 안테오스가 땅에서 벗어나면서 힘을 상실해 버린 것처럼 힘을 잃어버렸다."[27]

> "산악당이 의회 내에서 승리하기를 원했다면 무력에 호소하지 말아야 했다. 만약에 의회 내에서 그들이 무력에 호소했다 하더라도 가두에서는 의회에서 하던 방식으로 행동하지 말아야 했다."[28]

신랄한 비유이다. 마르크스는 이런 오판이 프티부르주아의 특성이라

---

27   마르크스, 『프랑스에서의 계급투쟁』, 위의 책, 96쪽

28   마르크스, 『루이 보나파르트의 브뤼메르 18일』, 위의 책, 182쪽

한다. 프티부르주아는 중간 계급이기 때문에 자신이 모든 계급을 대변한다고 생각한다. 프티부르주아는 모든 계급이 그의 행동을 따라 할 것이라 믿는다. "투쟁의 시간이 임박해 올 때에도" 프티부르주아는 "여타 제 계급의 이해와 위치를 굳이 면밀히 검토할 필요가 없다."[29]고 믿었다. 프티부르주아는 투쟁이 실패한다면 그것은 우연적인 상황 때문일 뿐이며 그 자신은 패배 책임에 항상 결백하다고 생각했다. 한마디로 자기도취가 프티부르주아의 특성이다.

자기도취에 빠진 비무장 시위대에게 질서당은 평화로 응수하지 않았다. 샹가르니에 장군은 무차별 포격을 가했다. 1849년 6월 23일의 프티부르주아의 봉기는 허무하게 끝났다. 이렇게 해서 의회 내 질서당에 반대하는 모든 세력이 제거되고 말았다.

질서당의 독재 시대가 도래했다. 질서당은 의사 규칙을 정해 의원의 자유발언을 막았다. 프티부르주아 계열의 파리 포병대와 방위군을 해산했다. 프티부르주아의 인쇄기 및 신문사를 파괴하고 정간했다. 신언론법, 신결사법, 계엄법 등을 정했다. 봉기세력이 마지막까지 저항하던 리용Lyon 인근에는 계엄을 선포했다. 내각을 장악한 질서당은 의회의 힘을 자신이 제거했다.

질서당 역시 자기 발등에 도끼를 찍고 있었다. 바로−팔루 내각과 질서당의 지반은 의회였다. 의회를 떠받치고 있었던 저항 세력(부르주아 공화파, 프티부르주아, 노동 계급 등)이 모두 사라지고 의회를 지지하는 법률적 힘조차 무너지자, 의회 자신이 힘을 상실했다. 권력은 의회를 넘어서 행정부 즉 루이 보나파르트에게로 기울었다. 의회가 헌법에 기초한 것이라

---

29  마르크스, 『루이 보나파르트의 브뤼메르 18일』, 위의 책,  183쪽

면 루이 보나파르트의 힘은 헌법을 초월한 힘 즉 쿠데타의 힘이었다.

# 9절 농민의 분노

## 1) 1848년 농민

1848년 2월혁명 당시 프랑스 국민의 2/3가 농민이었으니, 프랑스는 아직 농업 국가였다고 할 수 있다. 그렇다고 봉건 체제는 아니었다. 농업도 이미 자본주의의 길을 가고 있었다. 마르크스는 이 길을 농민의 분화과정을 통해 설명한다.

나폴레옹이 토지를 재분배한(1808년) 덕분에 프랑스 농민은 대부분 자영농의 수준으로 올랐다. 자영농은 두 세대가 지나가면서 1848년경에는 다시 소농으로 전락하고 말았다. 자영농의 토지는 다음 세대에게 상속되면서 소규모로 분할했다. 어느 정도 살만한 농민은 많은 아이를 낳으니 인구가 폭발했다. 그만큼 상속 농민의 토지 규모가 영세해졌다.

농민은 자기의 토지로는 생활을 유지하기도 부족했다. 영세 농민은 타인의 토지를 구매하든가 빌려야 했다. 경쟁이 심화하면서 생산성을 높이기 위해 농기구, 비료, 저장 시설 등 많은 자본 투자가 필요했다. 소농은 자기 토지를 저당하여 금융 자본으로부터 돈을 빌려 파산한 빈농의 토지를 구입했다. 다행히 행운을 통해 성공하면 그는 부농이 된다. 하지만 불운이 겹쳐서 실패하면 저당 잡힌 토지는 은행을 거쳐 타인의 손으로 넘어가고 그는 농촌을 떠나야 했다.

이런 과정을 거치면서 농민이 분화했다. 농촌에는 소수 부농이 출현하며, 대다수 농민은 몰락하여 도시로 흘러 들어가 부랑자가 됐다. 그들 부랑자는 장차 도시 노동자로 재탄생할 것이다. 1846년의 흉작은 이 과정을 재촉한 결정타였다. 흉작 때문에 농민은 대부분 이자나 평균이윤은 말할 것도 없이 생산원가조차 얻을 수 없었다. 1848년 혁명 직전 대부분 농민은 저당 잡힌 토지를 날릴 판이었다.

1848년 혁명은 농민에게 최후의 희망을 주었다. 2월혁명에서 농민은 도시와 더불어 봉기했다. 혁명 승리의 대가로 농민은 저당 잡힌 토지를 회복하기를 갈망했다. 그것을 위해서는 은행 빚의 탕감이 필요했다. 농민은 도시 프티부르주아와 같은 처지에서 같은 요구를 가지고 있었다. 부르주아 공화파가 화해협약을 거부하면서 농민도 절망에 빠졌다.


## 2) 루이 보나파르트

1848년 6월 노동 계급 봉기를 진압한 이후 부르주아 공화파는 카베냑 장군을 앞세워 계엄 통치를 유지했다. 계엄 통치로 모든 계급이 부르주아 공화파에 등을 돌렸다. 부르주아 공화파에 대항하는 국민의 적의는 1848년 12월 20일 대통령 선거에서 폭발했다. 이 선거에서 부르주아 공화파를 대변하는 카베냑 장군이 출마했다. 도시 프티부르주아를 대변하여 산악당의 영수 르드뤼 롤랭이 나섰다. 노동 계급은 자기의 대표로 라스페이[30]를 내세웠다. 농촌의 프티부르주아 즉 몰락 농민은 자신의 대변자로서 나폴레옹의 조카인 루이 보나파르트를 선택했다.

나폴레옹의 조카 루이 보나파르트는 어떤 인물인가? 그는 인물이랄 것도 없다. 그가 했던 짓은 7월왕정 시기 두 번에 걸친 어수룩한 쿠데타뿐이다. 두 번(1836년, 1840년) 다 군대에 남아 있던 나폴레옹 지지 장교들이 그를 옹립한 것이다. 그는 해외로 망명했다가 1848년 2월혁명으로 돌아왔다. 그는 귀국하면서 저항의 아이콘이 됐다. 그는 1848년 9월 보궐선거에서 제헌의회 의원으로 당선됐다. 1848년 12월 20일 대통령 선거에서 루이 보나파르트는 1000만 유권자 가운데 700만 표를 얻어서 당선됐다.

루이 보나파르트는 삼촌 나폴레옹의 후광만 가지고도 대통령 선거에서 압도적 지지를 받았다. 농촌의 프티부르주아는 루이 보나파르트의 이름에서 토지 분배의 영웅 나폴레옹을 상기했다. 루이 보나파르트는 화해 협약을 거부한 카베냑을 응징하려는 프티부르주아, 특히 농민의 아바타였다.

대통령으로 당선된 이후 루이 보나파르트가 원한 것은 나폴레옹의 영광이었지, 나폴레옹의 혁명은 아니었다. 그가 필요했던 영광 즉 돈과 권력을 줄 수 있는 세력은 토지 귀족과 금융 귀족이었다. 그는 당선되기 전에는 도시와 농촌의 프티부르주아의 어깨에 올려졌으나 당선되자 질서당의 충실한 종복이 됐다. 루이 보나파르트는 정권을 질서당의 바로-팔루 내각에 맡기고 그 뒤에 숨어 그의 세상을 기다리고 있었다.

---

30  라스페이(François-Vincent Raspail: 1794~1878); 프랑스 자연과학자이면서 콩트 실증주의, 관료체제 사상의 영향을 받은 사회주의 정치인이었다.

## 3) 주세

질서당의 바로-팔루 내각은 앞에서 말했듯이 부르주아 공화파와 대결해 제헌의회를 해체했고 이어서 프티부르주아의 1849년 6월 봉기도 무참하게 진압했다. 질서당의 의회 독재 시대가 도래했다. 질서당의 영광은 한순간이었다.

질서당이 승리하자, 질서당 내각 뒤에 숨어 있었던 대통령 루이 보파르트가 드디어 움직였다. 1849년 11월 1일 그는 여름 휴가를 마치고 의원들이 돌아오자 바로-팔루 내각을 해산하고 친정 내각을 구축했다. 질서당은 의회의 다수파로서 의회 권력을 장악하고 있었다. 루이는 질서당이 아니라 의회 자체에 도전장을 내밀었다. 대통령과 의회의 전쟁이 시작됐다.

7월왕정 당시 금융 귀족은 국가의 재정을 고갈시켰다. 1848년 2월혁명 이후 재정은 나아지지 않았다. 많은 재정은 국립작업장이나, 기동 국민군을 유지하는 데 사용했다. 바로-팔루 내각은 1949년 4월 14일 로마의 인민 봉기를 억압하려는 군대를 파견했다. 군대 원정을 위해 엄청난 국채가 발행됐다. 그 국채를 구입할 능력은 금융 귀족 밖에 없으니 국가는 다시 금융 귀족의 품에 안겼다.

그 국채는 누가 갚아야 하는가? 농민이다. 재정 고갈을 해결하기 위해 1849년 12월 20일 당선 1주년 기념으로 루이 보나파르트가 선택한 것은 주세였다. 주세의 대부분은 농민에게 부과되는 것이었다. 그가 친정 체제를 구축해서 최초로 결정한 정책은 자신의 지반이었던 농민을 땅에 파묻는 정책이었다. 그는 의회와 질서당과 투쟁하기 위해서는 질서당의 주류인 금융 귀족을 포섭해야 했다.

## 4) 주세와 봉건제

마르크스는 그의 책에서 농민에게 주세가 갖는 의미에 대해 장황하리만큼 상세하게 서술한다. 봉건 시대 주세는 대표적인 봉건적 세금이었다. 왕은 마을 어귀에 징세관을 파견하여 마을을 벗어나 외부로 판매되는 술에 대해 세금을 징수했다. 주세는 상품을 시장에서 판매하여 이익을 실현했을 때 가져가는 것이 아니다. 주세는 판매하기 이전, 이동하는 중에 징세하니 시장에서 손해가 나더라도 주세는 이미 받은 뒤였다.

프랑스 대혁명이 일어났을 때 우선 폐지됐던 것이 주세였다. 1808년 전쟁으로 재정이 부족한 나폴레옹이 주세를 다시 도입했다. 당연한 일이지만, 농민은 나폴레옹에게 등을 돌렸고 덕분에 나폴레옹은 몰락했다. 그 뒤 되돌아온 왕정은 주세를 폐지하겠다고 공언했으나 권력을 잡은 후에는 다시 입을 씻었다. 그것은 1830년 7월 왕정도 마찬가지였다. 거듭된 배신은 1848년 2월혁명에도 마찬가지였다.

1848년 2월혁명으로 주세가 폐지됐지만, 시간을 유예했다. 1850년 1월 1일부터 폐지하겠다고 한 것이다. 루이 보나파르트는 주세가 폐지되기 직전인 1849년 12월 20일 주세를 부활한다고 선언했다. 주세의 폐지를 폐지한 것이다. 마르크스의 글에 이런 구절이 있다.

> "프랑스 농민은 담벽에 악마를 그릴 경우 징세자의 모습을 그린다. 몽딸랑베르[당시 담당 장관]가 과세를 신으로 떠받든 순간부터 농민은 신을 공경하지 않는 무신론자가 됐으며, 사회주의자라는 악마의 품에 안겼다."[31]

---

31 · 마르크스, 『프랑스에서의 계급투쟁』, 위의 책, 110쪽

주세가 부과되는 방식은 혁명 이전과 마찬가지로 봉건적이다. 혁명 이후 착취하는 주체는 봉건 국가가 아니라 부르주아 연합 국가였다. 착취자는 부르주아 계급 전체이다.

### 5) 농민과 노동자

주세로 농민은 배반당했다. 농민은 토지 재분배를 단행한 나폴레옹에 대한 향수 때문에 루이 보나파르트를 선택했다. 루이 보나파르트는 농민에게 토지를 준 나폴레옹의 길이 아니라 농민에게 주세를 부과한 나폴레옹의 길을 따랐다.

농민의 착각은 어디에서 기인하는가? 농민이 왜 나폴레옹의 향수에 취한 것일까? 그 이유는 농민의 요구와 연관된다. 농민은 국가의 재정을 통해 빚을 탕감하고 자신의 소규모 토지를 회복하기를 기대했다. 평등주의적 요구이다. 이런 기대는 나폴레옹의 토지 분배에 대한 기억을 상기시켰고 나폴레옹 향수를 불러일으켰다. 이 향수가 후광이 되어 조카 루이 보나파르트가 대통령이 된 것이다.

농민은 이미 더는 봉건 귀족에 의해서가 착취당하지 않는다. 농민은 금융 자본의 고리대적 지배에 의해 착취당하고 있었다. 마르크스는 농민의 적은 더는 봉건 귀족이 아니며 금융 자본이니, 농민은 자본과 싸우기 위해서 노동 계급과 연합해야 마땅하다고 본다. 마르크스의 말을 들어보자.

"농민에 대한 착취는 산업 노동자에 대한 착취와 형식적으로만 다르다는 점을 알 수 있다. 착취자는 같다. 그것은 자본이다. 개별 자본가들은 각기 저당이나 고리대금을 통해 개별 농민을 착취하며, 자본가 계급은 국가의 세금을 통해 농민 계급을 착취한다."[32]

이 구절에서 마르크스는 농민의 착취자는 이중적으로 자본이라고 말한다. 우선 금융 자본이 농민을 고리대적인 방식으로 착취한다. 이것은 개별 자본의 착취이다. 동시에 국가는 주세를 부과하여 착취하니, 이것은 국가 즉 자본가 연합, 자본가 계급이 착취하는 것이다.

마르크스는 농민이 빚을 탕감하여 자기 소유의 토지를 회복하려는 시도는 성공할 수 없는 복고적인 프로젝트로 본다. 마르크스는 이렇게 말한다.

> "농민의 소유권이란 지금까지 자본가가 농민을 사로잡아 온 부적이며, 농민과 산업 노동자를 대립시킨 구실에 지나지 않는다. ...입헌공화정은 농민에 대한 착취자들의 연합독재이며, 사회민주적 적색 공화정은 농민과 그 동맹자의 독재이다."[33]

마르크스의 이 말은 농민이 소토지를 회복해 보았자, 다시 금융 자본의 착취에 시달리게 된다는 말이다. 농민에게 소토지를 회복하려는 욕망이 남아 있어 모든 소유를 폐지하려는 노동 계급과 대립하게 된다. 사회주의 혁명이 성공하기 위해서는 농민과 노동자의 연합된 힘이 필요하다. 그것은 농민이 토지 소유욕을 벗어나 노동 계급의 편에 서는가 아닌가에 달려 있다.

---

32 · 마르크스, 『프랑스에서의 계급투쟁』, 위의 책, 113쪽

33 · 마르크스, 『프랑스에서의 계급투쟁』, 위의 책, 114쪽

농민에 대한 이런 평가는 농민과 노동자의 계급동맹 개념의 기초가 된다. 레닌이 러시아에서 사회주의 혁명이 성공할 수 있는 절대적 조건으로 삼았던 것이 노농동맹이었다. 레닌의 노농동맹 개념은 1848년 마르크스가 제시한 구상에서 흘러나온다.

농민과 노동자의 동맹이 필요하다는 마르크스의 개념은 역사를 꿰뚫는 혜안이었다. 이 동맹은 러시아 혁명뿐만 아니라 식민지 민족해방 투쟁에서도 결정적인 중요성을 지니기 때문이다. 마르크스 이전 누구도 그런 동맹을 제안한 적이 없다. 그 어떤 상상력도 노농동맹이라는 개념보다 더 탁월한 것은 없다.

# 10절 왕당파

## 1) 왕당파

1849년 11월 1일 바로-팔루 내각의 해임은 2월혁명의 역사에서 새로운 무대를 펼쳤다. 그 이전 무대에 올랐던 노동 계급, 프티부르주아, 부르주아 공화파는 퇴장했다. 질서당은 드디어 독주 체제를 달성했다 싶었지만, 새로운 강자가 질서당에 도전장을 내밀었다. 1848년 2월혁명은 최종적인 해결 즉 쿠데타로 향해 치달아 갔다.

시선을 무대의 전면을 차지한 왕당파 질서당를 향해 돌려보자. 질서당이라는 당이 세워졌다. 이 당은 1848년 4월 23일 제헌의회 선거에서 당선된 보수적인 성격의 의원으로 구성됐다. '질서' 당이라는 이름을 쓰는 이유는 분명하다. 표면적으로는 혁명 후 혼란을 제거하자는 의미이지만, 혁명이 그 자체로 혼란이니 혁명을 제거하자는 의미이다.

질서당을 이루는 세력은 크게 두 가지 분파로 나눌 수 있다. 하나는 정통 왕조파이다. 정통파는 1830년 7월 혁명으로 도망한 샤를 10세 아들 앙리 5세를 따르는 파다. 앙리 5세가 독일 엠스에 거주했으므로, 정통파는 엠스와 파리를 오가면서 복귀 운동을 전개했다. 정통파는 1830년 7월의 원한을 잊지 않고 1848년 2월혁명에서 오를레앙파 왕정을 타도하는 데 일조했다. 정통파는 그 덕에 혁명에 지분을 가지고 제헌의회 선거에서 상당수 당선될 수 있었다.

정통파의 물질적인 기반은 토지 재산이다. 이 집단은 토지 귀족이 중심이다. 프랑스 혁명 중에서 망명 귀족 또는 반혁명 귀족의 토지와 성당과 수도원에 속하는 토지는 나폴레옹이 농민에게 무상으로 분배했다. 그래도 토지 몰수를 피했던 귀족들이 남아 있었다. 그들은 망명하거나 반혁명에 가담하지 않았기 때문이다.


### 2) 자본주의적 지대

토지 귀족은 중세 봉건 귀족과는 구분된다. 왜냐하면 토지 귀족은 자기의 토지를 봉건적 방식으로 지배하지 않기 때문이다. 봉건 귀족의 토지를 경작할 예속농은 사라졌다. 토지 귀족은 자기 토지를 부농 및 자영 농민에게 빌려주고 지대를 받았다. 농민은 산업의 원재료(면화, 양모)를 생산하거나 농촌 산업화(주류 제조 등)에 나서고 있어 자본주의 산업에 포섭됐다. 일부 토지 귀족은 스스로 그런 자본주의적 경영에 나섰다.

봉건 지대나 자본주의 지대는 성격이 다르다. 봉건 지대는 토지를 점유한 대가가 된다. 봉건 지대는 토지에서 얻은 이윤과 상관없이 토지의 규모나 토질에 따라 일괄적으로 부여된다. 상중하로 나누어 몇 평이면, 얼마로 정해졌다. 이윤이 없어도 지대는 내야 하니 얼마나 가혹한가? 반면 자본주의 지대는 토지에서 나오는 수익에서 발생한다. 같은 노동을 투하했

음에도 불구하고 A 토지가 B 토지보다 많은 수확을 얻으면 A 토지에서 초과 이윤이 발생한다. 이것이 지대이다.

지대의 성격 때문에 토지 귀족은 농민의 자본주의적인 경영에 의존한다. 토지 귀족은 봉건 귀족과 달리 자본주의의 발전을 지지하게 된다. 예를 들어 곡물의 자유무역을 찬성하느냐 반대하느냐를 물어보자. 봉건 귀족은 자기의 토지수확물을 판매하기 위해 자유무역을 반대한다. 자본주의적 산업에 포섭된 토지 귀족은 산업이 성장해야 이윤을 얻으니 자유무역에 찬성하게 된다.

### 3) 토지 귀족의 자기 분열

1848년 2월혁명에 등장한 토지 귀족은 구 귀족 출신이며 정통 왕조파에 속하더라도 자본주의 산업의 발전을 지지했다. 그 때문에 토지 귀족은 보통선거를 지지하는 혁명에 가담했고 혁명 후에는 질서를 부르짖으며 부르주아 체제를 지원했다. 이것은 토지 귀족의 현실에 속한다.

토지 귀족의 마음속 생각은 자신의 행동과 달랐다. 토지 귀족은 정통 왕조를 복구하기 위해 혁명에 참여했다고 믿었다. 행동과 마음 사이에 괴리가 발생했다. 토지 귀족의 존재는 이미 자본주의 사회로 들어와 있다. 의식은 여전히 봉건제에 머물러 있다. 이런 의식이 너무 확고한 나머지 자기 존재의 변화를 이해하지 못했다. 자만에 차 있고 현실의 변화를 모르고 자기 밑의 땅이 무엇인지도 모르는 완고한 노인, 그게 당시의 토지 귀족이다. 만화 영화 가운데 고양이의 몸은 사라졌는데, 눈만 남아서 관객을 쳐다보는 장면이 있다. 그렇게 눈 즉 영혼으로만 남은 존재가 토지 귀족이다.

## 4) 금융 귀족의 투기

질서당을 이루는 또 하나의 집단을 보자. 금융 귀족의 집단이다. 이 집단은 은행가, 증권업자, 마권 복권 업자, 철도 회사 투자자, 식민지 회사 투자자 등으로 이루어졌다. 금융 귀족은 국가를 이용해서 부를 쌓았다. 그 방법은 간단하다. 금융 귀족은 국가가 철도나 식민지를 개척하도록 부추겼다. 재정이 부족한 국가는 금융 귀족으로부터 돈을 빌렸다. 금융 귀족은 엄청난 이자를 국가로부터 받아서 부를 축적했다.

그것도 모자라서 금융 귀족은 증권 투자를 일삼았다. 금융 귀족은 국가 관료와 결탁으로 국가 정보를 빼냈다. 금융 귀족은 철도 개발 계획, 식민지 정복 계획 등을 엿듣고 이와 관련된 기업의 증권을 사서 모았다. 적당한 시기에 국가가 그 계획을 발표하거나 전쟁을 시작하면 금융 귀족이 소유한 증권은 갑작스럽게 폭등했다.

금융 귀족은 국가로 하여금 채산성이 없는 개발 계획, 무리한 식민지 정복 전쟁을 부추기니, 언젠가는 한계가 드러나기 마련이다. 무리하게 부풀린 풍선이 터졌다. 1846년 경제공황이 그렇게 해서 발생했고 그 덕분에 7월왕정은 무너지고 말았다.

금융 귀족의 이런 모습은 에밀 졸라 소설 『나나』를 보면 잘 알 수 있다. 이 소설은 1860년대 루이 보나파르트 황제 시절 금융 귀족의 모습을 보여준다. 시간의 차이는 있지만, 그 모습은 1830년대 금융 귀족과 다를 바 없다.

## 5) 금융 귀족과 국가

토지 귀족의 몸은 부르주아 체제 속에 있지만, 마음은 과거에 머물렀다. 금융 귀족의 거동은 귀족의 거동이고 말은 귀족의 말을 쓰지만, 마음은 여전히 천박한 부르주아 고리대금업자로 남았다.

금융 귀족은 본래 은행 자본(고리 대금업자) 출신이었으나 여러 가지 방식으로 작위를 얻었다. 흔한 방식은 자기의 딸을 몰락한 귀족에게 팔아 넘기는(정략혼인을 통해) 방식이다. 금융 귀족은 신분 상승으로 구 귀족과 어울렸다. 무도회에 참석하기 위해 귀족의 거동과 우아한 말씨를 배웠지만, 그 본색은 감출 수 없었다. 금융 귀족은 아무리 무도회에 취하더라도 최종 결산을 잊어버리지 않았다. 모든 거래는 국가의 부를 자기의 수중으로 옮기는 것이었다. 금융 귀족은 야비했다. 금융 귀족은 엉터리없는 개발 계획과 이길 수 없는 식민지 정복 전쟁을 벌여 산업 자본가의 투자를 유혹했다.

토지 귀족과 정통 왕조파는 근본이 한미한 금융 귀족을 배척했다. 금융 귀족은 1830년 7월혁명으로 왕위에 오른 신흥 왕조를 지지했다. 금융 귀족은 오를레앙파 루이 필립의 지배체제를 구성했던 핵심 세력이다.

1848년 2월혁명의 기운이 퍼지자 당혹한 금융 귀족은 보통선거권을 지지하기 시작했다. 금융 귀족은 재빨리 머리를 굴렸다. 보통선거를 치르더라도 금융 귀족에게 유리한 결과가 나올 것이라는 계산이 나왔다. 1848년 2월혁명 전에 이 집단 가운데 일부가 7월왕정에 저항하기 시작했다. 대표적인 사람이 티에르[34]라는 정치인이다. 금융 귀족의 이런 일부는 7월왕정에 저항했던 덕분에 1848년 2월혁명 이후 5월 제헌의회 선거에서 기회

---

34  티에르(Marie Joseph Louis Adolphe Thiers: 1797~1877); 그는 프랑스 혁명사나 나폴레옹 전기를 쓴 역사가이면서 정치가로서 프랑스의 19세기 역사 전반에 영향을 미쳤다. 1830년 이후 7월왕정에서는 수상을 지내기도 했으며, 1848년 혁명 이후에는 금융 귀족파의 핵심이 됐다. 그는 나중에 1870년 부르주아 국민정부의 수반이 되어 1871년 파리코뮌의 노동자를 잔인하게 진압했다.

를 얻었다.

살아 돌아온 금융 귀족은 구 귀족의 거동과 말씨를 배웠듯이 다시 부르주아의 거동과 말씨를 배웠다. 금융 귀족은 구 귀족을 모방하든 부르주아 공화파를 모방하든 그 본색은 항상 같다. 금융 귀족은 본래 고리대금업자로서 국가를 등쳐먹는 기생충이었다.

# 11절 쿠데타의 필연성

## 1) 욕망의 지연

금융 귀족과 토지 귀족은 1848년 2월혁명에서 살아남자 다시 그 본색을 드러냈다. 두 왕당파는 합심해서 질서당으로 뭉쳐 부르주아 공화파와 대결했다. 질서당의 왕당파는 1849년 초반부에 부르주아 공화파를 추방하고, 남아 있는 프티부르주아 세력을 격퇴했다.

마침내 질서당의 독주 시대가 도래했다. 앞에서 말했지만, 질서당은 권력을 굳히기 위해 정치 클럽을 탄압하고 언론에 재갈을 물렸다. 질서당은 공화정의 최후 보루인 보통선거조차 개정했다. 질서당은 의회를 파괴함으로써 자기 목을 자신이 졸랐다.

질서당의 왕당파는 소망인 왕정의 입구에 도달했다. 표면적으로 두 분파는 분주하게 움직였다. 토지 귀족은 상보르chambor 백작(부르봉 정통 왕조 계승권자)이 있는 독일 엠스를 오갔으며, 금융 귀족은 영국 클레르몽에 망명한 루이 필립(오를레앙 파 7월왕정의 주인공)의 거처를 찾았다. 이들은 왕정복고를 실현할 충분한 힘, 독재권을 갖고 있었으나 정작 그 힘을 행사할 순간이 되자 이런저런 이유로 이를 피했다. 그것은 마치 강박증자의 욕망이 도달하지 못하고 지연되는 것을 닮았다.

질서당의 내심을 시험하려는 듯이 루이 보나파르트가 추방당한 왕가의 복귀를 허용하는 법안을 올렸다. 아니나 다를까, 두 분파는 앞다투어 이 법안을 거부했다. 여기에는 두 왕위를 자신과 같은 지위로 격하하려는 루이 보나파르트의 음모가 있었다. 그 때문에 두 왕당파가 거부한 것은 아니었다. 명분은 이 법안이 1848년 6월 노동자 봉기의 지도자를 사면하는 법안과 함께 올라왔다는 이유였다. 그들은 어떻게 신성한 것과 사악한 것, 왕과 노동자를 동시에 취급할 수 있느냐면서 분노했다. 실상은 그게 질서당이 진심으로 원한 것이었다. 정통 왕조파든 오를레앙파든 실제 원한 것은 왕정복고가 아니었다. 마르크스는 이에 대해 다음과 같은 구절을 남겼다.

" 연립 왕당파가 여기 프랑스에서 대통령직에 있는 중도적 인물로서 그를[루이 보나파르트] 필요로 한다면, 진정한 왕위 계승 요구자들은 망명의 안개에 싸여 세속의 눈에서 벗어나야만 한다."[35]

마르크스는 두 왕당파의 마음속에 무엇이 있는가를 이미 꿰뚫어 보고 있었다. 그들의 무의식이 욕망하고 있었던 것은 부르주아 연합 지배였다. 이를 위해서는 중도적 인물로 루이 보나파르트가 적절했다. 그것을 위해서 진짜 왕가는 어느 왕조든 "안개에 싸여" 외국에 멀리 떨어져 있어

---

35   마르크스, 『프랑스에서의 계급투쟁』, 위의 책, 105쪽

야 했다.

## 2) 연합 지배로서 국가

마르크스는 여기서 부르주아 공화정의 진정한 의미가 드러난다고 보았다. 그것은 자본의 연합 지배였다. 왕당파의 두 분파 즉 토지 귀족이나 금융 귀족은 더는 봉건 시대의 귀족은 아니었다. 토지 귀족은 자신의 토지를 자본가에 빌려주고 지대를 받아 살아갔다. 금융 귀족은 모양만 귀족이지 본래 고리대금업자였다. 그들 모두는 산업 자본의 발전에 의존하고 있었다.

산업 자본가 역시 마찬가지였다. 그들은 과거 프랑스 대혁명기의 혁명적 공화파는 아니었다. 그들의 산업은 국가의 특권이 필요했다. 영국 자본과 경쟁에서 국가의 보호가 필요했고, 국내에서도 경쟁을 제한하는 특권적 시장이 필요했다. 산업 자본은 프티부르주아와 연합하기보다 왕당파와 연합을 내심 기대했다.

이렇게 해서 자본 즉 토지 자본과 금융 자본과 산업 자본의 연합 지배가 시대정신이 됐다. 그것이 질서당이 꿈꾸었던 의회 독재였다. 의회를 통해 자본의 각 분파는 공동의 계급이해를 추구할 수 있었다. 그 계급이해란 곧 자본의 성장을 가로막는 프티부르주아와 노동 계급의 도전을 억압하고 국가의 재정을 그들의 손에 쥐고 국가를 등쳐먹는 것이었다. 해외 시장을 장악하는 것 역시 그들은 잊지 않았다. 이와 같은 계급적 이해를 관철하기 위해서는 의회 공화정과 같은 공동 지배의 형식이 가장 적합했다. 루이 보나파르트는 실권이 없는 왕으로서 자기들의 공동 지배를 은폐하는 가림막이 되어야 했다.

그런데도 그들의 의식은 현실의 객관적 요구를 자각하지 못했다. 정통 왕조파는 오를레앙파를, 오를레앙파는 정통 왕조파를, 두 왕당파는 합심해서 산업 자본가 세력인 부르주아 공화파를 무너뜨리려 했다. 그들이 자본가 계급의 이익 즉 연합 지배를 자각하지 못하고 서로 갈등하는 한, 모두 무너지기 마련이다. 무의식에서 연합의 요구와 의식에서 상호 대립을 마르크스는 이렇게 표현했다.

> "그들은 각기 달리 보이는 각 분파가 왕당주의적이라도 그들의 화학적 화합물은 반드시 공화주의적이어야 하는 점과 백색 군주정과 청색 군주정이 삼색기 공화정 속에서 서로 중화되어야 한다는 점을 파악하지 못했다."[36]

### 3) 쿠데타를 향해

상호 갈등하는 왕당파 자신이 조정할 능력이 있다면 루이 보나파르트는 적당한 가림막이 될 수 있었다. 그러면 공화정의 형식 아래 질서당의 의회 독재가 계속된다. 그러나 왕당파는 연합이 요구되는데도 자기를 조정할 능력이 없었다. 갈등은 왕당파 모두의 외부에 있는 제삼자인 루이 보나파르트를 통해서만 조정될 수 있었다. 이런 조정은 각 분파에는 폭력적으로 강요될 수밖에 없다. 그러므로 루이 보나파르트의 쿠데타는 필연적이었다. 루이 보나파르트는 이미 자신을 지지한 농촌 프티부르주아를 배반함으로써 역사가 제시한 임무를 수행할 준비를 마쳤다. 이제 남은 것은 적당한 명분과 계기였을 뿐이다.

---

36 · 마르크스, 『프랑스에서의 계급투쟁』, 위의 책, 88쪽

2월혁명의 결말에 대한 마르크스의 해석은 지금까지 거론한 두 책 즉 『프랑스에서의 계급투쟁』과 『루이 보나파르트의 브뤼메르 18일』에서 서로 다르다.

전자는 두 왕당파가 대통령의 직위를 연장함으로써 공동의 지배에 이를 것으로 예측했다. 실권은 자기들이 갖고 루이 보나파르트는 그저 가림막이 될 것이라는 말이다. 후자는 쿠데타를 통해서만 공동의 지배에 도달할 수 있다고 보았다. 그것은 왕당파 자신이 갈등을 조정하지 못했다는 말이다. 의식은 무의식적 요구를 자각하지 못했기 때문이다. 실제로는 후자의 시나리오가 승리했다.

어떤 해석이든 결과가 공동의 지배라는 점에서는 같았다. 다만 그 과정이 평화적이냐 아니면 폭력적이냐 하는 차이였다. 마르크스는 앞의 책을 쓴 1851년 말에는 왕당파가 무의식적 요구를 자각할 것으로 기대했다. 실제 왕당파는 마르크스가 생각한 것보다 훨씬 멍청했다. 결과적으로 쿠데타밖에 길이 없었다.

쿠데타를 향한 실제 역사적 과정은 여기서 생략하도록 하자. 이 과정은 표면적으로는 소란스러웠지만, 이미 내적으로 요구되는 길이었던 한에서 실제로는 평온한 길이었다.

대통령과 의회, 두 권력은 서로 비교될 수준이 아니다. 의회 권력이 법이라는 추상적인 권리였다면 행정 권력은 공무원과 경찰을 갖춘 집행 의지였다. 의회 권력이 다수의 연합세력이어서 시류의 변화에 따라 이리저리 변화한다면 행정 권력은 대통령 1인에게 집중된 단일한 권력이었다.

질서당이 의회 권력을 유지할 수 있는 길은 의회의 실질적 토대인 혁명파의 힘을 부활하는 것이었다. 질서당의 왕당파는 부르주아 공화파에 손을 내밀어야 했고, 부르주아 공화파는 다시 프티부르주아 산악당과 노동 계급에 지지를 요청해야 했다. 실제로 그럴 기회가 있었다. 산악당이 대사면 동의안을 제출했을 때이다. 그러나 질서당은 이를 외면하고 말았다. 질서당, 왕당파에게는 루이 보나파르트의 독재 권력보다 더 무서운 것이 혁명파의 힘이었기 때문이다. 질서당은 현실을 이해할 능력을 상실했다. 마르크스는 질서당의 무능력은 '치매성 의회병'이라 비난했다. 마르크스는 질서당이 "자기의 손으로 의회 권력의 모든 조건을 파괴"했다고 한다. 질서당은 의회를 파괴한 자신의 승리를 의회의 승리라고 간주했다.

쿠데타 후 1년 뒤 1852년 12월 2일 루이 보나파르트는 황제가 됐다. 이렇게 해서 왕정을 전복한 1848년 2월혁명은 다시 군주정으로 돌아갔다.

# 12절 역사는 반복된다

## 1) 1848년 2월혁명의 요약

이상을 통해 1848년 2월혁명이 어떻게 자기를 배반했는가를 살펴보았다. 노동 계급은 국립작업장 폐쇄에 맞서 6월 봉기를 일으켰다. 봉기가 실패한 원인은 프티부르주아가 6월 봉기를 방관한 것이었다. 더 근본 원인은 그것이 유토피아적인 몽상이었기 때문이다. 프티부르주아는 빚의 탕감을 원했으나, 6월 봉기를 진압한 이후 부르주아 공화파는 프티부르주아의 요구를 기각했다. 그것은 노동 계급의 봉기에 냉담했던 프티부르주아의 자업자득이었다. 어차피 빚의 탕감은 역사의 향수에 불과하니 성공할 수 없는 프로젝트였다.

두 계급을 진압한 부르주아 공화파도 마찬가지 운명에 사로잡혔다. 부르주아 공화파는 대통령 선거 이후에도 마지막까지 제헌의회라는 권력을 움켜쥐고자 했다. 부르주아 공화파는 질서당의 해산 압력에 대항할 무기가 없었다. 부르주아 공화파는 프티부르주아와 노동 계급을 진압하면서 제 발등에 도끼를 찍은 것이었다. 부르주아 공화파는 공화정에 충실하여 저항 세력을 키우기보다 내심으로 차라리 질서당의 독재에 의존하고자 했던 것으로 보인다.

질서당은 천하가 자기 손아귀 속에 들어왔다, 생각했으나 그것은 착각이었다. 질서당의 의회 권력은 루이 보나파르트의 행정 권력이 감행한 쿠데타에 의해 해체됐다. 질서당의 패배는 필연적이었다. 그것은 질서당의 내적인 논리상 필연적이었다. 질서당 자신이 통일하지 못하는 한, 그들에게 요구되는 연합적 지배는 제삼자의 힘으로 강제적으로 실현될 수밖에 없기 때문이다.

2월혁명의 전체 과정을 보면서 마르크스는 이렇게 한탄했다.

"만약에 역사의 어떤 부분이 온통 회색으로 칠한 바가 있다면 그것은 바로 이 시기이다. 인간과 사건은 마치 뒤바뀐 쉴레밀[37]처럼, 몸체를 잃어버린 그림자들처럼 보였다. 혁명 그 자체는 혁명 수행자를 무력화시키고 혁명의 반대자들에게 열정적인 힘을 가져다 주었다. 반혁명가들이 끊임없이 주문으로 불러내서는 다시 내쫓아버린 붉은 망령[혁명가]이 마침내 나타났을 때 그것은 머리에 무정부주의의 프리지아 모자를 쓰고 나타난 것이 아니라 질서의 제복 즉 붉은 바지[쿠데타군]를 입고 있었다."[38]

---

37  19세기 프랑스 작가 아델베르트 폰 샤미소의 동화『피터 슐레밀의 기이한 이야기』(1827년)의 주인공, 그는 욕망을 대가로 악마에게 자기 그림자를 판다. 괴테의 작품『파우스트』의 주제와 닮았다.

38 · 마르크스,『루이 보나파르트의 브뤼메르 18일』, 위의 책, 174쪽

## 2) 계급 투쟁으로서 역사

이와 같은 역사적 과정을 보면 각 계급의 주관적 의도 대로 역사가 움직인 것은 아니었다. 역사를 움직이는 것은 그들 배후에 그들을 지배하는 객관적 현실이니 마르크스는 그것을 곧 생산관계라 보았다.

생산관계란 마르크스 역사철학의 핵심적인 개념이 된다. 이 관계란 곧 생산수단과 노동력이 결합하는 방식을 말한다. 즉 생산수단을 가진 자가 노동력을 어떤 방식으로 지배하는가 하는 것이다. 이는 생산수단을 누가 소유하는가, 노동자에게 어느 정도의 자유를 주는가, 생산물 가운데 어느 정도를 분배해주는가에 따라서 결정된다.

생산수단의 소유자는 생산수단을 구성하는 요소에 따라 다양하다. 1848년 역사에서 그것은 토지 귀족과 금융 귀족 그리고 산업 자본으로 등장했다. 생산수단의 발전 단계에 따라서 도시와 농촌의 프티부르주아, 대자본가 등으로 구분되며, 노동의 주체 역시 이런 발전에 따라서 다양하다. 노동자는 초기 도제 수준의 노동자나 소규모 공장에서 공장 노동자, 대규모 공장 체제에서 육체 노동자, 관리 전문기술 관료 등 상층 노동자 등으로 분화한다.

자본주의적 생산관계의 개념이 역사 전반에 투영됐다. 역사는 생산관계가 발전하는 역사이다. 생산 관계의 발전 정도는 각 역사 시기나 사회마다 달라진다. 그때마다 고유한 계급적 이해에 따라서 각 계급 분파가 운동하니, 정치적 투쟁이란 계급의 운동을 반영하는 것일 뿐이다. 바로 이것이 마르크스가 말한 역사철학의 제1원리이다.

## 3) 역사의 반복

헤겔은 행위자의 주관적인 의도가 역사를 움직이지 않고 더 큰 힘이 역사를 지배한다는 사실을 발견했다. 이것을 그는 '이성의 간지[奸智]'라고 말했다.

역사의 영웅은 주관적 의도를 추구한다. 이 주관적 의도가 이성의 방향과 우연히 일치하면 그는 갑작스럽게 영웅으로 추앙받는다. 영웅은 자신의 주관적 의도를 믿는 나머지 이성의 방향이 변화했는데도 자기의 주관적 의도를 고집한다. 그러면 이성의 힘으로 그는 내 버려지며 하루아침에 영웅에서 비참한 죄수 신세로 몰락한다. 헤겔은 이런 영웅의 모습을 로마 시대 시저에서 보거나 당대의 나폴레옹 속에서 발견했다.

이와 같은 논리를 마르크스는 역사의 반복이라는 개념으로 설명했다. 헤겔에서 이성이 하는 역할을 여기서는 생산관계가 담당한다. 역사의 행위자, 각 계급의 정치적 대변자들은 자신의 주관적 의도에 따라 행위를 하지만, 궁극적으로 역사를 결정하는 것은 생산관계이다.

아직 생산관계가 충분히 발전하지 않았을 때 계급의 대변자들은 유토피아적인 꿈에 따라 행위를 하니, 그의 투쟁은 비극적으로 실패하도록 예정되어 있다. 그 꿈이 너무 조숙하기 때문이다. 또는 거꾸로도 가능하다. 이미 시대는 지나갔는데도 불구하고 과거의 광휘에 도취하여 과거를 반복할 때가 있다. 이때 역사는 그런 행위를 우스꽝스럽게 내버리니, 그의 모습은 희극에 지나지 않는다. 역사적 행위는 두 번 반복된다. 한때는 너무 빨리, 한때는 너무 늦게 등장한다. 비극은 희극으로 전락한다. 역사의 희비극은 역사가 개인의 주관적 의도가 아니라 생산관계에 의해 결정된다는 사실을 입증하는 증거가 된다.

시대를 앞선 투쟁은 비극이지만, 언제가 다시 성공할 수 있다. 하지만 이미 시대가 지나간 과거를 반복하는 것은 역사의 희극에 불과하다. 마르크스는 과거의 전통을 과감히 벗어던지고 새로운 역사에 맞는 새로운 투쟁의 형식을 발견하라고 주장한다.

> "모든 죽은 세대들의 전통은 악몽과도 같이 살아 있는 세대의 머리를 짓누르고 있다....새 언어를 사용하는 데 모국어를 떠올림이 없이 그 언어 속에서 나름의 길을 찾고 새로운 언어 사용에서 자신의 모국어를 망각하는 경우일 뿐이다."[39]

### 4) 낭만주의

존재와 의식, 생산관계와 주관적 의도 가운데 어느 것이 역사를 지배하는가에 따라 관념론적 역사철학과 유물론적 역사철학이 구분된다. 자주 사람들은 역사를 관념론적으로 본다. 그것은 곧 사람들이 어떤 견해, 사상, 의식을 가지고 있는가가 역사를 좌우한다는 주장이다. 이렇게 의식이 존재를 지배한다고 생각하면 이른바 낭만주의의 역설이 출현하게 된다.

원래 독일 낭만주의자들은 프랑스 혁명을 독일에 이식하려 했던 혁명주의자였다. 낭만주의 철학자 셸링과 슐레겔이 이를 잘 보여준다. 나폴레옹의 침략 이후 나폴레옹을 반대하는 가운데 이들은 프랑스 사회 즉 자본주의 자체에 대해 점차 비판적으로 된다. 그런 가운데 독일 낭만주의자들은 중세 사회를 재검토 하게 된다. 독일 낭만주의자들은 중세 봉건제를 이상화했다.

그들이 보기에 중세 사회는 오해됐다. 중세 사회는 왕과 영주, 영주와 기사, 기사와 농민 사이에 일종의 서약 체제[hierarchy]이며 이 관계는 서로 대등한 존재들끼리 서로 믿으며 서로 봉사하는 관계이며 다만 서로 역할만이 다른 관계라는 것이다. 영주는 칼을 들어 외적을 방어하고 농민은

---

39 · 마르크스, 『루이 보나파르트의 브뤼메르 18일』, 위의 책, 146쪽

땅을 갈아 영주에 보답한다고 본다.

낭만주의자들이 중세사회를 이렇게 이상화한 근거는 어디에 있는가? 그들은 중세 기사 소설, 신화와 전설, 여타 신화나 설화를 탐독했다. 그런 역사적 자료는 모두 중세인이 자기 시대를 이해한 것의 표현이다. 그 것은 중세를 진정으로 이해하는 것이 아니라 중세인의 믿음과 환상에 불과한 것이다.

이런 관점에 서게 되자, 이들은 중세 사회를 지배한 신성로마제국도 달리 보게 된다. 신성로마제국은 독일민족의 영광이 유럽을 지배했던 시대였으니, 유토피아의 세계였다. 이들은 실제 역사에서 최후 종적이 불분명한 신성로마제국의 '붉은 수염 황제(바바로사)'가 언젠가 다시 재림할 것이라 기대했다.

낭만주의의 흐름을 바탕으로 나폴레옹 침략 시기 청년의 '자유 군단'이 출현했다. 말하자면 대학생 의용군이다. 이 '자유 군단'은 나폴레옹 해방 전쟁에 상당히 이바지했다. 나폴레옹 몰락 이후 1815년 독일 사회는 낭만주의 흐름 때문에 복고적으로 됐다. 철학자 셸링은 프로이센 봉건군주의 이데올로거가 됐다. 문학자 슐레겔은 빈 반동체제의 수장 메테르니히의 오른팔이 됐다. 신성로마제국의 계승자인 오스트리아 합스부르크 왕조가 부활했다. 독일의 전역에서는 중세 봉건적 착취가 강화했다.

존재와 의식의 괴리가 혁명적 낭만주의를 복고적 낭만주의로 전환했다. 마르크스가 1820년대부터 40년대까지 대결해야 했던 주요 논적이 바로 복고적 낭만주의자였다. 마르크스가 역사의 원리를 유물론에서 발견하려 했던 이유도 낭만주의자의 역사 해석을 비판하기 위한 것이었다.

독일 농민 전쟁을 그린 판화

# 2장 전자본주의 시대 연구

## -노예제, 봉건제, 아시아적 생산양식-

**문:** 마르크스는 역사가 단계적으로 발전한다고 했습니다. 그 가운데 전자본주의 시대에 속하는 노예제, 봉건제, 아시아적 생산양식 등 사회구성체 개념은 어떤 것인가요?

**답:** 마르크스의 역사법칙은『독일 이데올로기』에서부터 출현했습니다. 그러나 전자본주의 시대에 관한 구체적인 역사적 분석은 그 뒤에 나타납니다만, 대체로 스케치 정도에 머물렀어요. 중세 봉건제 사회에서 근대 자본주의 사회로 이행하는 과정에 관해서는『독일 농민전쟁』에서 또 부족 사회, 원시 공산제에서 고대국가 즉 노예제 국가가 출현하는 과정에 대해서는『가족, 사유재산, 국가의 기원』이라는 책에서 발견할 수 있습니다. 이상의 책에서 제시된 역사적 분석은 교과서에서 외우듯이 제시된 개념적인 분석보다 풍부합니다.

# 1절 역사법칙의 연구 과정

## 1) 역사의 발전법칙

마르크스, 엥겔스에 따르면 역사는 5단계에 걸쳐 발전해 왔다. 5단계란 부족적 공동체 사회, 고대 노예제, 중세 봉건제 그리고 근대 자본주의 단계이다. 5단계의 발전은 모든 사회가 동일하게 겪으니, 이를 역사의 발전법칙이라 한다.

우선 역사의 발전법칙이 어떻게 등장했는가에 관해 알아볼 필요가 있다. 마르크스는 『독일 이데올로기』에서 처음으로 역사의 발전법칙을 제시했다. 『독일 이데올로기』 1권 1장 포이어바흐 장 A 절 서두에서 그는 소유의 형태를 논하면서 5가지 소유의 형태를 제시한다. 그것은 위에 제시한 5단계와 이름이 정확하게 일치하지 않는다. 부족적 소유는 '공동체적 소유'라는 점이 명시되지 않았다. 고대 노예제는 '공동 소유 및 국가 소유'⁴⁰라고 규정됐다. 이름의 차이에도 불구하고 그 의미는 같다.

마르크스의 단계 구분은『자본론』을 발표하기 전에 예비적으로 서술한 초고인 1859년『정치경제학 비판』「서문」에서도 반복됐다. 거기서는 다음과 같이 규정됐다

" ⋯⋯ 크게 보아서 아시아적, 고대적, 봉건적 및 근대사회적 생산양식은 경제적 사회구성체가 전진하는 계기로서 묘사될 수 있다."⁴¹

여기서 '아시아적'이라는 이름이 나와서 나중에 아시아적 생산양식론자가 오해하게 됐지만, 그 본래 의미는 부족적 소유, 공동체적 소유와 같다.

역사의 발전법칙에 관한한 마르크스의 입장은 초기부터 큰 변함이 없이 유지됐고, 마르크스 사후에 역사학자들의 역사 연구에서도 큰 논쟁거리 없이 계속됐다. 다만 아시아적 생산양식론자가 불러일으킨 논쟁만이 일시적인 흥밋거리가 됐다.

### 2) 봉건제와 노예제의 가설
문제는 마르크스는 역사의 발전법칙을 어디서 얻은 것일까? 그가 역사를 연구한 끝에 경험적 귀납을 통해 이런 결론에 이른 것으로 보이지 않는

----

40  여기서 '공동 소유'는 부족적 공동체 소유의 개념과 구분된다. 마르크스의 설명을 들어 보면, 그것은 시민의 공동체인 국가의 소유라는 의미이다.

41  Karl Marx, Zur Kritik der politischen Ökionomie(1859), MEW 13, Dietz Verlag 1961, S. 9

다. 그의 역사 연구는 1850년대 시작됐으니,『독일 이데올로기』에서 역사 발전법칙이 나온 이후였다.

　마르크스 자신이 명시적으로 밝힌 바는 없으니 짐작에 의존할 수밖에 없다. 아마도 그 법칙은 자본주의 경제에 대한 이론적 분석에서 나왔을 것이다. 이 분석을 역사에 투영하면 위와 같은 법칙을 얻을 수 있다. 역사 발전법칙은 처음에는 가설의 수준이었고 그것이 법칙으로 승격한 것은 그 이후 역사 연구의 결과였다. 여기서 마르크스가 가설을 얻는 과정을 재구성해보자.

　자본주의 사회는 자본가와 노동자 사이의 관계로 이루어진다. 자본가는 생산수단을 사적으로 소유한다. 자본가와 노동자는 인격적으로 평등하고 자유롭다. 자본가는 노동자를 착취하지만, 착취는 외적인 강제 없이 경제적인 교환관계를 통해 일어난다. 착취의 정도는 원칙적으로는 잉여가치에 한정된다. 자본주의 생산관계의 개념을 전자본주의 시대에 투영해 보자. 생산관계를 이루는 요소는 소유의 유형, 인격적 자유의 정도, 평등이나 착취의 수준이다. 이 요소들을 좌표축으로 삼아 자본주의 이전 시대의 생산관계 개념을 구성할 수 있다.

　부족 시대에 존재한 공동체 사회를 보자. 모든 생산수단은 공동체가 소유한다. 개인의 자유는 아직 자각 이전이며, 부족 구성원은 비교적 평등했다. 고대국가가 들어서자 노예제가 출현했다. 이 시대에 생산수단의 사적 소유가 출현하지만, 아직은 전면화되지 못했다. 공동체의 소유와 사적 소유는 평형을 이룬다. 시민은 사적 소유자이며 동시에 공동체 소유에 참여한다. 노예는 전적으로 부자유한 존재이다. 노예는 강제적인 방식으로 착취된다. 노예가 착취되는 정도는 가족을 이룰 수 없을 정도로 가혹했다. 노예는 생존을 위한 필수적 가치조차 박탈당한다.

중세가 되자 봉건제가 발생했다. 예속농은 노예도 아니고 노동자도 아니다. 예속농은 부분적으로 자유로운 존재이다. 이런 점에서 노예와는 전혀 다르다. 예속농의 자유는 제한적이다. 노동자처럼 완전하고 평등한 인격적 자유는 없다. 예속농과 귀족 사이에 신분적인 차별이 존재한다. 신분적 차별은 사회마다 시기마다 귀족의 등급에 따라 달라진다.

중요 생산수단(주로 토지)에 관해서 예속농은 일정한 권리를 갖는다. 법적인 소유권은 영주가 가지지만, 예속농은 관습적인 권리를 갖고 있다. 영주도 함부로 예속농의 토지를 빼앗을 수 없다. 이를 관습적 보유권이라 한다. 이중 소유권이 봉건제의 특징이다.

예속농은 영주의 폭력이나 강제를 통해서 착취된다. 예속농은 겨우 가족의 유지에 필요한 최소한만을 인정받을 뿐이며 잉여가치, 생산 이윤은 박탈당한다. 예속농이 어느 정도 착취되는가도 역시 시기마다 사회마다 다르다. 착취는 영주나 왕의 자의에 맡겨져 있다. 대체로 전쟁의 시기에 착취는 가혹하고, 예속농은 농노의 수준으로 전락한다. 근본적으로 예속농은 노예도 아니고 노동자도 아닌 중간 존재이다.

### 3) 생산력과 이행의 문제

역사를 이해하는데 어느 시대가 무슨 시대라고 규정하는 것만이 중요한 것은 아니다. 하나의 시대로부터 다른 시대로 이행이 일어나는 원인과 그 이행방식이 더 중요하다. 그것은 자연학에서도 마찬가지이다. 중세의 자연철학은 자연이 무엇이냐[what it is] 하고 물었다. 근대과학은 자연이 어떻게 움직이는가[how it is]를 물었다. 역사에서도 그 이행을 설명해야 한다. 어떻게 이행하는가를 모르면 역사를 알지 못한 것이다 .

마르크스가 역사의 이행법칙을 일반화한 것은 『독일 이데올로기』에서

였지만 여기에 약간의 모호함이 있다. 다음 여러 구절을 비교해 보라.

"봉건 시대 동안 주요한 소유 형태는 ... 국지화된 생산관계를 – 즉 소규모의 조잡한 농경 및 수공업적인 산업을 – 조건으로 하였다. 노동분업은 봉건제의 전성기에 거의 발생하지 않았다."[42]

"시민 사회는 하나의 교환형식으로, 이는 지금까지의 모든 역사적 단계에 현존했던 생산력에 의해 제약된 것이지만 동시에 앞으로의 생산력의 발전을 제약한다."[43]

"생산력이 발전하는 가운데 생산력과 교통수단이 기존의 생산관계 아래서 단지 재앙만을 불러일으키는 단계가 출현한다. 이 단계에서 생산력은 더는 생산력이 아니라 파괴력(기계공업과 화폐)으로 작용한다."[44]

"이미 질곡이 되어 버린 과거의 교환 형태가 더욱 발전된 생산력, 즉 더욱 진보된 개인의 실현방식에 상응하는 새로운 것으로 대체되고, 이 새로운 것이 다시 질곡이 되어 다른 교류형태로 되체되면서... "[45]

마르크스의 서술을 보면, 이행법칙에 관한 일반적 골격은 완성됐다. 물질적 토대는 상부 구조(즉 법과 소유 형태와 의식)를 결정한다. 물질적 토

42 · 마르크스, 『독일 이데올로기』, 59쪽

43 · 마르크스, 『독일 이데올로기』, 75쪽

44 · 마르크스, 『독일 이데올로기』, 128쪽

45 · 마르크스, 『독일 이데올로기』, 133쪽

대 내에서 생산력은 생산관계 또는 교환관계의 기초가 된다. 생산관계라는 말은 나오지만, 노동분업 또는 교환관계와 구분이 아직 명백하게 등장하지 않는다. 그 때문에 생산력이 생산관계를 결정한다고도 하지만 더 자주 생산력이 교환관계, 사회적 분업을 결정한다고 말한다.

『독일 이데올로기』에서 역사의 이행과정에 대한 구체적 설명은 상당히 제한적이다. 이 부분에 관한 그의 설명은 1장 B 절에서 찾아볼 수 있다. 여기서 그는 봉건제가 자본주의로 이행하는 과정을 집중적으로 분석했다. 이 과정에서 그가 강조한 것은 사회적 분업, 교환관계의 발전이다.

그는 이행의 단계를 두 단계로 설명했다. 그 설명을 간단하게 말하자면 다음과 같다. 첫 번째 단계에서 인근 지역 내에서 농촌과 도시의 분업이 발전했다. 이를 통해 도시에서 수공업, 길드 체제가 출현했다. 두 번째 단계에서는 인근 지역을 넘어서는 교환이 발달하면서 도시 간 분업, 상업과 공업의 분업이 생겼다. 봉건제는 상인 자본이 지배하는 매뉴팩처 단계로 발전했다. 두 번째 단계를 거쳐서 세계 무역이 전개되면서 매뉴팩처에서 기계가 도입됐다. 대공업이 일어나고 이를 통해 산업자본이 지배하는 자본주의가 출현했다. 그는 이 과정을 '생산과 교환의 상호작용'이라고 규정했다.

생산력과 교환관계의 관계는 어떻게 보는가? 위의 구절을 보면 한편으로 교환관계는 생산력에 조응한다. 다른 한편으로 교환관계가 발전하면서 새로운 생산력의 발전을 낳는다. 마르크스는 생산력과 교환관계의 관계를 상호작용의 관계, 토대와 반작용의 관계로 파악하고 있다는 것을 알 수 있다.

# 2절 세 개의 촛불

## 1) 생산관계

앞에서 『독일 이데올로기』에서 마르크스의 역사 설명을 보았다. 마르크스, 엥겔스는 1848년 혁명 이후 구체적인 역사를 연구하는데 몰두했다. 그 결과가 1850년대 초 등장한 여러 역사서이다. 이 역사서에서 역사의 이행 원동력에 관한 더 발전된 관점을 발견할 수 있다.

우선 마르크스는 1850년대 초 역사 연구 즉 『프랑스에서의 계급투쟁』과 『루이 보나파르트의 브뤼메르 18일』에서 경제공황을 언급했다. 1848년 2월 혁명이 1846년부터 전개된 유럽 경제공황 때문이었다. 1850년 말 이후 왕당파가 등장하고, 이어 1851년 루이 보나파르트가 쿠데타를 일으킨 것 역시 당시 경제성장과 관련된다. 마지막으로 마르크스는 새로운 혁명은 새로운 경제공황이 전개한 이후에나 기대할 수 있다고 주장했다.

경제공황이란 곧 자본주의 생산관계에서 모순이 드러나는 것을 의미한다. 혁명의 발전과정에서 경제공황이 중요하다는 말은 역사에서 생산관계의 변화가 중요하다는 말과 같다. 이런 언급을 통해 마르크스는 역사의 연구에서 교환관계와 구분되는 생산관계의 역할을 주목했다고 볼 수 있다.

## 2) 엥겔스의 연구

이 점은 엥겔스도 마찬가지였다. 엥겔스는 1852년 『독일 농민전쟁』 서두에서 농민전쟁이 일어나기 직전 독일에서 일어난 산업의 발전을 설명했다. 다음 구절을 보자.

> "14세기와 15세기에 독일의 산업은 상당한 발전과정을 거쳤다. 봉건적인 농촌 지역의 산업[가내수공업]은 도시의 길드 생산조직으로 대체됐으며 길드 생산 조직하에서는 한층 광범위한 지역과 더욱이 원거리 시장을 위한 생산[매뉴팩처]이 이루어졌다.…………
> 상업도 산업과 보조를 맞추었다. 한자동맹은 비록 그것이 한 세기 동안 해상 활동을 독점하기는 했지만 전 북부 독일을 중세의 미개 상태에서 벗어나게 해 주었다.…………
> 농업 또한 도시의 찬란한 발전을 통하여 중세의 조야함을 벗어날 수 있었다. 광대한 토지가 경작됐을 뿐만 아니라 염료 재배와 여타 수입 작물이 도입됐으며, 이런 것은 다시 농업 전반에 유익한 영향을 주었다."[46]

여기서 엥겔스는 중세의 역사를 『독일 이데올로기에서』처럼 '(농촌 수

---

46 엥겔스, 『독일 농민전쟁』, 위의 책, 42쪽

공업)[47]->도시 수공업[길드]->매뉴팩처[한자 동맹]'로 단계적으로 발전
한다고 설명한다. 그런데 엥겔스는 생산관계에서의 변화의 원인을 마르
크스처럼 사회적 분업, 교환의 발전에 두지 않는다. 엥겔스는 변화의 원인
이 농촌에서 생산력 발전에 따른 농촌산업화(수입 작물 재배)의 자연적인
결과로 설명한다. 그 때문에 그는 이 구절 사이에(인용문에서는 생략됐다)
다양한 기술적 발전의 예를 서술했다.

1850년대 초 마르크스와 엥겔스의 역사 서술을 보면 그들은 이미 생산
관계의 중요성에 주목하고 교환관계의 발전보다는 생산관계의 발전이 이
행의 원동력임을 인식하고 있다.

### 3) 『정치경제학 비판』

역사의 이행법칙에 관한 명시적인 표현은 1859년 『정치경제학 비판』
「서문」에서였다. 다음 구절을 보자.

"인간은 자신의 삶을 사회적으로 생산할 때 일정한, 필연적인, 그의 의지로부
터 독립한 생산관계를 맺는다. 그 관계는 생산을 위한 물질적 생산력이 일정
한 단계로 발전하는 것에 상응한다. 이런 생산관계의 전체가 사회의 경제적
하부구조이다. 이것이 법률적, 정치적 상부구조가 세워지는 실제 기초이며,
이 기초에 일정한 사회의 의식의 형태가 상응한다."[48]

"하나의 사회 구성체는 생산력이 발전할 여지가 없어질 때까지는 결코 몰락

---

47 · 이 부분은 『독일 이데올로기』에서는 생략했다.

48 · 마르크스, 『정치경제학 비판 Zur Kritik der politischen Ökonomie(1859)』, MEW
V. 13, Dietz Verlag, 1961, S. 8

하지 않으며 또 새로운 보다 고도의 생산관계는 이 물질적인 존재 조건이 낡은 사회 자체의 모태 내에서 완전히 부화할 때까지는 종래의 것에 의해 결코 대체되지 않는다."[49]

위의 구절을 좀 더 상세하게 살펴보자. 이제 교환관계니 사회적 분업이니 하는 말은 사라졌다. 그 대신 이행법칙의 중심을 생산관계라는 말이 차지했다. 그 결과 생산력, 생산관계와 물질적 하부구조, 정치적 상부구조라는 말이 공식화한다.

그러면 생산력과 생산관계 사이의 관계는 어떠한가? 위에 인용한 두 번째 구절은 앞의 구절과 대립적이다. 앞에서는 생산력이 생산관계를 결정한다. 뒤에서는 생산관계가 새로운 생산력 발전을 열어준다는 주장이다. 앞의 구절과 뒤의 구절이 연속된 구절이라는 점을 고려하자. 그렇다면 마르크스는 역사에서 생산력과 생산관계의 관계를 상호작용의 관계로 규정했다고 볼 수 있다. 상호작용의 관계를 논리지적으로 더 엄밀하게 구분하자면 토대와 반작용하는 관계이다.

### 4) 세 개의 촛불

마르크스, 엥겔스의 설명을 전체적으로 보면 그것은 단숨에 확립된 것이 아니라 시기적으로 발전했다는 것을 알 수 있다. 심지어 앞 뒤 시기에 그의 생각이 서로 충돌한다는 것도 발견할 수 있다. 특히 교환관계가 원동력인가, 생산력이 원동력인가 하는 문제는 마르크스주의 학자들 가운데

---

49  마르크스, 『정치경제학 비판 Zur Kritik der politischen Ökionomie(1859)』, ibid, S. 9

많은 논란을 일으켰다. 소위 '돕Dobb - 스위지Sweezy 논쟁'[50]이란 것도 여기서 발단하는 것으로 보인다.

　이런 충돌하는 설명을 어떻게 이해해야 할까? 그 중 어느 것이 옳다고 가리는 것보다는 오히려 이를 서로 보완하는 측면으로 보면서 종합적으로 이해하는 것이 바람직하지 않을까? 마르크스는 생산력과 생산관계, 물질적 하부구조와 정치적 상부구조 사이의 관계를 상호작용하는 관계로 보았다. 그렇다면 그 중간에 매개고리인 생산관계와 교환관계도 상호작용하는 관계로 볼 수 있지 않을까?

　상호작용 또는 토대와 반작용의 입장에 서서, 마르크스의 이행법칙을 이해하기 위한 일반적 모델을 하나 그려보자. 마르크스, 엥겔스의 기본 관점은 다음과 같이 세 개의 촛불로 그려낼 수 있을 것으로 보인다. 하나의 촛불 안에 더 작은 촛불이 있고 그 안에 그보다 더 작은 촛불이 있다. 맨 안쪽의 촛불은 생산력과 생산관계의 관계를 표시한다. 그 위의 촛불은 생산력과 생산관계 전체와 교환관계 사이의 관계를 표시한다. 맨 위의 촛불은 물질적 하부 토대 전체와 정치적 이데올로기적 상구 부조 사이의 관계를 표시한다.

---

50　자본주의 이행 논쟁 또는 돕-스위지 논쟁은 영국의 경제사가 1950년대 모리스 돕과 미국의 폴 스위지가 벌인 논쟁이다. 이 논쟁의 핵심은 봉건체제 하의 중세 유럽이 어떻게 자본주의 국가로 발전했는가에 대한 문제였다. 우선 앙리 삐렌느가 중세말 상업이 부활하여 자본주의가 발전했다고 주장한 것을 돕이 비판했다. 돕은 생산력이 발전하여 생산관계가 변화했다고 주장했다. 그러자 스위지가 상업의 발전을 옹호하면서 돕을 비판했다. 이 논쟁으로 마르크스주의 내에서는 생산력설이 우위를 차지했다. 우리에게 익숙한 대표적인 중세 사가 다카하시 고차치로가 돕의 주장을 따른다.

이 관계는 여느 촛불에서도 마찬가지로 항상 이중적이다. 이를 촛불이라는 비유가 설명한다. 촛불은 상승하는 힘과 하강하는 균형을 암시하는 비유이다. 이런 균형은 상호작용하는 관계이며 동시에 상호 모순적인 관계이다. 그러면 이런 이야기가 된다. 한편으로 생산력은 생산관계를, 생산관계는 교환관계를, 하부 토대는 상부 구조를 결정한다. 다른 한편으로 상부 구조는 하부 토대에, 교환관계는 생산관계에, 생산관계는 생산력에 영향을 미친다.

이상과 같은 일반적 모델을 머리에 두고 앞으로 역사의 발전 과정, 즉 노예제의 출현과 몰락, 봉건제의 출현과 몰락에 관해 살펴보기로 하자. 가능하면 마르크스, 엥겔스가 제시한 설명을 가지고 위에서 제시한 일반적 모델을 채우고자 한다. 다만 그들이 빠뜨린 설명이 있다면 그 뒤에 나온 역사적 연구의 도움을 받아 보완하기로 하자.

미리 양해할 것은 이 글의 목적은 역사를 설명하려는 것이 아니라는 것이다. 이 글은 다만 마르크스의 역사법칙을 설명하기 위한 것이다. 마르크스의 역사적 관점이 올바른가에 관한 논의도 생략한다. 또 역사적 사실에 관해서도 전문가가 아닌 이상 많은 오류를 범했을 것이다. 역사적 사실은 어디까지나 마르크스의 역사 법칙을 설명하는 예에 불과하다.

# 3절 고대국가와 노예제

## 1) 『가족, 사유재산, 국가의 기원』

국가 이전의 부족 사회가 어떠했는가는 여기서 생략하기로 하자. 바로 고대 노예제 사회라는 개념에서부터 시작해 보자. 이에 관해서는 엥겔스가 말년(1884년)에 저술한 『가족, 사유재산, 국가의 기원』이라는 책에서 비교적 구체적으로 설명되어 있다. 이 책은 여러 관점에서 주목받는 책이다. 여성학자는 가족 속에서 여성의 종속과 관련해 이 책을 참조한다. 이 책은 인류학적 관심에서도 흥미롭다. 우리로서는 이 책 가운데 단 한 가지 문제만 주목하고자 한다. 바로 고대국가의 탄생이다. 국가의 탄생과 관련한 엥겔스의 주장은 간단하게 정리하자면 다음과 같다.

고대국가로 이행하기 직전, 여러 부족이 결합하면서 부족 연합체가 형성된다. 한편으로 이웃 부족이 동맹으로 받아들여지며, 다른 한편으로 적대적 부족이 노예화된다. 연합체란 동맹과 노예화 전체를 포함한 말이다.

연합체라는 양적인 발전은 질적인 발전으로 전환된다. 그런 질적인 전환을 통해 마침내 고대국가가 출현한다. 이 질적 전환의 과정을 나열해 보자면 다음과 같다.

### 2) 사적 소유의 발전

첫째, 사적 소유가 발전했다. 공동체적 소유 가운데 일부가 사적으로 소유됐다. 두 소유 사이의 균형은 고대 국가의 기본적인 특징이다. 고대 시민은 사적으로 재산을 소유하면서 동시에 공동적 소유에도 일정 권리를 갖는다. 이 때문에 고대 국가의 소유제를 마르크스가 '공동 소유 및 국가 소유'라고 이름붙였다.

사적 소유가 발전하면서 교역을 통해서 또는 자연 분해 등으로 빈부의 불평등이 발생했다. 노예를 공동으로 지배하는 지배 민족 사이에도 자유 농과 전사 즉 농민과 귀족이 분화했다. 전사들 사이에도 왕(군사령관)과 귀족이라는 구분이 생겨났다. 이 점과 연관하여 엥겔스는 이렇게 말한다.

> "테세우스가 제정했다는 두 번째 새로운 제도는 ... 전체 시민을 귀족, 농민,
> 수공업자의 세 계급으로 구분하고, 귀족에게 공직을 차지할 수 있는 독점권
> 을 부여한 것이다."[51]

귀족은 더욱 소유를 집중하고 특권화하며, 자유농은 점차 몰락하면서 자신의 자유를 잃어갔다. 사회의 빈부대립이 심각하게 됐다. 소유를 집중한 귀족들을 대변하는 원로원과 자유농 전체를 대변하는 민회 사이에 정

---

51 · 엥겔스, 『가족, 사유재산, 국가의 기원』, 191쪽

치적 대립이 발생했다.

### 3) 국가의 탄생

둘째, 사회의 계급적인 구분과 더불어 국가가 발전했다. 국가는 노예의 반란을 제압하며 가난한 자유농의 반발을 무마해야 했다. 이를 위해 국가는 관료제를 발전시킨다. 관료의 수가 늘어나며 귀족이 이를 독점했다. 과거 농민이 곧 전사였던 체제로부터 상설화된 군대가 출현했다. 귀족은 군의 지휘관이 되며 빈농인 자유농은 농사를 버리고 전문적인 전사가 되어 전리품을 통해 살아갔다.

도시에서는 과거 씨족의 혼인동맹인 부족 체제가 붕괴했다. 여러 부족이 동맹한 도시에서 씨족은 해체되고 가문(family 또는 성씨이다)이 출현했다. 과거 씨족 내 혼인은 금지되고 부족 내로 한정됐다. 이제 성씨화된 가문은 같은 씨족이라도 성씨가 다르면 혼인이 가능했다. 또 과거 혼인 관계를 맺지 않던 부족도 이제는 자유롭게 혼인 관계를 맺었다. 가문 즉 성씨는 가부장이 지배했다. 도시는 부족이 아니라 이런 가문이 모여서 지역에 기초해서 재조직됐다.

> "첫째로 이 제도[국가]는 무장한 인민 전체와는 더는 일치하지 않는 공권력을 만들어냈다. 둘째로 그것은 처음으로 혈연적 집단이 아니라 지역적 동거에 따라 인민을 사회적 목적을 위해 구분했다."[52]

셋째, 귀족의 대규모 농장이나 국가가 경영하는 대규모 광산 또는 상

---

52 엥겔스, 『가족, 사유재산, 국가의 기원』, 197쪽

업 및 수공업은 노예를 이용했다. 노예는 전쟁 포로와 몰락한 자유농의 노예화로 채워졌다. 대농장, 광산, 수공업이 발전하면서 농업과 수공업의 분화가 일어나고, 상업과 무역이 발전하면서 화폐가 등장했다. 도시는 크고 화려해졌다. 왕과 귀족, 수공업자, 상인 등이 부와 명예를 뽐냈다. 그들에게 지식을 파는 전문적인 지식인도 등장했다.

마지막으로 부족이 해체되고 도시 국가가 등장하자 타 도시 국가 출신도 받아들이는 가능성이 열렸다. 그 가능성을 통해 이주민이 들어왔다. 이주민은 경제적으로는 같은 권리를 갖지만, 정치적으로는 권리가 없다. 이주민은 곧 그 도시 국가에 동화되면서 이를 통해 고대 민족이 형성됐다. 이주민은 점차 시민권을 획득하면서 도시의 평민을 구성했다. 몰락한 시민과 평민의 수가 증가하면서 민회가 활발하게 움직여 귀족과 왕이 주도하는 원로원에 도전하면서 고대 도시 국가에 민주주의가 출현했다.

고대 민족국가는 우호적인 이웃 국가와는 동맹하며, 적대적인 이웃 국가는 정복하여 노예화했다. 동맹과 노예화를 통해 거대한 고대 제국이 출현했다.


### 4) 노예제

이 전체 과정은 핵심은 사적 소유의 발전, 관료제를 갖춘 국가, 노예를 이용한 대농장이다. 자유농도 남아 있고, 도시에는 해방 노예나 이주민이 역할도 있지만, 전체적으로는 대농장, 광산, 전문 수공업 그리고 노예노동이 고대국가의 물질적인 기초라고 할 수 있을 것이다. 그러므로 마르크스는 이를 고대 노예제라고 규정했다.

고대국가의 역사를 겉으로 보면 화려한 정복 전쟁이나 내부의 정치적 투쟁(민회와 원로원)만이 눈에 띈다. 그런 가운데 아테네와 같은 민주국가도 보이고, 로마와 같은 세계 제국도 눈에 띈다. 하지만, 이 모든 화려한 역사 밑바닥에는 노예제가 놓여 있다.

그리스, 로마의 건국사를 보면 고대국가와 더불어 등장한 여러 변화를 실증할 수 있다. 플루타르코스의『영웅전』에서 아테네를 건국한 영웅 테세우스와 로마를 건국한 영웅 로물루스의 전기가 있다.

우선 테세우스를 보자. 다른 것은 생략한다. 테세우스는 괴물 미노타우로스를 처치하고 아테네로 귀국했다. 왕이 죽자 그는 아테네 시민들에게 호소했다. 그는 흩어져 살았던 주민들을 한 곳에 뭉치고 하나의 시민으로 만들었다. 이때 그는 자기는 왕이 될 생각이 없으며 다만 군사령관만을 맡을 것이고 모든 결정은 민회가 하도록 하겠다고 주민들을 설득했다. 또한 그는 아테네 시민의 수를 늘리기 위해 이주민을 적극적으로 받아들였다. 그는 화폐를 만들어 황소의 머리를 새기게 했다.

테세우스에 대한 플루타르코스의 서술에는 아테네의 노예에 관한 이야기는 나오지 않는다. 하지만 그가 정복 전쟁을 되풀이 했고(아마존 여인국 정복설에서 보듯이), 수많은 여자와 바람을 피웠다. 이런 사실은 한편으로 혼인을 통해 동맹을 맺고 다른 한편으로는 정복하여 노예로 삼았다는 것을 암시하는 것이 아닐까?

유사한 이야기는 로마를 건국한 로물루스에게서도 발견된다. 역사가들은 로마가 세 부족으로 이루어졌다고 한다. 부족연합체인데, 로물루스가 등장하면 그는 이를 국가로 발전시킨다. 플루타르코스의 설명을 들어보자.

"로물루스는 도시를 세우고 모든 장정을 군대로 소집하여 보병 3천명으로, 기병은 3백명으로 일단을 만들어 군단이라 불렀다. 다음으로 나머지 주민들

을 조직하여 민단이라 부르고, 그 중에서 인품이 높은 사람 백명을 뽑아서 정
무회를 이루고 그 사람들을 파트리시안(가부장), 그들의 모임을 세나테(원로
원)이라 했다."[53]

상비군을 만들고 민회와 원로원을 설치했다는 주장이다. 이것이 가능
하려면 부족 체제가 무너지고 개인(가문)을 중심으로 하는 국가가 구성되
어야만 했다.

로마가 곧이어 대규모 정복 전쟁에 나서는 것은 상비군의 힘이 없었
으면 불가능했을 것이다. 로마는 한편으로는 동맹을 발전시켰다. 예를 들
어 여자를 약탈한 사비니족과는 동맹을 맺었다. 다른 한편으로는 정복 전
쟁을 개시했다. 가장 버거운 상대가 카르타고였다. 정복 전쟁을 통해 점
차 노예가 증가했다. 이런 과정을 통해 로마는 마침내 세계 제국으로 발
전했다.

---

53  플루타르코스, 『플루타르코스 영웅전』, 박시인 역, 삼중당, 1981, 63쪽

# 4절 고대국가의 몰락

## 1) 그리스 비극

고대국가의 밑바닥에 노예 노동이 있었다. 노예를 통한 농장, 광산, 수공업이 발전하면서, 시장 교환이 발전하고, 상인과 수공업자와 전문 지식인이 등장했다. 아테네의 위대한 고대철학도, 로마의 거대한 건축물도, 화려한 고대의 왕관도 이런 노예노동이 없었다면 불가능했다.

유럽에서 르네상스란 무엇인가? 곧 그리스, 로마의 문화를 되살린다는 것이다. 르네상스에서 계몽주의에 이르기까지 로마의 공화정과 아테네의 민주주의는 지식인의 이상이 됐다. 그러나 마르크스는 아테네와 로마는 노예 노동에 기초한 국가였을 뿐이라 한다. 이것은 유럽 계몽주의자를 비웃으려는 것은 아니다. 그는 그저 역사의 화려한 겉모습에 취하지 말고 배후에 있는 실제 내용을 보라고 주장했을 뿐이다.

고대국가의 출현은 그리스 신화에 암시되어 있다. 그리스 신화 대표적으로 소포클레스의 『안티고네』를 보자. 안티고네 신화에 대한 헤겔의 분석이 유명하다. 헤겔은 이 신화를 두 세력의 대립으로 해석했다.

두 세력 중 하나는 혈연의 원리를 대변하는 안티고네이다. 조국을 배반한 오빠도 같은 오빠이니 그 오빠의 시체를 묻어주는 것은 혈연의 법칙이다. 또 하나는 고대국가 테베의 왕이 된 클레온이다. 그에게는 조국을 배반하는 자는 자신의 혈연이든 아니든 마땅히 제거해야 한다. 그는 국가의 원리를 대변한다.

이 두 가지 원리의 대립 속에 그리스적 비극이 성립한다. 혈연과 국가, 두 원리는 당시 그리스에서 부족연합을 통해 국가가 수립되는 시기의 역사적 변화를 보여준다. 혈연은 부족의 원리이다. 새로 세워진 국가는 자유로운 개인(가문)의 공동체이다. 전자에서 후자로 이행하는 시기 두 원리의 갈등은 비극을 낳았다.

헤겔은 그리스 비극에 대한 이런 해석을 통해 고대국가에서 자유로운 개인이 출현하면서 역사가 발전하는 것으로 설명한다. 그러나 마르크스는 고대국가에서 자유로운 개인(근대적 개인과는 다르다, 가문을 의미)의 출현을 인정하지만, 이것은 그저 상부구조의 변화에 불과하다고 본다. 더 중요한 것은 이런 정치적 드라마의 밑에 있는 노예적 생산관계이다.


## 2) 노예제의 출현

노예제라는 생산관계가 어떻게 출현하는지, 생산력과의 상관관계를 살펴보기로 하자. 노예가 반드시 정복 전쟁을 통해 얻은 것만은 아니다. 자유농이 귀족에게 자신을 팔아버리는 경우도 상당하고, 해적의 습격으로 노예가 된 자도 있다. 하지만 대부분 노예는 정복 전쟁을 통해 얻어졌다.

노예제 이전의 사회에서도 정복이 있었다. 그 시대 포로가 된 피정복민은 살해됐다. 그 시대 사람들이 특별히 잔인했기 때문이 아니다. 포로로 데리고 가서 노예로 삼아도 노예가 자신이 먹는 것보다(감독 비용까지 포함해 볼 때) 많은 것을 생산하지 못하기 때문이다. 이 시대 정복은 피정복민이 쌓아놓은 부를 약탈하는 것으로 끝나고 말았다.

생산력이 일정하게 발전했다. 그 수준은 대체로 청동기, 철기의 발전과 연관되는데, 철기는 농업생산력을 발전시키는 데 큰 역할을 한다. 포로를 죽이는 것보다 오히려 살려서 노예화하는 것이 더 이익이 됐다. 생산력의 발전이 없었다면 노예제도 출현할 수 없었을 것이다. 노예제는 대규모 전문화된 생산 체제를 발전시켜서 그 자체가 생산력의 발전에 이바지했다. 바로 이것이 고대 그리스, 로마의 화려한 문명의 기초였다.


### 3) 노예제의 몰락

노예제는 고대국가의 정복 전쟁이 끝나가면서 점차 쇠퇴했다. 노예를 얻는 데 한계가 생겼기 때문이다.

노예가 자손을 통해 노예를 재생산할 수도 있지 않을까? 하지만 과도한 착취로 노예는 가족조차 유지할 수 없었다. 노예의 수명도 무척 짧았다. 노예는 개별적으로 도주하기 쉬웠으며, 집단으로 거주하면서 반란을 일으키기도 쉬웠으니 노예가 증가하면 노예를 감시하는 비용도 상승했다. 노예제는 지속하여 발전할 수 있는 체제가 아니었다. 고대국가의 정복 전쟁이 끝나가면서 피정복민이 수적으로 줄어드니 노예제는 폐지되지 않을 수 없었다.

노예제는 점진적으로 봉건제로 이행한 것으로 보인다. 봉건제로의 이행은 로마가 정복했지만, 속주의 형태로 편입한 지역에서부터 발생했다. 로마는 정복 지역을 속주로 편입하면서 강제적인 세금을 부과했다. 이게 봉건제의 시작이다. 세금은 사람마다 부과했는데(인두세), 그 때문에 콘스탄티누스 황제는 농민이 자기 땅을 떠나지 못하는 법을 제정했다. 이를 통해 거주 이전의 자유가 없는 농노[serfdom]가 출현했다.

로마가 속주에 봉건 체제를 세운 이유는 무엇일까? 로마 후기 전반적으로 생산기술의 향상이 일어났을 것이다. 로마 아래 편입되면서 발전된 문명의 유입에 의해 속주 지역의 생산력이 급격히 증가했을 것이다. 생산량이 증가하니 착취의 여유가 커졌다. 굳이 노예화하지 않고 강제 세금만 받아도 필요한 만큼을 착취할 수 있었다. 또한 로마 본국과 달리 속주에서는 피정복민이 많고 정복 군대는 작으니 노예화는 거의 불가능한 길이었다. 관리가 위험하고 재생산이 어려운 노예화보다 봉건적인 강제 세금을 걷는 것이 더 유리했다. 결과적으로 속주는 노예화보다 봉건적 지배방식을 채택했다.

### 4) 속주의 성장

고대국가 가운데 거대 제국을 건설했던 로마가 멸망해 가는 과정을 보자. 로마의 몰락이라는 사건을 단 한칼에 정리할 수는 없다. 하지만 가장 핵심적인 사건만 보자면 역시 속주의 문제가 로마의 아킬레스건이었다.

로마 황제 시대를 보면 흥미로운 사건을 발견할 수 있다. 로마 황제는 로마에 없었다는 사실이다. 유럽에 곳곳에 로마 황제가 거주했던 지역이 있다. 왜 로마 황제가 로마에 없었는가? 바로 속주 체제 때문이다.

정복 전쟁이 끝나 노예가 공급되지 않으니 노예 노동에 기초한 로마 본토는 몰락할 수밖에 없었다. 로마의 노예제가 몰락하면서 로마의 상비군, 전사 체제도 몰락했다. 반면 속주는 노예제보다는 완화된 봉건제의 지배 아래 있으므로 그만큼 속주의 주민에게 부가 쌓이게 됐다. 속주의 부가 우선은 그 지역을 지배하는 로마 황제로 흘러 들어갔다.

　로마 황제는 정복을 통해 속주를 차지했다. 이 속주에서 황제는 세금을 받아 그 자신의 군대를 길렀다. 군대는 과거 고대 민족국가에서처럼 자유농 출신 전사로 이루어지지 않는다. 이 군대는 속주 출신 용병으로 이루어졌다. 황제는 사후에 속주를 자신의 핏줄(또는 양자)에게 세습시켰다.

　결과적으로 속주를 배경으로 여러 황제 후보자들이 경합을 벌이게 됐다. 네로 황제 이후 로마는 내란, 분열 등의 혼란을 거듭했다. 다음과 같은 기술을 보라.

> "시리아 군단은 이 지역의 총독인 페르세니우스 니게르를 제위에 내세웠으며, 동방에서부터 군사적 침입을 시작했다. 동시에 상 판노니아[지금 루마니아 지역]의 총독인 셉티미우스 세베루스도 기회를 엿보고 있었으며 스스로 군대의 동의를 얻어 황제라고 선포했다."[54]

　AD 193년의 일이니 로마가 서서히 몰락할 시절이다. 세베루스는 로마로 진격하여 전 황제의 친위대를 해체했다.

> "당시 브리타니아 총독이었던 클로디우스 알비누스도 제위에 대한 야망을 가졌는데 셉티미우스 세베루스는 그를 부황제(제국의 상속자라는 의미)로 임명함으로써 무마시켰다."[55]

---

54 · Michael Cheilik, 『서양 고대사 개론』, 고려대 대학원 고대사연구실 역, 지동식 책임 감수, 대학문화사, 1984, 359쪽

55 · Michael Cheilik, 『서양 고대사 개론』, 359쪽

각 지역의 총독이 이렇게 해서 로마 황제가 됐다. 그나마 이 시기 이후 세베루스 왕조가 50여 년 지속하면서 안정을 찾았다. 곧 병영 황제 시대 (235~284년)가 도래했다. 이 시기 갈리아 지방의 포즈무스, 동방에서는 팔미라가 독립하여 황제국이 됐다.

이 시기부터 서서히 동쪽과 서쪽 모두에서 로마에 대한 공격이 시작됐다. 서쪽에서는 게르만족이 침입했다. 동쪽에서는 페르시아 왕조가 세력을 뻗쳤다. 그 사이 디오클레티아누스 황제나 콘스탄티누스 황제를 통해 로마가 회복되는 것처럼 보였지만, 결국 로마는 무너졌다. 디오클레티아누스나 콘스탄티누스 황제들도 속주를 바탕으로 힘을 유지했다. 달마티아 출신 디오클레아누스 황제는 제국을 네 개로 나누어 자기는 동부를 통치했다. 브리타니아 출신 콘스탄티누스 황제는 아예 콘스탄티노플로 천도했다. 이 모든 사건들이 로마가 아니라 속주가 황제의 힘의 원천이 됐기 때문이다.

로마 황제 시대 초기에 속주의 부는 로마 황제에게로 흘러들어가 황제 권력의 토대가 됐다. 속주의 부는 동시에 속주 원주민의 정치적 성장을 이루게 했다. 한때 로마의 용병이었던 자들이 속주 원주민을 대변하면서 외부에서 공략하는 동족과 협조하여 내부에서 반란을 일으키니, 거대한 로마도 하루아침에 무너지고 말았다. 476년 동고트족 출신 용병 대장 오도아케르는 마지막 황제를 폐위하고 자신이 왕이 됐다.

로마를 멸망시킨 것은 속주의 부이다. 속주는 로마화하면서 생산력이 향상했고 이에 따라 봉건제가 정착했다. 속주의 부를 마련한 원인은 속주에서 로마가 채택한 봉건제이다. 게르만의 지배는 로마의 속주 체제를 그대로 두고 지배자만 대체한 것일 뿐이다. 로마의 몰락은 노예제의 본토에 대해 봉건제의 속주가 승리한 사건이며, 곧 노예제가 봉건제에 패배한 세계사적인 사건이라 할 수 있다.

# 5절 고전 장원의 출현

## 1) 봉건제에 관해

이제 봉건제를 이해해 보자. 봉건제의 상부 구조는 복합적이다. 한편으로 봉건제는 왕과 영주(제후)의 관계로 이루어져 있다. 왕은 영주에게 생산수단인 토지를 분급하며, 영주는 그 대가로 왕에게 군사적으로 봉사한다. 영주는 분급 받은 토지 위에서 자립적 권력을 행사한다. 왕과 영주는 대소의 차이일 뿐 대등하다. 왕도 하나의 영주에 불과하다.

다른 한편으로 영주와 관료 사이의 관계가 있다. 왕은 자신의 영토를 자기가 임명한 관료(신하)를 통해 관리한다. 이때 관료는 그의 활동에 대한 대가로 일정한 봉급을 받는다. 여기서 왕의 관료(신하)에 대한 관계는 수직적 지배 관계이다.

영주와 관료, 두 계층은 구분되지만 항상 뒤섞여 존재했다. 영주(제후)가 관료(신하)가 되기도 하고 관료가 영주의 특권을 얻기도 하기 때문이다. 영주나 관료가 지닌 뒤섞인 성격 때문에 어느 편이 상대적으로 더 강조되는가에 따라서 봉건제는 영주가 중심이거나 관료가 중심이 된다.

### 2) 동, 서로마의 차이

예를 들어 동, 서유럽을 비교해 보자. 로마가 무너지면서 중심이 속주로 이동했다. 로마의 다양한 속주가 경제적으로는 모두 봉건제를 취했지만, 정치적으로는 차이가 있었다. 동로마의 봉건제는 로마의 황제 체제가 유지된 덕분에 관료를 중심으로 처음부터 고도로 중앙집권화된 국가가 됐다. 동로마 국가는 광대한 영토에 펼쳐진 봉건제국이었니, 중국식 봉건 체제에 가깝다.

반면 서로마는 사정이 달랐다. 서로마 지역도 경제적으로는 봉건제로 이행했다. 정치적으로 이 지역의 로마 황제 체제는 무너졌다. 새로운 지배자가 된 게르만족은 부족 체제를 유지하고 있었다. 왕과 전사가 있었지만, 이들은 상당히 평등했으니, 왕과 전사는 자기들이 정복한 땅을 평등하게 나누었다. 그 결과 권력은 영주가 중심이 되면서 지역적으로 분산됐다. 분산된 봉건체제가 서로마의 봉건제의 특징이다.

하지만 동, 서로마의 차이를 과장할 필요는 없다. 동로마의 관료도 왕에 대해 상당한 독립성을 가지고 있었다. 왕은 공적을 쌓은 신하에게 수조권이 부여된 영지를 하사했다. 서로에서도 순수한 영주만 존재했던 것은 아니다. 서로마를 정복한 것과 동시에 게르만 부족연합은 국가로 전환했다. 사령관은 왕이 됐으며, 분급되지 않고 공동 소유로 남겨진 광대한 토지를 사적 소유로 전환했다. 왕은 이를 가신을 통해 관리했다. 관료화가 시작된 것이다.

"정복한 민족의 최고 대표자는 군사령관이었다. ... 군사령관의 권력이 왕권으로 바뀌어야 할 시기가 다가왔다. 평범한 최고 군사령관으로부터 진짜 군주가 된 프랑크 왕의 첫 사업은 이 인민의 재산을 왕의 재산으로 만드는 것이었으며 그것을 인민에게서 빼앗아 자기의 신하들에게 증여 또는 대여하는 것이었다."[56]

결국 봉건제는 이중적이다. 영주는 동시에 신하였다. 정치적 상부구조에서의 이중성은 나중에 보듯이 경제적 하부구조에서의 이중성과 맞먹는다.

### 3) 프랑스 봉건제 역사

시선을 자본주의가 출현한 서유럽 지역으로 한정해 보자. 서유럽 대부분 나라에서 4, 5세기경 시작된 봉건체제는 18세기에 이르기까지 지속한다. 대부분 유사한 발전 경로를 지나기 때문에 그 가운데서 가장 전형적인 모습을 보여주는 프랑스를 기준으로 생각해 보자.

프랑스의 경우 로마 지배 체제가 무너진 이후 게르만 부족이 각 지역에 할거했다. 이후 6세기 초에 이르면 프랑크 부족이 새로 점령한 파리 부근에서 클로비스라는 걸출한 왕이 출현했다. 그는 메로빙거 왕조라는 통일국가를 수립했다. 메로빙거 왕조는 클로비스 사후 지리멸렬한 상태를 면하지 못한다. 8세기 말에 이르면 프랑크 부족의 고향인 라인 강 북부를 다스리던 카롤링거 가문에서 샤를마뉴 대제가 출현했다. 그는 서유럽을 통일하고 신성로마 제국의 황제가 된다. 그는 800년, 로마에서 로마 교황이 거행하는 대관식을 가졌다. 그의 거대한 제국은 그의 사후 843년 베르덩

---

56 엥겔스, 『가족, 사유재산, 국가의 기원』, 266쪽

조약에 의해 세 개의 나라로 분할, 상속됐다.

그 가운데 서프랑크 지역에서 10세기 말(987년) 카페 왕조가 들어섰다. 카페 왕조는 경쟁국이었던 앙주 제국[57]의 서프랑스 영토를 통합하여 프랑스 민족국가의 모태가 된다. 이 왕조의 전성기가 12세기 고딕 문화의 시대이다. 카페 왕조는 1328년 발루아 왕조로 교체됐다. 발루아 왕조는 13~14세기에 걸친 백년전쟁에서 잔다르크 덕분에 영국의 침략을 물리쳤다. 15세기 말에 이르면 발루아 왕조는 프랑스 남서부에 위치한 부르군디족의 공국을 통합하여 프랑스 민족국가를 완성했다.

그 이후 프랑스는 신, 구교 내분을 거치며 부르봉 왕조가 출현하여 17세기 초에 이르면 절대주의가 출현한다. 이와 더불어 르네상스 문화가 개화했다. 프랑스는 유럽의 다른 절대주의 국가(스페인, 오스트리아, 영국)와 경쟁했다. 이 절대주의 체제가 18세기 말 프랑스 혁명으로 무너짐으로써 프랑스는 봉건제를 벗어나 자본주의 국가로 이행했다.

### 4) 봉건제의 역사

대표적으로 프랑스를 통해서 본 유럽 중세 정치사의 흐름은 두 가지 특징을 지녔다. 한 가지는 왕권 및 관료제의 강화였으며 이것은 절대주의로 완성됐다. 다른 하나는 민족국가로 발전하는 것이었다. 고대 민족국가는 중세 지역적인 민족국가로 전환했다. 중세 지역적 민족국가는 후일 근대

---

57 · 앙주 제국이란 프랑스 앙주의 플라타제나 가문이 12세기 중반에 혼인동맹을 통해 잉글랜드, 노르망디, 앙주, 아키텐에 세운 거대 제국을 말한다. 13세기에 걸쳐 프랑스의 왕은 프랑스 서부의 앙주 제국의 영토를 조금씩 병합했다. 14세기에 영국은 자신의 프랑스 옛 영토를 회복하고자 프랑스와 백년전쟁을 벌인다.

민족국가로 발전할 것이다.

15세기 말 중세 민족국가를 형성하는 시기까지 영국의 역사나 독일의 역사도 프랑스의 역사와 대개 유사하게 흘러갔다. 왕조가 교체되는 편년 조차도 대개 50년 전후로 앞서거니 뒤서거니 하면서 따라갔다. 그러나 자본주의로 이행하는 16세기 이후에는 프랑스, 영국, 독일의 역사는 현격한 차이를 보여준다.

마르크스의 관점에서 본다면 이상에서 소개한 정치적 발전의 바닥에는 경제적 발전이 있다. 마르크스는 봉건제라는 개념을 경제적인 개념으로 사용한다. 경제적으로 볼 때 봉건제는 부역 중심체제에서 지대 중심 체제로, 지대도 물납 중심 체제에서 현금 지대 중심 체제로 발전했다. 굳이 중심이라는 말을 쓴 이유는 봉건적 착취의 다양한 형태 중 어느 것이 우선하는가는 상대적이기 때문이다.

그렇다면 이런 경제적 관점에서 봉건제의 역사적 발전은 어떻게 설명될 수 있는 것일까?


### 5) 고전 장원

5~10세기 프랑스는 경제적으로 고전 장원 시기라 한다. 이 시기는 부역이 봉건적 생산관계의 중심이 된다.

노예제에서 봉건제로 이행하면서 농민의 삶이 나아졌다. 노예제 시대는 노예는 가족은 말할 것도 없고 자신의 노동력조차 재생산하기 어려울 정도였다. 노예가 단명한 이유가 여기에 있다. 봉건제로 이행하면서 농민은 강제적으로 착취당하더라도 적어도 자신이나 가족의 생활을 보장할 수 있었다. 봉건제에 들어서면서 어느 나라에서나 인구가 증가한 이유가 여기에 있다.

봉건적 착취는 장원이 위치한 지역의 토질 또는 지력이 얼마나 우수한 가에 의존한다. 농업 생산도구나 상업의 발전이 아직 충분하게 일어나지 않았기 때문이다. 그러므로 봉건 시대 두각을 나타냈던 민족은 대개 토질이 우수한 지역을 차지한 민족이다.

프랑크족의 왕 샤를마뉴 대제가 유럽을 제패한 이유를 생각해 보자. 프랑크족의 기마군단이 지닌 군사적 우수성 때문일 것이다. 프랑크족의 기사는 온몸을 사슬 갑옷으로 보호하고 말에 올라탔다. 그 비용이 어마어마할 것이다. 그만큼 물질적 기초가 있어야 한다. 프랑크족이 차지한 라인강 북부(하류) 지역(고토, 카롤링거 왕조의 기반)이나 파리 인근지역(신토, 메로빙거 왕조의 기반)은 오늘날까지도 유럽에서 지력이 가장 우수한 지역이다. 그 때문에 강한 기마군단을 갖출 수 있었다.

### 6) 사회의 분화

이 시기 초 왕과 귀족, 자유민 사이의 관계는 프랑크 부족 시대의 사령관과 전사의 관계처럼 평등하고 자유로왔다. 그들은 차지한 영토의 규모만 달랐다. 상호 정복(결혼, 유증 등)을 통해 이들 사이에 분화가 일어나기 시작했다. 왕권이 강화하기 시작했다. 영주 사이에 분화가 일어났다. 먼저 왕에 맞먹는 독립적 권력을 지닌 공작과 왕이 임명한 관료인 백작이 구분된다. 공작이나 백작은 자기 밑에 하급 기사를 거느렸다. 하급 기사는 가신이었지만, 전쟁을 통해 영지를 얻어 영주로 발전하기도 했다. 잔존하던 자유민은 점차 몰락해 예속농의 처지로 전락했다.

왕과 영주, 기사는 대개 피정복민이었던 농민을 지배했다. 예속농은 자유에서 제한을 받지만, 노예와 달리 기본적으로는 자유민이다. 초기 예속농은 거주 이전의 자유가 없었고 그 때문에 자주 농노라 불리기도 한다.

봉건 시대 대규모 전쟁이 발생하면 전비를 위해 농민에 대한 착취가 강화된다. 이는 농민의 생존 자체를 위협한다. 가혹한 착취 덕분에 인구가 대폭 감소한다. 이렇게 되면서 통일 왕조는 무너진다. 메로빙거 왕조, 카롤링거 왕조가 통일 국가 또는 대제국을 건설했으면서도 한 세대 이후 곧바로 무너진 것도 그 때문이었다.

> "프랑크인의 대부분을 이루는 토지 소유 농민은 부단한 내란과 정복 전쟁 때문에 특히 샤를마뉴 대제 시기의 정복 전쟁으로 말미암아 한때 공화제 말기의 로마 농민이 그러했던 것처럼 피폐해지고 몰락했다. ...왕이 직접 자유농을 징집해 조직한 무장군대는 신흥 귀족의 가신들로 조직된 군대로 교체됐다."[58]

이 시기 문화는 별로 볼 게 없다. 그저 로마의 기독교를 받아들였다는 정도이다. 기독교는 노예 해방의 종교이니 봉건제에 적절하다. 왕과 영주, 예속농의 관계는 기독교를 통해 적절하게 정당화할 수 있었다. 이 시기는 고전 문화의 부흥이 일어났다. 나무로 집을 짓던 게르만인이 로마식으로 벽돌집을 짓기 시작했다. 이를 일컬어 로마네스크 식이라 한다.

---

58  엥겔스, 『가족, 사유재산, 국가의 기원』, 266~267쪽

# 6절 영방국가의 출현

## 1) 10~14세기

로마 멸망 이후 5세기 말 서유럽 속주에서 여러 국가가 출현했다. 그 가운데 프랑크족의 국가는 9세기 초 유럽을 통일하여 신성로마제국을 세웠다. 경제적으로는 부역(노동 지대)에 기초한 봉건제였으며, 정치적으로 왕과 공작, 백작, 기사로 분화되기는 했지만, 각기 상당한 자유를 누리고 있었다. 이 체제를 뒷받침해 준 것이 예속농과 부역이었다. 하지만 프랑크족의 봉건제국은 곧바로 무너지고 말았다. 전쟁을 위해 농민을 과도하게 착취한 결과다.

10세기에 이르면 서유럽 각 지역에서 새로운 국가가 출현했다. 우선 정치적 변화의 전체 모습을 그려보자. 독일 지역에 있던 작센족이 영국을 정복해 세운 웨섹스가 팽창하여 경쟁국들을 제치고 927년 잉글랜드 통일국가를 건립했다. 한편 샤를마뉴 대제의 신성로마제국이 동, 중, 서프랑크 국가로 분열했다. 카페왕조가 서프랑크 국가를 987년 계승했다. 동프랑크 국가를 계승하여 작센 왕조의 오토 대제가 출현했다. 그는 곧 중프랑크 국가의 영토를 병합하여 독일, 이탈리아 북부에 걸친 봉건제국을 세워 962년 신성로마 황제로 등극했다.

10세기 새로운 국가, 새로운 왕조가 등장하면서 많은 변화가 일어났다. 우선 경제적 변화부터 살펴보아야 할 것이다. 경제적 변화라면 일본의 마르크스주의 경제 이론가 다카하시 고하치로高橋幸八郎가 쓴 『자본주의 발달사』[59]를 참조하는 것이 좋겠다.

## 2) 노동 지대와 생산물 지대

다카하시는 봉건제의 발전을 다루면서 노동 지대(곧 부역을 말한다)에서 생산물 지대로의 발전과 생산물 지대에서 현금지대로의 변화를 언급한다. 이 가운데 현금지대는 절대주의 체제에서 출현하여 그 뒤 자본주의의 맹아를 형성하는 기본적 힘이다. 이건 나중에 다루기로 하자. 여기서는 부역, 노동 지대에서 생산물 지대로의 변화에 관해 주목해 보자. 흥미로운 것은 다음과 같은 구절이다.

> "농민은 종래 직접 노동의 형태로 영주에게 급부하여 오던 것을 노동이 실현한 형태 내지는 그 가격으로 다시 말해서 생산물이나 화폐의 형태로 잉여노동을 그대로 영주에게 직접 급부한다."[60]

---

59 다카하시 고하치로, 『자본주의 발달사-시민혁명의 구조』, 광민사 편집부 역, 광민사, 1980

60 다카하시 고하치로, 『자본주의 발달사-시민혁명의 구조』, 73쪽

노동 지대란 곧 부역을 말한다. 이는 농민이 보유하던 땅과 영주가 소유하는 직영지가 구분되는 것을 전제로 한다. 농민은 일주일에 3일은 영주 직영지에서 일하고 나머지 3일은 자기 보유지에서 일한다. 생산물 지대(생산물 지대)는 수확이 이루어지면 영주에게 생산물 자체를 납부하는 체제를 말한다.

부역에서 생산물 지대로 변화한 것은 영주가 직영지를 농민에게 차지[借地: 소작]의 형태로 임대했다는 것을 전제로 한다. 직영지가 가까이 있는 영주가 이렇게 하지는 않을 것이다. 아마 멀리 떨어진 영지를 관리하는 경우 이렇게 할 수밖에 없을 것이다. 이건 영주가 먼 지역에까지 영지를 지배한다는 것을 그리고 대규모 영지를 가진 영주가 출현한 것을 전제로 한다. 이런 영지를 가진 사람은 왕이나 왕과 경쟁하는 영주(공작 등)일 것이다. 즉 왕권 강화, 중앙집권화가 시작됐다는 것을 의미한다.

### 3) 생산물 지대의 의미

이런 변화의 의미에 관해 다카하시는 이렇게 설명하고 있다.

"이런 사정 하에서 지배가 일정하다고 하면 생산력의 발전은 항상 농민의 이익으로 연결된다."[61]

생산물 지대는 봄에 생산하기 전부터 관습적으로 정해져 있다. 비료, 농기구, 농사 기술은 느리지만, 서서히 발전했다. 그해 생산력이 발전하게 된다면 그 발전만큼 농민은 이익을 얻는다. 이런 방식으로 농민은 점

---

61  다카하시 고하치로, 『자본주의 발달사−시민혁명의 구조』, 74쪽

차 많은 이익을 차지하게 됐다. 초기 봉건제에서 농민이 겨우 자신과 가족의 생존을 확보하는 정도였다면(그래도 노예보다 낫다) 이제부터는 농민은 작지만, 이익을 남길 수 있게 됐다. 아직은 생산된 잉여의 대부분을 영주가 가져가지만, 작은 잉여라도 잉여란 곧 쌓이게 되니 농민 가운데서도 일부 부농이 출현했다.

다카하시는 이런 변화를 통해 농민의 신분도 변화했다고 한다. 부역 시기 농민은 농노의 수준이었다. 생산물 지대로 가면 농민은 일 년에 영주를 봄, 가을에만 만나는 것이니 착취와 차별당하는 것만을 빼면 상당히 자유롭게 활동할 수 있었다. 이런 농민을 다카하시는 농노와 구분해서 예속농이라고 규정한다. 아래 구절을 보자.

> "이런 봉건적 토지 소유의 구조 변화는 농민의 법률적 지위도 변화를 가져왔다. 종래 농민 경제의 일상적 재생산에 교란적인 역할을 하여 왔던 영주의 자의와 이에 따른 우연에 제약되던 급부는 영주 수취의 자의성으로부터 해방되어 일정한 크기로 규제된다."[62]

---

62   다카하시 고하치로, 『자본주의 발달사-시민혁명의 구조』, 74쪽

# 7절 왕국과 중앙집권화

## 1) 상업의 발전

5~9세기 봉건제가 10~14세기 새로운 봉건제로 발전했다. 이런 발전에서 가장 중요한 동력은 봉건 지대의 형태가 변화한 데 있었다. 노동 지대로부터 생산물 지대로의 변화와 더불어 농노는 예속농으로 발전했다. 그만큼 농민은 인격적으로 자유로워졌다. 이런 변화로 생산력이 발전하면 그만큼 농민은 많은 이익을 얻게 되니, 농민의 생산 의욕이 증대되고 생산물도 증가했다.

지대의 변화는 경제적으로 또 다른 변화의 도화선이 됐다. 경제적으로 상업과 도시가 발전했으며 왕권 강화와 더불어 봉건적 민족국가가 출현했다. 이제 이 과정을 살펴보기로 하자.

우선 상업의 발전이다. 사람들은 지중해 무역의 부활에 주목한다. 10세기 새로운 왕조가 정착하자 11~12세기에 걸쳐서 교황은 십자군 원정을 일으켰다. 이 원정으로 로마 시대 이후 단절된 지중해 무역이 부활했다. 이 무역의 최대 수혜자가 도시 국가 베네치아[63]이다. 일본 사학자 시오노 나나미가 그토록 입에 침이 마르도록 찬양한 베네치아의 영화가 이렇게 해서 출현했다.

그러나 지중해 무역은 귀족의 사치품을 대상으로 한 예외적인 것이다. 더 중요한 것은 농촌의 인근 지역 내에서 일어나는 교환이다. 생산물 지대로 전환하면서 농민의 잉여생산물이 증가했다. 이를 바탕으로 농업과 가내 수공업의 분화가 일어나고, 농촌 곳곳에 수공업의 기지가 되는 도시가 등장했다. 농촌은 도시에 원료작물과 식량을 제공하고 도시는 이를 수공업 제조품과 교환했다. 교환은 주로 농촌과 도시라는 인근 지역의 범위 내에서만 일어났다.

이런 인근 지역 교환의 발전이 있었기에 국제적인 지중해 무역도 가능했다. 베네치아를 통한 지중해 무역은 그 위에 성립한 최종 산물이다. 베네치아의 영화는 예외적이다. 더 중요한 것은 유럽 곳곳에 움트듯이 솟아나는 농촌 도시들이다.

## 2) 도시의 발전

이 시기 발전하는 도시에 관해서는 마르크스가 『독일 이데올로기』에서 충분히 서술하고 있다. 이 시기 도시에서는 소규모 수공도구, 작업장,

---

63 베네치아는 원래 동로마의 영토였고, 서로마가 샤를마뉴 대제의 지배 아래 들어갔을 때 동로마의 최후 거점이었다. 그 뒤 동서의 타협으로 서로마에 위치하지만, 동로마 황제의 지배를 받는 자치 도시가 됐다. 베네치아는 동로마 황제로부터 지중해 무역에 관한 독점권을 얻었다. 이로부터 베네치아는 무역으로 번영했다.

단골을 갖춘 생산자가 출현했다. 즉 수공업자이다. 수공업자는 오랜 훈련을 통해 기술을 획득한 장인이었다. 장인은 자기 밑에 도제와 직인을 두어 생산했다. 도제와 직인은 장인의 집에 함께 거주했으며 그들의 관계는 가부장적인 관계이었다. 당시 수공업 내부에서 분업은 발생하지 않았다. 마르크스는 이런 변화를 다음과 같이 서술했다.

> "직인과 장인이 맺었던 가부장적 관계는 장인에게 이중의 권력을 부여해 주었다. 한편으로 장인들이 직인의 생활 전체에 직접적인 영향을 미쳤고 다른 한편으로는 ... 이 가부장적 관계가 ... 자신들을 결속해 주고 다른 직인들과 분리해주는 현실적인 유대였기 때문이다."[64]

장인들은 동업조합[Guild]을 결성했다. 그 동업조합은 한편으로는 공동의 필요(판매장, 기술 교환 등)에 대처했으며 다른 한편으로는 외부에서 흘러들어오는 경쟁자를 배제하고 내부의 직인과 도제의 저항을 감시했다. 여러 동업조합은 다시 연합하여 자체의 행정, 군대를 만들어 자치체[commune]를 구성했다. 도시는 봉건 영주와 교섭하여 생산과 판매를 위한 특허를 받았다.

### 3) 지대와 왕권

이 시기 정치 체제도 급변했다. 정치 체제가 변화하는 방향을 보면 두 가지로 요약할 수 있다. 하나는 중앙집권제의 강화이다. 이 시기 왕은 가장 풍요한 토지를 차지한 덕분에 농민으로부터 가장 많은 잉여를 착취했다. 상업의 발달로 도시가 생겨나자 왕에게는 새로운 수익의 원천이 생겼

---

64 · 마르크스, 『독일 이데올로기』, 101쪽

다. 왕은 도시에 교역의 특허나 자치를 허용하는 대가로 도시로부터 잉여를 추출했다.

왕은 이런 물질적인 기반을 토대로 자신의 직할령을 더욱 확대했다. 왕의 직할령은 전국에 분산되어 있기는 하지만, 이미 다른 모든 영주를 압도적으로 능가할 정도이다. 이를 통해 왕권이 강화되면서 중앙집권화가 발생했다.

왕권은 직할령에서 나오는 압도적인 물질적 기반을 통해 각 지역에서 경쟁하는 공국이나 다른 왕국을 제치고 통일 왕조를 이루었다. 이런 통일은 11~12세기에 걸쳐서 점진적으로 일어났다. 왕은 과거 사문화된 법 즉 영주가 죽으면 영지를 몰수할 권리(원래 봉건제 아래서 토지 분급은 당대에만 인정됐다)를 부활했다. 왕은 경쟁하는 영주와 정략적인 혼인을 통해 영지를 상속받기도 했다. 그것도 안 되면 왕은 무력을 동원하여 영지를 정복했다.

### 4) 중앙집권화의 등장

왕은 정복한 경쟁 영주나 국가를 해체하기보다는 경쟁자를 자신의 지배하에 받아들이는 방식으로 통일했다. 영주가 왕에 복종하더라도 상당한 자율적 권력을 누릴 수 있었다. 그래도 과거와는 차이가 있다.

이전 시기 왕과 영주는 대등한 관계였다. 영주의 권력은 누구의 재가가 필요하지 않았다. 새로운 국가에서는 왕은 모든 영주 위에 올라선 존재이며, 영주는 왕으로부터 그의 권력을 인정받는 한에서만 권력을 가졌다. 당연히 권력의 범위가 축소됐다. 구시대 영주는 이웃 나라와 봉사 관계를 맺을 자유를 가졌으나 이제 그런 자유는 폐지됐다. 많은 영주는 왕의 관료가 되려 했다. 그것으로 그의 부와 권력을 증대할 수 있기 때문이다. 영주는 왕의 관료가 되면서 관료적 성격과 영주적 성격을 동시에 지녔다. 이들이 상층 관료 즉 권신[權臣]이다.

왕의 직할령은 전국에 흩어져 존재했으니 이 분산된 직할 영지를 통치하기 위해서 왕은 관료체제를 강화하기 시작했다. 왕에게 직접 봉사하는 무장 기사의 수가 늘었으며, 직할령의 지대를 걷는 하급관리 즉 집사가 출현했다. 이들 기사, 집사 등 관료는 영지를 갖는 신하와 달리 주로 왕에게 봉사하면서 살아가는 계층이다. 왕의 영지가 확대될수록 이들의 숫자가 늘어났다. 상당한 자율성을 지닌 상층 권신과 왕의 봉급으로 살아가는 하급 관료 사이에 대립과 갈등이 심화했다. 우리 식으로 말하자면 권신과 선비의 대립이다.[65]

10세기 등장한 국가는 14세기 말까지 대체로 통일된 민족국가를 완성한다. 그것을 보면 마치 이 시대가 가진 사명은 민족국가의 출현인 것처럼 보인다. 역사가 그런 목적을 가지고 나간 것은 아니다. 서유럽 곳곳에 세워진 신흥 왕조는 죽기를 무릅 쓰고 싸우는 과정 중에 이런 봉건 민족국가가 탄생한 것이다. 이 시기에 왕은 그저 무한정의 욕망을 가졌다. 역사는 그런 야심을 이용해 오히려 민족국가를 탄생시켰으니 이것이 헤겔이 말하는 '이성의 간지'라는 것이다.

---

65 이런 여러 가지 변화의 모습을 보면 이 시대 유럽의 모습이 우리나라 고려의 모습과 너무나도 닮았다. 이미 고려 시대에 왕권의 강화와 중앙집권화가 강화됐다. 고려의 식읍을 가진 신하는 자율적이지만, 점차 왕이 임명한 존재로 전락했다. 날이 갈수록 왕에 봉사하는 하급 관료가 등장해 상층 관료, 권신을 공격했으니 이들이 무신 또는 선비이다. 무신이 권신을 제치고 선비가 무신을 제치면서 고려는 무너지고 조선으로 이행했다.

## 5) 영토의 중요성

고전 장원은 노동 지대, 농노 체제이다. 이는 봉건제라 하지만, 아무래도 노예제에 가깝다. 생산력의 발전이 어디까지나 노동 강화에 기초하기 때문이다. 이 시대 토지는 곳곳에 널려 있었다. 인구는 작았고 아직도 개간되지 않는 땅도 많았다. 노동력만 지배한다면 얼마든지 생산물을 증가할 수 있었다. 이 시대 정치적 문제는 노동력의 장악에 있었고 토지의 규모나 경계선은 큰 문제가 되지 않았다.

생산물 지대로 변하게 되면서 토지가 생산력의 주요 원천이 된다. 생산을 증대시키려면 토지의 규모를 늘려야 하며 지력이 더 좋은 토지를 가져야 한다. 인구도 증가하면서 점차 개간의 여지도 줄어들었다. 지금부터는 지력이 좋은 토지를 남보다 많이 장악하는 것이 문제가 된다. 더구나 영주의 영지는 분산되어 있었다. 주로 결혼이나 유증 때문에 이런 일이 생긴다. 영주는 분산된 영지를 효과적으로 관리하기 위해 영지를 서로 연결해 사각형이든 원이든 집중해야 했다. 그 결과 영주들 사이에 치열한 토지 쟁탈전이 벌어지게 됐다.

토지 쟁탈전을 통해 영토를 갖춘 국가 즉 영방[領邦, Territorial-Statt] 국가[66]가 등장한다. 방[邦]이란 영어로 Territorial[지방], 독일어로 Land[토지]이다. 우리 말로는 '나라'가 이에 대응하는 말일 것이다. 영[領]이란 독

---

[66] 영방국가는 독일에서 1356년 보헤미아의 칼 4세가 발표한 금인칙서에 의해 최종적으로 확립됐다. 이 칙서는 7명의 신성로마 제국에서 황제를 선출하는 선제후의 특권을 인정한 제도이다. 흔히 금인칙서라 불리는 이 칙서는 그때까지 발전하고 있던 지역국가의 존재를 승인한 것에 불과하다. 이 제도는 신성로마 제국이 제후국으로 분열된 것으로 볼 수도 있지만, 거꾸로 지역의 영주가 발전해 대규모 중앙집권적 영방국가를 형성한 것으로 볼 수 있다.

립적인 지배를 의미한다. 이는 중앙집권화를 전제한다. 앞에서 언급한 잉글랜드, 카페 왕조, 작센 왕조, 그 시기 이런 왕권과 경쟁하고 있었던 영주의 국가는 모두 영방국가라는 형태로 존재했다.

# 8절 봉건적 민족국가의 출현

## 1) 정치적 역동성

지금까지 이야기를 간단히 정리해 보자. 10세기 서유럽에서 생산력의 발전이 일어났다. 이를 기초로 지대의 형태가 노동 지대에서 생산물 지대로 변화했다. 정치적으로 왕권이 강화했고 중앙집권화가 출현했다. 영주는 왕에 의해 임명된 권신[權臣]으로 전락했다. 하급 관료들이 새로운 정치 세력을 형성했다.

이 시기 봉건 국가는 서로 좋은 영토를 확보하기 위해 전쟁을 벌였다. 이런 전쟁을 통해 최종적으로 봉건제국의 건설에 이른 나라도 있었다. 오스트리아의 합스부르크 제국이 그렇다. 반면 영국과 프랑스 등은 민족국가를 형성하니 이 시기는 봉건제국으로 가려는 힘과 민족국가로 가려는 힘이 뒤섞인 시기였다.

왕의 야심이야 어디서나 제국을 지향했을 것이다. 하지만 이를 현실적으로 제약한 조건이 있었다. 정치, 경제, 문화 등 여러 가지 요인이었을 것이다. 이런 요인들이 결합하면서 독일은 봉건제국으로 반면 영국, 프랑스의 경우 민족국가로 됐다. 한편으로 제국의 형성을 노리고 다른 한편 현실에 의해 제약되는 정치적 역학을 여기서 충분히 살필 수는 없다. 나중의 논의를 위해(자본주의로의 이행 문제) 핵심이 되는 두 가지만 언급하고 지나가자.

## 2) 합스부르크 제국

시선을 서유럽 정치사로 한정한다면 두 가지 정치적 흐름이 눈에 띈다. 한 가지가 오스트리아의 등장이며 다른 하나는 영국과 프랑스의 백년전쟁이다. 이 두 사건은 민족국가냐 봉건제국이냐를 가르는 핵심 사건이었다.

우선 독일을 보자. 봉건제 초기 분열된 소국들은 12세기를 거치면서 지역적인 통일을 이루면서 영방국가로 발전했다. 신성로마 제국의 통일성은 무너지고 주요 영방국가[7개 정도, 선거권이 있다 해서 선제후라 한다]가 황제를 선출하는 선거 체제가 됐다. 황제의 자리는 여러 영방국가가 교대로 차지했다. 그런 가운데 독일의 무게 중심은 중부 독일 지역이 됐다. 이 지역은 지중해 무역을 독일로 이어주는 한자동맹 도시들이 분포하는 지역이다.

13세기 이후 독일의 정치적 무게 중심은 점차 동쪽 변경지방으로 이동했다. 그 이유는 동쪽 변경 지방에서 발생한 이민족의 침입에 있다. 이 시기 유럽 동부에서 헝가리, 폴란드, 체코 등 이민족들이 서유럽을 침략했다. 동유럽에서 서유럽으로 쳐들어오려면 지리적 여건상 군대는 반드시 지금 오스트리아 수도 빈을 통과할 수밖에 없다. 빈을 수도로 한 오스트리아('오스트리아'란 동쪽 변경이라는 의미이다)는 이민족과의 대결 한가운데 있었다. 이런 대결을 겪으면서 최종적으로 15세기 중반(1440년)에 이르면 오스트리아를 중심으로 한 합스부르크 제국이 수립됐다. 오스트리아 합스부르크 왕조는 보헤미아, 폴란드, 헝가리, 이탈리아 북부를 장악하여, 신성로마 제국의 황제 자리를 세습했다. 합스부르크 제국 역시 다른 민족 국가 못지않게 중앙집권화에 성공하게 됐다.

12세기까지 독일 동부도 중부나 마찬가지로 생산력이 발전하고 봉건 지대의 형태가 변화해 농민에게 유리해졌다. 그러나 13세기 이후 이민족과 대결하는 가운데 오스트리아에는 거대한 군사 체제가 수립됐다. 봉건적 군사 제국은 군비를 충당하기 위해 농민을 가혹하게 착취했다. 봉건 착취가 강화하면서 생산물 지대로부터 부역 지대로 되돌아가려는 움직임이 등장했다. 예속농은 다시 농노로 전락했다. 이것이 독일이 후일 영국과 프랑스보다 후진 국가로 전락하는 이유로 보인다. 마르크스도 나중에 『독일농민운동사』에서 이 점을 지적하고 있다. 이는 역시 나중에 다시 언급하기로 하자.

오스트리아는 신성로마 황제였지만, 자기의 직할 영토 이외의 다른 영토에 대한 지배권은 상실했다. 독일 중부의 영방국가들은 신성로마제국의 산하에 있지만, 그것은 명목에 불과했다. 그 결과 독일은 두 개의 중심으로 분열됐다. 한편으로 전통적인 독일 중심 즉 한자 동맹들이 분포한 중부 독일이다. 다른 한편으로 새로운 중심으로 등장한 오스트리아이다. 이런 분열은 나중에 독일 비극의 원천이 된다.


### 3) 백년전쟁

또 하나 흥미를 끄는 사건은 영국과 프랑스가 벌인 2차에 걸친 백년전쟁이다. 모두 합하면 삼백 년 전쟁이다. 프랑스 서북부 노르망디 공국의 정복왕 윌리엄은 1066년 색슨 왕조의 잉글랜드를 계승한다. 그의 손자 헨리 2세가 프랑스 서남부 아키텐 지역을 통치하는 여왕 엘레노어와 혼인함으로써 영국과 프랑스에 이르는 거대 제국이 등장했다. 프랑스의 카페 왕조가 1159~1299년까지 일차 백년전쟁을 통해 아키텐과 노르망디를 장악해 영국을 대륙에서 추방했다. 후일 1340~1431년까지 이차 백년전쟁이 일어났다. 이는 영국이 잃었던 프랑스의 고토[故土]를 회복하려는 전쟁이었으나 영국이 패배했다.

봉건적인 권리로 따지자면 이 전쟁에서 영국이 정의의 편이다. 하지만 실제 전쟁의 결과는 프랑스의 승리였고 이를 통해 영국은 프랑스 서북부를 영구히 상실했다. 프랑스는 이 전쟁을 계기로 서부의 영토를 정복했을 뿐만 아니라 경쟁자였던 프랑스 동남부 부르군디 공국에 대해 우위를 차지해 마침내 통일 민족국가의 길로 들어서게 됐다. 거꾸로 영국도 그 이후 동북부 바이킹족이 점령한 영토와 서북부 스코틀랜드를 정복하면서 통일 민족국가의 길에 박차를 가했다.

### 4) 민족국가의 원인

봉건적인 제국이냐, 민족국가냐는 어떻게 결정된 것일까? 여러 원인 가운데 결정적인 원인이라면, 농민으로부터 뽑아낼 수 있는 잉여는 한계가 있었기 때문일 것이다. 상업의 발전으로 도시로부터 추가적인 잉여를 뽑아냈지만, 일차적으로는 잉여는 역시 농민의 착취에 있다.

독일처럼 이민족이 침입하는 경우 가혹한 착취도 농민이 인내할 수 있었다. 덕분에 독일은 거대 제국을 형성했다. 영국의 경우 아무리 왕의 고토라 해도 외국을 침략하는 전쟁에서 농민은 더는 인내할 수 없었을 것이다. 영국은 프랑스에서 철수하면서 봉건 제국의 형성에 실패했다. 프랑스는 독일과 영국의 중간이었다. 영국의 침입에 저항하느라 농민에 대한 착취를 강화했다. 덕분에 절대주의 국가가 됐다. 그러나 그 힘은 봉건 제국을 형성할 정도는 되지 못했다. 프랑스는 봉건 민족국가를 완성한 다음 곧이어 16세기 초 이탈리아 북부를 침입했지만, 오스트리아 제국과 대결에 밀려나고 말았다.

민족국가의 형성에는 경제적 원인 외에 민족의식, 민족주의의 역할도 들 수 있다. 이 시기 봉건 민족이 등장했다. 민족의 형성에 관한 한 나중에 살펴보겠지만, 민족이 형성되면서 민족주의가 동원됐다. 프랑스 민족주의의 상징 잔 다크나 영국 민족주의의 상징인 헨리 5세가 이렇게 하여 출현했을 것이다. 민족의식의 힘이 프랑스에 외국군의 퇴치를, 영국에는 침략의 중지를 명령했을 것이다.

앞에서 말했듯이 독일은 봉건제국으로 되면서 농민에 대한 억압이 강화되어 다시 부역 지대 시대로 되돌아갔다. 독일은 근대로 가는 발전의 길에서 후퇴하기 시작했다. 반면 영국과 프랑스는 민족 통일을 형성하면서 새로운 발전의 길이 열렸다. 즉 국내에 통일 시장이 형성되면서, 농민의 잉여가 상품화되는 과정이 더욱 촉진됐다.


### 5) 봉건 민족 개념

이 시기 민족의식이 등장하고 민족국가가 형성되는 것을 통해 민족이라는 개념을 다시 한번 생각하게 된다.

고대국가가 형성되면서 도시에서 각 가문의 교차 혼인에 의해 부족이 해체되고 민족이 출현했다. 이때는 민족은 혼인에 의해 형성된 혈족이라는 의미가 강했다. 10세기 봉건 왕조는 14세기 말까지 끊임없는 투쟁을 통해 민족국가를 형성하면서 중세 민족이 형성됐다. 이 중세 민족은 새로운 차원의 민족이다.

지역적으로 통일된 국가 안에서 여러 고대 민족과 부족이 거주했다. 왕국의 매개를 통해(중앙 관료 사이의 교제, 왕실의 행사 등) 귀족 가문을 중심으로 복잡하고 밀접한 혼인이 일어났다. 이 혼인으로 새로운 혈족이 생겨났다. 이 혈족은 고대 민족이나 부족의 단위를 넘어서는 혈족이다. 이게 봉건 시대의 민족이다.

이런 민족 사이에는 하나의 혈족이라는 의식만 있었던 것은 아니다. 봉건 시대 들어오면 토지가 중요한 생산력의 원천이 되니, 지역적으로 통일된 민족은 자기의 토지, 나라, 영토에 대한 애착이 발생했다. 소위 향토애이다. 혈족 의식 위에 향토애가 중첩됐다. 복잡하고 밀접한 혼인은 언어와 문화의 통일성을 낳았다. 언어나 문화의 통일성은 민족의식을 더욱 강화했다.

영토에 기초한 민족은 아직 봉건적인 민족 개념이다. 여기서 혼인, 지역, 언어, 문화의 통일성은 주로 귀족(권신이나 하급 관료)에 한정된다. 왕권과 대결하던 상층 귀족보다는 왕권을 옹호하는 하급관료에게 민족의식이 더 강했다. 반면 농민은 다른 지역 농민과의 혼인은 꿈도 꾸지 못했다. 농민들은 대부분 지역에서 혼인했고, 토속어를 사용했으며, 심지어 과거 고대국가나 부족 시대의 문화를 유지했다. 중세 민족은 귀족과 관료의 민족이었다. 농민이 상징적으로 왕이나 영주와 자기를 동일화하면서 민족의식을 갖더라도 그 정도는 미약했다.

# 9절 페스트가 만연한 이유

## 1) 12세기 고딕 문화

12세기 시작해서 14세기 말까지 왕권은 점차 중앙집권화했다. 왕권은 마침내 민족 단위의 국가를 건설했다. 왕은 강화된 힘을 가지고 교회를 지배했다. 교황이 지녔던 성직 임명권을 왕이 장악했다. 봉건 시대 초기 교황의 통일적 권력은 무너졌고 교회는 왕이 임명한 주교를 중심으로 재편됐다.

이런 변화를 바로 보여주는 것이 고딕 성당이다. 8세기경 서구는 간신히 로마식 건물을 세우기 시작했다. 이름해서 '로마네스크식'이다. 로마 흉내를 냈다는 말이다. 그런 유럽인이 12세기에 이르면 독자적인 건축 문화를 이룩하기 시작한다. 초기 로마네스크식 성당은 고딕식 성당으로 재건축됐다. 하늘을 찌를 듯이 높이 솟은 탑은 구원을 갈망하는 인민의 염원이 아니라, 왕권의 영화와 권세를 보여줄 뿐이다. 고딕 성당은 성직자가 왕의 물질적 힘(권세와 부)에 종속했다는 것을 의미한다.

이 시대를 흔히 12세기 르네상스라고 한다. 나중에 16세기 이탈리아에서 전개된 근대 르네상스와 비교된다. 이 시대 스페인을 점령한 이슬람 국가를 통해 그리스 철학 특히 아리스토텔레스의 철학이 소개됐다. 유럽 곳곳에 대학이 세워졌다. 왕은 수족같이 부릴 관료가 필요했기 때문이다. 중세 대학은 학문의 전당은 아니다. 중세 대학은 관료의 전당이다.

이 자리에서는 왕권의 영화와 권세에 대해 말하고자 하지 않는다. 오히려 화려한 왕권이 어떻게 종말에 이르렀는가를 말하려 할 뿐이다. 14세기 중반 유럽을 강타한 농민 반란과 페스트에 대해 말하려 한다.

### 2) 자케리의 난

찬란한 12~13세기를 지나 14세기 서유럽을 보자. 14세기 초에는 대기근이 유럽을 휩쓸고 지나갔다. 14세기 중반에는 페스트가 유럽 인구의 1/3이나 2/3를 살해했다. 대기근과 페스트, 이건 자연 재해의 문제이지 인간과 사회의 문제는 아니지 않는가, 반문할 수도 있겠다. 실마리는 자연재해의 문제일 것이다. 그 실마리를 거대한 참극으로 전환했던 원인은 유럽의 봉건제였다. 특히 중앙집권화를 이룬 왕권이었다. 이를 이해하려면 단 한 가지 사건을 보기만 해도 충분하다.

프랑스의 자케리의 난이다. 자케리Jacquerie 의 난은 1358년 백년전쟁의 막바지에, 페스트가 돌던 시기에 프랑스 파리 북부 지역, 비옥한 농토 지역에서 일어난 농민 반란이다.

프랑스 왕은 전쟁에서 승리하기 위해 농민에게 특별세를 부과했다. 이세금은 봉건적 인두세였으며 이를 통해 프랑스는 상비군을 키웠고 그 힘으로 영국과 전쟁에서 승리했다. 영국도 마찬가지이다. 영국군은 파리 북부 지역에 주둔하면서 군비를 조달하기 위해 시시때때로 농민을 약탈했다. 견디다 못한 농민이 반란을 일으킨 것이다.

프랑스어로 '자크 르 보놈 jacque le bon home'라는 말이 있다. '자크 jacque'는 프랑스 농민이 몸에 걸치던 조끼를 말한다. 이 조끼를 입은 농민이 일으킨 반란이라 해서 자케리의 난이다. '르 보놈le bon homme'은 착한 사람이라는 말이지만, 착한 사람이 늘 그렇듯이 '멍청이, 바보'라는 뜻도 된다.

이 자케리의 난을 지도한 농민 지도자는 반란을 진압하러 온 왕의 군대가 협상하자 하니 혼자서 적진에 들어갔다. 왕의 군대는 협상은커녕 당장 그를 체포해 처형했다. 그가 죽을 때 "당신들 귀족은 왜 기사도를 지키지 않느냐?" 하니, 왕의 장군이 이렇게 말했다고 한다. "기사도는 농민에게 적용되는 것은 아니다." 농민들은 기사도 소설에 나오는 기사도를 진정으로 믿었다. 그 이후 기사도 소설에 취한 농민을 '자크 르 보놈' 즉 바보, 멍청이라 부른다.

### 3) 페스트의 중앙집권화

이 자케리의 반란을 보면 왜 이 시대에 기근과 페스트가 만연했는지를 알 수 있다. 중앙집권화하면서 증가한 관료는 착취하는 기술도 발전시켰다. 도대체 관료란 무엇인가? 관료란 왕을 위해 존재하는 왕의 수족이다. 관료제가 발달하면 누가 죽어나는가? 12세기 생산력의 증대와 생산물 지대로 조금 여유를 얻은 농민과 이런 여유를 바탕으로 막 성장하는 도시의 수공업자(시민)는 100년에 걸친 영불 전쟁을 거치면서 알거지로 전락했다. 약탈과 세금 때문이다. 그 덕분에 왕은 거대한 국가를 수립했으나 가혹하게 착취당한 농민은 탈진하고 말았다.

착취당한 농민은 건강이 나빠졌을 것이다. 많은 농민은 가혹한 착취를 피해 도시로 무작정 도주했을 것이다. 농민은 도시의 빈민이 됐을 것이다. 도시에 급증한 인구는 도시를 대책 없이 오염시켰을 것이다. 도시의 자연 정화 기능은 무너졌을 것이다. 도시에 증가한 인구만큼이나 쥐 떼도 들끓었을 것이다. 그 결과가 유럽 인구 태반이 죽는 페스트의 유행이었을 것이다. 이런 사실은 눈을 감고도 짐작할 수 있는 일이다. 당시 쥐떼는 중국에서 중앙아시아를 거쳐 건너간 것이라 한다. 쥐떼는 다른 곳에서는 유럽에서와 같은 참상을 일으키지 않았으니 그게 어디 자연의 문제이겠는가? 유럽의 페스트는 중앙집권화된 왕권, 그치지 않는 정복 전쟁, 가혹한 농민 착취가 낳은 비극이었다.

페스트로 죽든, 굶어 죽든, 창에 찔려 죽든 죽기는 매한가지이니, 이런 상황에서 농민은 살기 위해서는 무기를 들지 않을 수 없었을 것이다. 그게 바로 자케리의 난이었다.

왕권이 성장하고 중앙집권화가 발전하고 거대한 국가가 세워진다는 것은 한편으로 본다면 역사의 발전을 의미한다. 역사는 항상 직선적으로 발전하는 것은 아니다. 왕권의 중앙집권화와 더불어 착취도 중앙집권화하면 질병도 중앙집권화하고 마찬가지로 농민의 반란도 중앙집권화한다.


### 4) 종교 개혁

프랑스에 자케리의 난이 있었다면 영국에는 왓 타일러의 난이 있었다. 이건 1381년 일어났다. 왓 타일러의 난은 농민 반란이지만, 종교 운동이기도 하다. 왓 타일러의 난은 위클리프의 종교개혁 정신을 원동력으로 한다. 그들은 이렇게 외쳤다.

"아담이 밭을 갈고 이브가 베를 짤 때도 귀족이 있었는가?"[67]

어느 곳이든 왕권이 신장하면 그 역으로 농민 반란이 일어난다. 이 농민 반란을 매개하는 것이 종교 개혁이었다. 유사한 예를 서유럽을 벗어난 곳에서도 발견할 수 있다.

보헤미아 지방에는 슬라브 계통인 체코족이 거주했다. 체코족은 14세기 거대한 왕국을 수립했다. 카를루스 4세[68]는 보헤미아 왕이었으며 동시에 신성로마 제국의 황제가 됐다. 보헤미아의 영광을 건설한 것은 이 지역 농민의 부였다. 서유럽과 마찬가지로 이 지역도 농업 생산력이 발전했으며 이를 바탕으로 수공업이 일어나고, 상업과 국제 무역이 발달했다. 당시 보헤미아 왕국의 수도 프라하는 유럽의 3번째로 큰 도시였다. 프라하는 수공업과 상업과 금융의 중심지였다. 그 힘으로 왕권이 신장했고 거대한 제국이 세워졌다.

하지만 그만큼 농민과 시민이 가혹하게 착취됐다. 농민의 성장하는 의식을 바탕으로 위클리프의 종교개혁 정신의 영향을 받아 종교 개혁가 얀

---

67 · 왓 타일러(Walter "Wat" Tyler: ?~ 1381): 원래 지붕 수리공, 1381년 왕이 인두세를 부과하자 일어난 농민 반란의 지도자이다. 반란은 런던을 공략했고 왕은 반란군의 요구를 승인했다. 농민군이 해산된 이후 왓 타일러는 1381년 6월 15일 왕과 접견하던 중에 살해됐다. 인용된 말은 농민 반란에 참가한 목사 존 볼John Bol의 설교라고 한다.

68 · 카를루스 4세(Charles IV: 1316~1378): 그가 남긴 다리가 프라하의 유명 관광지 카를루수 다리이다.

후스[69]가 출현했다. 후스의 정신을 실현하기 위한 농민 반란이 일어났으니 그게 후스의 전쟁(1412~1434)이다.

역사를 보면 놀라운 일을 발견한다. 거대한 승리의 영광이 있는 곳에는 항상 가장 처참한 광경이 펼쳐졌다. 로마의 영광 밑에는 노예가 있었다. 고딕의 영광 뒤에는 페스트가 있었다. 그러나 또 역사는 발전하니, 역사는 살아 있는 생물이다.

---

69  얀 후스(Jan Hus :1369 ~1415) ; 보헤미아 신학자, 교회 개혁가. 그는 1415년 콩스탕스 종교 회의에서 파문되고 화형됐다. 그의 사후 그의 추종자들이 반란을 일으켰다. 1434년 온건파가 타협하면서 반란은 끝났다.

# 10절 세 가지의 길

## 1) 이행기

11~12세기 봉건 시대 생산력의 발전과 생산물 지대로의 변화, 농민과 도시의 성장에 기초해서 왕권이 신장했다. 그 결과가 12~13세기 고딕 문화이다. 거듭된 정복 전쟁 때문에 왕은 중앙집권화한 관료체제를 통해 농민과 도시를 쥐어짰다. 그 결과가 앞에서 언급한 대로 14세기 말 페스트와 농민반란이었다.

역사는 멈추지 않는다. 페스트가 지난 다음 서유럽은 서서히 인구를 회복했다. 혼란의 15세기를 지나 16세기 초에 이르면 서유럽에 새로운 체제가 등장했다. 이를 흔히 이행기의 체제라고 한다. 이 이행기를 거치면서 서유럽은 자본주의로 이행한다.

이 시기 서유럽에서 어느 나라에나 새로운 왕조가 들어섰다. 영국에는 1485년 튜더 왕조가 들어섰다. 유명한 엘리자베스 여왕이 튜더 왕조의 마지막 왕이다. 여왕의 경쟁자인 스코틀랜드 메리 여왕의 아들 제임스 1세가 엘리자베스 여왕을 계승하여 스튜어트 왕조를 열었다. 절대 왕 찰스의 폭정에 대항하여 1649년 크롬웰이 청교도를 이끌고 내란에서 승리하면서 영국은 부르주아 입헌 공화국이 됐다.

프랑스는 어떤가? 1453년 백년전쟁에서 최종 승리로 프랑스는 팽창했다. 프랑스 국내에서 왕과 끝까지 경합했던 부르군디 공국을 1482년 통합하면서 프랑스는 민족국가를 완성했다. 16세기 프랑스는 신교도의 내란에 부딪혔다. 1589년 신교도 나바르 왕국의 앙리 4가 가톨릭으로 개종하면서 프랑스 왕위를 계승하여(부르봉 왕조) 신교도와 국교도가 타협했다. 프랑스는 그 이후 장기간에 걸쳐 18세기 말까지 절대주의 체제로 나갔다. 프랑스가 부르주아 공화국이 된 것은 1789년 프랑스 혁명 때이다.

그럼 독일을 보자. 과거 독일의 중심축이었던 중부 독일에서는 봉건제가 약화하면서 이행기로 접어들었다. 그것을 반영하여 1517년 루터의 종교개혁이 있었다. 그러나 독일의 무게 중심은 이미 동부 변방으로 이동하는 중이었다. 오스트리아는 이민족과 대결하는 가운데 전비를 짜내기 위해 봉건적 착취를 강화했다. 그 때문에 농촌의 농민과 도시 부르주아의 성장은 위축됐다.

16세기를 지나가면서 독일은 두 축 즉 중부의 축과 동부 변방의 축이 충돌했다. 명분은 종교상의 대립이었다. 중부 축은 개신교를 지지했다. 동부 축은 구교를 지지했다. 두 축은 1618년부터 1648년까지 30년 종교전쟁에서 맞붙었다[70]. 이 전쟁에서 누구도 승리하지 못했다. 독일은 이 전쟁으

---

70 30년 전쟁은 중부 개신교 국가인 뷔템부르크 왕이 동부 보헤미아 왕을 겸임하게 되자 위기를 느낀 동부의 구교 국가 오스트리아가 이를 막으려 해서 발생했다.

로 분열되고 말았다. 1648년 베스트팔렌 조약에서 종교선택의 자유는 인정됐지만, 그 자유는 영주에게만 부여됐다. 신민은 영주가 선택한 종교로 강제로 개종해야 했다.

독일의 영주는 종교라는 금상첨화의 날개를 달았다. 그 덕분에 어느 국가든 봉건적 착취가 강화됐다. 독일은 끝내 자발적으로 자본주의 체제로 전환하지 못했다. 겨우 19세기 초에 이르러 나폴레옹의 침략으로 프로이센이 각성하면서 부르주아 체제로 나간다.


2) 이행의 요인

중세 내내 동행하면서 발전했던 세 나라가 왜 이 시기 서로 다른 길을 가게 됐는가? 엥겔스의 역사서인 『독일 농민전쟁』에서 도움을 받아 보자.

엥겔스는 이 책에서 자본주의로의 이행의 문제에 관해서 흥미로운 분석을 제시한다. 이행의 문제라면, 레닌이 후일 밑으로의 길과 위로부터의 길이라는 두 길을 제시한 적이 있다. 밑으로의 길은 영국과 프랑스에서처럼 인민 혁명을 통한 길이다. 위로부터의 길이란 프로이센(훗날 일본)에서 왕과 귀족이 시작한 자본주의적 개혁의 길이다. 앞에서 언급한 『자본주의 발달사』를 쓴 일본 경제학자 다카하시 고하치로도 레닌의 이론에 따라서 두 길을 나누었으며, 이는 동시에 일본의 자본주의화를 설명하려는 시도이기도 했다. 그런데 『독일 농민전쟁』에서 엥겔스는 자본주의로의 발전의 길을 세 가지 길로 나누었다. 즉 영국과 프랑스 그리고 독일의 길이었다. 길지만 인용해 보기로 하자.

"독일에서는.. 영국에서 봉건적 질서를 부르주아적 입헌군주제로 변화시킨 것과 같은 귀족과 도시의 동맹 가능성이 전혀 없었다. 독일에서는 구 귀족이 그대로 남아 있었지만, 영국에서는 그들이 장미전쟁을 통해 불과 28 가문을 남기고는 절멸했으며 중간 계급적 기원과 중간 계급적 제 경향의 신흥 귀족이 그 자리를 대치했다. 또 독일에서는 농노제가 그때까지도 여전히 일반적인 관행으로 남아있었으며 귀족은 봉건적 수입원으로부터 수입을 얻어내었다. 반면 영국에서는 농노제가 완전히 제거되어 귀족은 중간 계급적 수입원 즉 지대를 가진 단순한 중간 계급적 지주에 지나지 않게 됐다. 마지막으로 프랑스에서 루이 11세 이후 귀족과 중간계급의 이해 충돌이 독일에서는 불가능했다. 독일에서는 국민적 중앙집권의 제 조건이 거의 존재하지 않았으며 존재했다 하더라도 아주 원초적인 형태로만 존재했다."[71]

### 3) 독일과 영국, 프랑스의 차이

엥겔스의 글은 다음과 같이 정리할 수 있다. 영국의 경우 절대 왕권은 약했고, 상층 귀족은 상호 내전(장미 전쟁)으로 몰락했다. 상층 귀족을 대신한 하급 관료 또는 신흥 귀족은 도시 부르주아에 물질적으로 의존했다. 신흥 귀족과 도시 부르주아가 중심이 되어 왕권을 전복하면서 영국은 일찍 자본주의화됐다.

프랑스의 경우 절대 왕 아래 상층 귀족의 힘과 도시 부르주아의 힘이 대등했다. 그것이 곧 '귀족과 중간 계급의 충돌'이다. 이 충돌 때문에 두 힘의 조정자로서 절대 왕권이 유지될 수 있었다. 프랑스에서는 18세기 말에 이르러 혁명으로 도시 부르주아가 승리했다.

반면 독일의 경우 이행기 모든 소용돌이의 핵심이 되는 도시 부르주아가 결여했다. 동맹도 충돌도 불가능했다. 농민의 봉건적 수탈이 강화됐고,

---

71  엥겔스, 『독일 농민전쟁』, 위의 책, 92쪽

분산된 영방국가 때문에 단일한 통일 국가가 성립하지 못했다.

영국과 프랑스, 독일의 이행기 역사에 관한 엥겔스의 설명을 보면 공통된 키워드가 등장한다. 첫째는 농민과 도시 부르주아의 발전이다. 둘째는 프로테스탄티즘과 종교전쟁이다. 세째는 절대 왕권이다. 이제 이 세 가지 키워드를 가지고 자본주의로의 이행기 역사를 살펴보기로 하자.

# 11절 르네상스 시대

## 1) 피렌체

14세기 페스트의 악몽이 끝나고 근대로 이행하는 시대인 15~16세기의 역사를 들여다보자. 먼저 경제적인 측면에서의 변화부터 보아야 한다. 가장 눈에 뜨이는 것은 화려한 도시의 발전이다.

화려한 도시라면 피렌체를 예로 들어 설명할 수 있을 것이다. 그 화려함이야 더 설명할 필요가 없을 것이다. 피렌체가 일으킨 르네상스를 보면 금방 이해될 것이다. 그 정점에 로렌초 메디치의 지배(1469 시작)와 미켈란젤로의 미술, 피렌체의 아카데미가 있었다.

피렌체가 이렇게 갑자기 융성한 이유가 무엇일까? 피렌체는 자체 내에서 산업, 요즈음 말로 하자면 수출산업을 발전시켰다. 곧 견직물 산업이다. 피렌체 상인은 금융을 겸하면서 견직물 산업의 전주가 되어 이행기 자본주의 체제인 매뉴팩처를 주도했다. 피렌체는 피사라는 외항을 통해 지중해 및 대서양까지 무역을 전개할 수 있었다.

피렌체를 예로 들었지만, 이 시대 유럽 각 나라 사정이 유사했다. 곳곳에서 도시의 발전이 일어났다. 서유럽 3국 가운데 후진적이라는 조롱을 받는 독일도 예외는 아니었다. 『케임브리지 독일사』는 아우스부르크의 금융업자 푸거 집안을 소개한다[72]. 아우스부르크는 뉘른베르크와 더불어 중부 독일에 위치하여 한자동맹 도시의 중심이었다.

그는 14세기 직물업과 무역업에 종사하다가 금융업자로 전환했다. 그도 일종의 매뉴팩처 상인이었다. 그는 합스부르크 왕가에 전쟁 비용을 빌려주고 그 대가로 합스부르크 영지의 모든 광산을 독점했다. 그는 1519년 독일 선제후들이 합스부르크가의 칼 5세와 프랑스의 프랑스와 1세(이 두 사람은 이탈리아 북부를 차지하기 위해 소위 이탈리아 전쟁을 벌였다) 중에 선택해야 했을 때, 칼 5세는 약 85만 길더의 돈으로 선제후들을 매수했다. 이때 칼 5세는 약 54만 길더를 푸거 집안으로부터 빌렸다고 한다.

## 2) 매뉴팩처

이 시대 도시의 화려한 문명을 일으킨 장본인은 매뉴팩처였다. 매뉴팩처란 전대[前貸]제라 한다. 상인이 자본을 축적하여, 생산자에게 미리 자본을 빌려주어서 생산을 하게 하며, 그 물건을 자기가 판매하는 체제다. 전문적인 상인이 판매에 종사하면서 생산과 상업이 분리된다. 단골을 위해 주문생산하던 수공업자와 달리 매뉴팩처 상인은 이윤을 위해 생산하며, 그를 통해 상업은 인근 지역을 넘어서 도시 간, 지역 간 상업, 국제 무역으로 발전한다.

---

72 · 마틴 키친, 『케임브리지 독일사』, 유정희 역, 2001, 98쪽

매뉴팩처는 그 이전 단계 수공업과 구분된다. 수공업에서는 아직 분업이 발달하지 않아서 대규모 생산이 불가능했다. 반면 매뉴팩처는 내부적인 분업을 발전함으로써 대규모로 생산할 수 있었다. 매뉴팩처 내부는 과거 장인, 직인의 관계처럼 가부장적인 관계가 아니라 화폐를 매개로 하는 임노동의 관계이다. 매뉴팩처는 이미 초보적인 단계에서 기계를 도입하고 있었기에 노동자는 과거처럼 오래 훈련할 필요가 없었다. 매뉴팩처는 농촌에서 도시로 흘러온 유랑민을 값싸게 고용했다.

매뉴팩처는 처음 도시에서 내부 시장을 둘러싸고 동업조합과 충돌했다. 대규모 생산체제를 갖춘 매뉴팩처는 국제 시장을 둘러싸고 다른 나라의 매뉴팩처와도 충돌했다. 매뉴팩처는 봉건 영주, 성장하는 왕권과 결탁함으로써 특권적인 보호를 획득했다. 매뉴팩처는 구시대 토지 귀족의 자본을 포섭했다. 동시에 매뉴팩처는 금융(고리대) 자본이 됐으니, 사회의 새로운 중심이 됐다. 마르크스는 『독일 이데올로기』에서 매뉴팩처의 발전을 다음과 같이 서술했다.

"각 도시 사이의 분업의 직접적인 결과는 매뉴팩처의 등장...이었다. 외국과의 교류는 매뉴팩처가 융성하게 된 최초의 ...역사적 조건이었다. ...매뉴팩처는 상당한 인구의 ....집중을 전제로 하고 ...자본의 상당한 집적을 전제로 한다."[73]

### 3) 농업 생산력의 발전

매뉴팩처는 대량생산 체제이다. 이를 뒷받침하는 것은 대량 수요였다. 이전 시기 귀족의 사치품 수요와는 수준이 다른 수요가 필요했다. 귀족만

---

73 · 마르크스, 『독일 이데올로기, 105, 106쪽

이 아닌 새로운 수요층 즉 농민과 도시민이 수요층으로 등장해야 했다. 이들 대중의 일상적인 용품이 매뉴팩처의 생산 대상이 되어야 했다. 과연 이런 대규모 수요가 일어날 수 있었던가? 이 시기 물질적 토대를 보면 정말 엄청난 변화가 일어나기 시작했다는 것을 발견할 수 있다.

그 출발점이 되는 것은 농업 생산력의 발전이다. 이 시기 농업 생산력 발전의 원천은 어디에 있었는가? 전반적으로 황무지의 개간에 의해 경작지가 확대됐다고 한다.『옥스퍼드 영국사』에는 이 시대 말이 끄는 이륜 쟁기를 사용했다는 기록이 소개된다[74]. 또『케임브리지 프랑스사』는 이 시대 신대륙으로부터 옥수수가 들어왔다고 말한다[75]. 18세기 감자가 유럽에 들어온 것과 맞먹는 일일 것이다. 농업 생산력은 더디지만, 꾸준히 발전했을 것이다.

그 결과는 인구 증가를 통해 확인할 수 있다. 14세기 페스트로 유럽 인구가 1/3이 줄었다. 16세기 말에 이르면 유럽 인구는 페스트 이전의 수준을 회복하고 그 이후는 폭발적으로 증가했다.『옥스퍼드 영국사』는 잉글랜드의 총인구가 1525년 226만에서 1600년 410만이 됐다는 통계표를 제시한다.[76]

### 4) 화폐지대의 등장

이에 못지않게 주목해야 하는 것은 생산관계의 발전이다. 화폐가 일반

---

74 · 케네스 오. 모건,『옥스퍼드 영국사』, 265쪽, 여기서 1525년 작성된 존 피처버트의『농부를 위한 새로운 책』에 나오는 삽화가 인용된다.

75 · 콜린 존스,『케임브리지 프랑스사』, 방문숙 이호영 역, 시공사, 2001, 156쪽

76 · 케네스 오. 모건,『옥스퍼드 영국사』, 영국 사학회 역, 한울, 1997, 337쪽

화하면서 봉건적인 지대가 생산물 지대에서 화폐 지대로 전환하기 시작했다. 앞에서 『자본주의 발달사』라는 책에서 다카하시는 10세기 이후 노동(부역) 지대에서 생산물 지대로 이행하면서 생산력의 발전은 농민에게 이익이 됐다는 것을 설명했다. 이때 그는 생산물 지대를 넘어 화폐지대에 이르면 자본주의의 길이 열린다고 말했다. 그 화폐지대가 15세기를 거치면서 등장했다.[77]

상황은 농민에게 더욱 유리해졌다. 지대가 화폐로 고정되면 인플레이션일 일어날 때 현물을 가진 농민이 그만큼 유리하게 된다. 이 시기 남미에서 은이 도입되고 군주는 조악한 화폐를 만들고 게다가 인구가 급증하니 수요가 넘쳐 엄청난 인플레가 일어났다. 인플레는 영국, 프랑스, 독일의 역사가들이 모두 공통으로 언급한다. 『옥스포드 영국사』는 구체적 수치를 제시한다. 1451년 가격지수가 102라 하면 1610년 가격지수는 503이다[78].

인플레이션을 통해 이익과 손해가 분명해진다. 화폐지대는 현물을 가진 농민에게는 웃음을, 화폐지대로 살아가는 지주에게는 분노를 일으켰다. 화폐지대는 제조업을 하는 도시 부르주아에는 행운을, 곡물을 사 먹어야 하는 도시 빈민에게는 죽음을 선사했다.

농민에게 잉여가 축적되자, 이것이 농업 기술을 증대하는 데 사용되고 더 발전된 생산력을 통해 농민은 더 확대된 잉여를 축적했다. 동시에 농산

---

77　역사적으로 볼 때 이 시기는 조선이 대동법을 실시하던 시기와 시기적으로나 현상적으로도 유사하다. 쌀이 일종의 화폐였으니, 대동법은 생산물 지대였던 공물을 화폐지대로 전환한 것이다. 그 이후 조선에도 새로운 발전이 일어났다. 상업이 발전했다. 조선 후기 영, 정조 시대의 르네상스가 그 결과일 것이다.

78　케네스 오. 모건, 『옥스퍼드 영국사』, 267쪽

물의 상품화(와인 제조업, 양모 등 원료 산업)가 전개되기 시작했다. 이런 과정을 통해 농촌과 도시에서의 교환이 발전했다. 그것뿐만 아니다. 농촌과 도시의 교환은 도시 간 분업을 촉진하여 도시 간 교환을 발전했다.

농산물의 상품화가 일어나자, 귀족도 여기에 뛰어들었다. 그들은 자신의 토지를 직접 경영하면서 산업을 위한 원료 제품을 생산했다. 그 덕분에 귀족의 토지를 경작하던 농민은 추방되어 도시로 유랑했다. 대규모 농민 추방이 일어난 것이다. 이 추방된 농민은 매뉴팩처의 임금 노동자로 전락하면서 도시의 인구 역시 급증하게 됐다.

이전 시기 국제 무역이란 지중해 무역에 제한됐고, 귀족의 사치품에 한정했다. 이제 도시 간 교환이 발전하면서 국제 무역이란 도시 간 분업의 발전을 의미했다. 과거의 상업이 점과 점을 잇는 선에 불과했다면 지금의 상업은 농촌과 도시, 도시와 도시, 유럽과 식민지, 아시아를 잇는 입체적인 공간이 됐다. 그런 복잡한 매개의 고리에 매뉴팩처가 존재했다.

### 5) 변방의 의미

농촌의 광범위한 지역에서 일어난 발전은 도시를 키울 만큼 충분했다. 도시에서는 농업적 생산력과는 구별되는 새로운 생산력이 발전하기 시작했다. 과학 기술적인 발전은 획기적이었다. 매뉴팩처라는 기계의 도입을 촉진했으니, 이를 통해 생산력이 더욱 증대했다. 도시는 농촌을 추월하면서 새로운 생산관계, 즉 자본주의 체제로 이행을 가속했다.

여기서 생산관계의 이행의 문제와 연관하여 또 하나의 흥미로운 사실을 접하게 된다. 로마의 변방인 속주에서 봉건제가 출발했다. 중세 봉건제는 농촌이 중심이다. 농촌의 변방인 도시에서 새로운 자본주의가 발전한다. 이것이 마르크스가 말하는 내재적 발전의 구체적 예이다. 내재적 발전은 이렇게 변방에서 일어난다. 그 변방이란 지역적 의미(로마의 변방 = 속주)이기도 하지만, 동시에 장소적 의미가 되기도 한다(농촌의 변방 = 도시). 내재적 발전이란 한 지역, 한 장소가 지속해서 자기를 새로운 것으로 발전시킨다는 것이 아니다. 내재적 발전이란 이렇게 변방에서 일어나는 발전을 의미한다. 그것은 거꾸로 말하자면 변방이 발전하면서 중심은 몰락한다는 말이 되니, 이런 내재적 발전은 단절과 연속을 동시에 포함하는 말이다.

농민의 성장과 도시 부르주아의 발전은 새로운 사유를 발전했다. 그 사유가 곧 개신교의 종교혁명이었다. 다음에는 유럽의 프로테스탄티즘(신교) 혁명을 살펴보기로 하자.

# 12절 루터의 종교 혁명

## 1) 미켈란젤로

15~6세기를 지나면서 서유럽 모든 나라에 걸쳐 생산력이 발전하고 현금 지대를 통해 농민 수중에 잉여가 축적됐다. 이를 바탕으로 도시가 발전하고 농촌과 도시, 도시와 도시, 유럽과 지중해 전체의 교역이 증가했다.

봉건 사회 유럽에서 중심은 농촌이다. 도시는 봉건 사회에서 변방이었다. 농촌에서 점진적으로 일어난 변화는 도시에서 집약적으로 표현됐다. 농촌에서 변화는 봉건제의 내적인 변화이었지만, 도시에서의 변화는 이미 봉건제를 넘어서는 변화이었다.

고릴라의 구부정한 걸음걸이를 생각해 보자. 그 걸음걸이는 과거의 눈으로 보면 동물이 지닌 민첩함을 잃어버린 불구였다. 미래의 눈으로 보면 그 구부정함 속에서 인간의 직립보행이 출현한다. 마찬가지이다. 봉건제의 눈(중세 기사도)의 눈으로 보면 도시는 음모와 빈민과 사창가와 페스트가 사는 고질 지역이었다. 다가오는 이성의 눈으로 보면 도시는 새로운 자본주의 문화가 싹트는 곳이었다.

이 도시에서 새로운 문화가 출현했다. 그게 이탈리아의 도시 국가에서 시작한 르네상스였다. 르네상스는 인간의 욕망과 합리적 이성을 긍정했다. 중세 도덕과 신앙은 무너졌다. 군주는 솔직하게 야망을 인정했고 시민은 육체적 욕망에 몸을 맡겼다. 군주와 시민은 계산적 이성을 가동했다.

그러나 르네상스는 아직 중세를 벗어나지 못했다. 르네상스의 인간은 자신의 야망과 욕망을 두려워했다. 르네상스인은 신의 처벌로 지옥에 떨어져 유황불 속에 영원히 지글지글 타는 두려움에 떨었다. 르네상스인이 지닌 이중적 측면은 미켈란젤로의 조각에서 잘 드러난다. 미켈란젤로가 시스틴 성당에 그린 그림의 중심에는 단호하게 심판의 칼을 내리는 거대한 예수의 모습이 그려져 있다. 미켈란젤로가 말년에 남긴 피렌체의 피에타상은 구원을 갈망하는 인간의 눈물로 덮여 있다. 이 모두는 다가올 신의 처벌 앞에 르네상스인이 느끼는 두려움을 표현한다.

### 2) 루터와 칼뱅

15세기를 지나면서 성장한 농민과 도시 부르주아도 이중적이기는 마찬가지였다. 그들은 영악한 이성으로 인플레의 시대를 지나면서 부를 쌓았다. 그들에게도 심판의 날 신의 처벌에 대한 두려움이 남아있었다.

이 시기 루터가 등장했다. 그는 구원은 율법을 지키려는 노력에 의해서가 아니라 믿음을 통해서 얻는다는 바울의 주장을 부활했다. 그는 1517년 교황이 베드로 성당을 개축하기 위해 발행한 면죄부를 비난하면서 종교개혁의 길로 들어갔다. 루터의 주장은 곧 더 강력한 종교 개혁으로 발전했다. 칼뱅의 프로테스탄티즘이다. 칼뱅은 루터로부터 시작했다. 루터는 미사를 페지하는 데 주저했지만, 칼뱅은 단호하고 철저하게 미사를 페기했다. 칼뱅은 교회 벽을 장식하는 성인, 유물, 우상을 주저 없이 파괴했다.

여기서 종교개혁의 사상적 의미에 관해서는 논하지 말자. 한 가지 확실한 것은 신교가 농민과 도시 부르주아의 양심을 달래주었을 것은 틀림없다. 아무리 욕망에 몸을 맡기고 사악하게 돈을 벌어도 믿음만 가지면 구원을 얻기 때문이다. 중요한 것은 역사적 의미이다. 광범위한 농민과 도시 부르주아가 새로운 종교를 열렬하게 받아들였다. 일부 제후와 많은 하급 기사도 신교를 받아들였다. 후자는 역사의 변화 요인이 되지 못한다. 전자가 역사의 변화 요인이다.

왜 농민과 도시 부르주아가 신교를 받아들였는가? 엥겔스는『독일 농민전쟁』에서 이 시기 종교전쟁은 곧 계급전쟁이었다고 단언한다.

> "정치학과 법률학을 비롯한 모든 학문이 신학의 일 분야로 남아 있었고 신학에서 널리 적용됐던 제 원칙에 따라 취급됐다......이상과 같은 제 조건 하에서 ......기존의 사회 제 조건을 공격하기 위해서는 이것이 쓰고 있던 천상의 외관을 벗겨버려야 했다."[79]

모든 사회적 지배가 종교 원리로 정당화됐으므로 저항은 종교 원리를 비판하면서 일어나지 않을 수 없었다. 농민과 도시 부르주아는 교회 비판과 사회 비판을 일치시켰다. 원시 기독교의 평등으로부터 시민의 평등과 재산의 균등에 대한 요구가 도출됐다. 종교는 봉건 사회 비판 운동에 새로운 표현 수단을 제공했다. 중세 봉건제에 대한 저항은 다양한 이단 종교 운동으로 나타났다. 루터의 종교 개혁 이전에도 보헤미아에서는 후스가,

---

79  엥겔스,『독일 농민전쟁』, 위의 책, 56쪽

영국에서는 위클리프가 등장했다. 이런 흐름의 끝에 16세기 초 루터와 칼뱅의 종교개혁이 일어난 것이다.

### 3) 영국과 프랑스 독일

종교 개혁의 경과는 나라마다 달랐다. 이는 그 나라의 절대 왕권의 힘과 밀접하게 연관되어 있다.

영국의 경우 퓨리턴[80]은 엘리자베스 여왕 시절 순조롭게 발전했다. 결국 1649년 크롬웰의 혁명으로 결정적인 승리를 거두었다. 크롬웰의 혁명은 퓨리턴 혁명이다. 그것은 농민과 도시 부르주아의 승리였다.

프랑스의 경우는 조금 다르다. 서부 해안에 걸쳐 존재한 나바르 왕국의 개신교 왕 앙리(부르봉가)가 프랑스 왕(발루아가)의 여동생 마고와 혼인했다. 신, 구교 화해의 상징으로 두 사람이 혼인하는 성 바톨로메오 날에 신교도 학살이 일어났다. 마고의 도움으로 목숨을 구한 나바르 왕은 구교로 개종하면서 우여곡절 끝에 구교의 프랑스 왕위(앙리 4세)를 계승했다. 그는 1598년 4월 낭트 칙령을 반포하여 개신교를 허용했다. 그 이후 루이 14세는 신교도의 최후 거점인 대서양 항구 라로셸을 장악하면서 프랑스를 구교로 통일시켰다.

구교가 국교화됐더라도 개신교를 믿는 도시 부르주아의 세력은 괄목상대할 정도가 됐다. 프랑스 절대군주는 도시 부르주아와 동맹을 맺었다. 중상주의 정책으로 부르주아의 환심을 샀다. 프랑스 부르주아는 개신교를

---

80  퓨리턴이란 헨리 8세가 세운 국교(성공회)의 개혁이 불완전하다 해서 더 철저하게 구교를 청산해야 한다고 주장했다. 금욕적이라는 의미가 아니라 철저한 개혁이라는 의미에서 퓨리턴이라 한다.

버리고 절대군주의 보호 아래 부의 성장을 선택했다.

독일의 경우 루터의 종교개혁 이후 1525년 발생한 농민전쟁은 실패로 돌아갔다. 그 이후 약 1세기에 걸쳐 전개된 독일에서 신교 영주와 구교 영주 간의 대립이 심화했다. 신교 영주는 주교의 영지와 수도원 재산을 탈취해 권력을 강화했다. 1648년 30년 전쟁으로 종교전쟁은 양편의 현상 유지로 끝났다. 종교의 선택은 지역의 영주가 결정했다. 영주가 개종하면 국민도 개종해야 했다. 루터 이후 100년에 걸친 전쟁의 끝은 참담했다. 신교 국가이든 구교 국가이든 상관없이 착취가 강화됐다. 농민은 농노의 처지로 전락했다. 내전 상황에서 상업적 교역이 봉쇄됐다. 이미 동부 변방에서는 농노제가 강화됐으나 종교 전행 이후에는 독일 중부에서도 농민과 도시 부르주아는 파멸하고 말았다.


5)결론

간단하게 종교전쟁의 결과를 요약해보자. 어느 나라든 농민과 도시 부르주아는 개신교를 택했다. 하지만 나라마다 차이가 생겨났다. 영국은 개신교 및 부르주아 국가가 됐다. 프랑스는 가톨릭 국가가 됐다. 부르주아는 개신교를 버리고서 대신 부를 택했다. 독일은 종교를 영주가 선택했다. 여기서는 개신교도든 구교도이든 가혹한 착취 아래 신음하기는 마찬가지였다. 도시 부르주아는 사라지고 봉건 농민만 남았다.

생각해보면 뭔가 이상하다. 출발점에서 개신교는 사회 변화의 원동력이 됐다. 그 결과는 종교와 상관없이 됐다. 영국과 달리 프랑스나 독일의 경우 종교와 사회는 괴리된 것이다. 그 원인은 무얼까? 절대 왕권이 지닌 힘이 나라마다 달랐기 때문이 아닐까?

# 13절 절대주의

## 1) 상비군

중세를 거쳐 가면서 각 나라의 군주는 중앙집권을 강화하고 영토를 확장했다. 일상화된 전쟁에서 승리하기 위해서는 새로운 군대가 필요했다.

봉건 시대 군대란 대개 전쟁 시기에 귀족이 자기 영지의 농민을 소집해서 만든 농민군이었다. 왕권이 강화되면 귀족 대신 왕명으로 소집된다. 농민군은 대개 전쟁 시기에 소집되지만, 조금 더 발달하면 평시에도 소집되면서 훈련과 방어를 수행한다. 조선 시대 부병제[府兵制][81]와 같은 것이 대표적이다.

일상화된 전쟁은 새로운 군대를 낳았다. 15세기 이후 서유럽에서는 새로운 형태의 군대가 출현했다. 우선 용병이 등장했다. 용병은 전쟁 전문 기

---

81  수나라에서 시작되고 당나라에서 완성된 군역 제도이다. 조선 시대에도 적용됐다. 근본적으로 병농 일치 제도이며 균전제, 관료제와 상호 연관되어 있다.

술자이다. 대가를 받으므로 직업군인이다. 용병은 전쟁 기간 편성되지만, 전쟁이 끝나면 일단 해산된다. 용병으로부터 한 걸음 더 나가면서 상비군이 출현했다. 상비군은 용병처럼 대가를 받는 직업 군인이었지만, 장기간에 걸쳐 해산되지 않고 유지된다.

농민군에서 용병으로 다시 상비군으로 가면서 전투력이 증강할 것은 틀림없다. 상비군은 오늘날의 상비군인 국민군과도 다르다. 국민군이 자기 민족으로 이루어져 있지만, 상비군은 국적을 가리지 않았다. 상비군은 국민군보다 용병에 더 가깝다. 상비군은 야심과 돈 때문에 근무했을 뿐, 국민군처럼 조국을 지키려는 열성은 없었다.

15~16세기 전쟁은 주로 용병이 지배했다. 이 시대 프랑스에선 상비군이 형성됐다. 100년 전쟁 끝에 샤를 7세가 1420년대에 처음 구성했다고 한다. 샤를 7세 때에는 기병만 있었으나 그를 계승한 앙리 2세 때에는 보병 상비군도 출현했다. 16세기 초 피렌체 공화국에서 활약한 마키아벨리는 외교 사절로 프랑스 왕궁에서 상비군을 목격했다. 그는 상비군의 힘에 주목했다. 그는 돌아가 피렌체에도 상비군을 조직했으며 피렌체는 이 힘으로 피렌체의 외항이자 속국인 피사의 반란을 제압할 수 있었다.

프랑스에서 시작된 상비군은 17세기에 들어와 영국에도 출현했다. 크롬웰이 만든 '신군[新軍]'이 이런 상비군이다. 청교도 혁명 중 신군은 무려 50,000명에 이르렀다. 반면 17세기 30년 전쟁 기간 중에서도 독일은 상비군이라는 개념을 몰랐다. 이 전쟁에서 독일의 모든 군주는 용병을 이용했다. 18세기 들어와 프로이센에서도 상비군이 조직됐다. 프로이센 군대의 명성은 상비군 체제 덕분이었다.

2) 절대주의

용병이든 상비군이든 과거 농민군과 달리 엄청난 전비가 필요했다. 이때부터 왕의 최고 일은 전비를 마련하는 일이었다. 왕은 이용할 수 있는 모든 곳에서 전비를 짜냈다. 왕은 고리대로 전환한 금융 부르주아로부터 돈을 빌렸다. 왕국의 재산(광산 등)이 담보였다. 영국의 엘리자베스 여왕은 자기 영지를 팔아서 전비를 마련하기도 했다.

대부분 왕은 도시 부르주아와 자영 농민에게 전쟁을 위한 특별세를 걷었다. 이를 걷기 위해서는 왕은 그들의 동의를 얻어야 하니, 이때부터 왕은 제3신분이 참여하는 신분회의(삼부회: 귀족, 승려, 부르주아)를 소집했다. 제3신분인 자영 농민과 도시 부르주아는 동의의 대가를 요구했다. 신분회의가 세금 징수에 주저하면 왕은 삼부회를 아예 소집하지 않았다. 왕은 강제로 세금을 징수했다. 전쟁이 가장 중요한 빌미가 된다. 전쟁 기간은 왕이 제3신분의 동의 없이 세금을 징수할 수 있었다. 왕은 전쟁으로 강화된 무력을 바탕으로 전쟁 이후에도 세금을 강제로 징수했다. 이렇게 되면서 유럽에 절대주의가 등장한다.

절대주의는 단순한 중앙집권적 관료조직을 의미하지 않는다. 이런 관료조직은 이미 10~14세기 지나가면서 영주가 몰락하고 하급관료가 등장하면서 성립했다. 절대주의가 성립하려면 두 가지가 필요하다. 하나는 왕이 독단적으로 지배하는 무력으로서 직업군(용병 또는 상비군)이다. 상비군 때문에 왕은 누구도 넘볼 수 없는 존재가 됐다. 두 번째가 직업군을 지탱할 수 있는 비용이다. 왕이 신분회의의 동의 없이 세금을 징수할 수 있는 능력이 되면 절대 왕이 된다. 직업군과 자의적 세금부과, 이 두 가지가 절대주의의 알파와 오메가이다.

### 3) 영국과 프랑스

앞에서 영국과 프랑스, 독일 세 나라에서 농민과 도시 부르주아, 신교가 성장했으나 각기 갔던 길은 달라졌다고 했다. 그것은 각 나라에서 절대왕권의 힘이 다른 영향을 미쳤기 때문이다.

영국의 경우 절대군주는 없다고 해도 과언은 아니다. 영국은 엘리자베스 여왕 시절 해군만 상비군을 운영했다. 육군은 농민군 체제를 유지했다. 영국의 왕은 전비를 마련하기 위해서는 신분회의의 동의를 얻으려 했다. 찰스 1세가 신분회의의 동의 없이 세금을 징수하려다 부르주아의 반란으로 전복됐다. 그것이 크롬웰의 청교도 혁명이었다.

영국의 왕권이 취약한 이유는 어디에 있었는가? 프랑스와 백년전쟁으로 왕권의 지반인 프랑스 영지 대부분을 상실했던 것도 이유가 될 것이다. 게다가 엘리자베스 여왕 시기 스페인과의 대결 이후 영국은 대륙의 왕조 전쟁이 벌이는 소용돌이로부터 떨어져 있었다. 전쟁이 없으니 왕은 상비군을 설치할 명분이 없었다. 왕권의 절대화가 이루어지지 않았다. 백년전쟁에서 패배는 영국에게는 오히려 행운이었다. 덕분에 영국은 순조롭게 청교도 혁명과 부르주아 혁명을 수행할 수 있었다.

프랑스를 보자. 프랑스는 백년전쟁에서 승리했다. 곧이어 프랑스는 합스부르크 제국과 대결했다. 16세기 초반에는 이탈리아 전쟁을 펼쳤으며, 17세기는 독일의 30년 전쟁에 뛰어들었다. 전쟁을 거쳐 가면서 프랑스는 우세한 상비군을 갖추었다. 프랑스의 절대 군주는 전쟁 이후로도 강제로 전비를 징수했다. 프랑스야말로 절대주의 체제의 모범이었다. 그 힘으로 프랑스에서 종교전쟁은 왕권과 가톨릭의 승리로 끝났다.

프랑스의 경우 절대 군주가 벌인 전쟁은 항상 해외에서 일어났다. 프랑스는 백년전쟁 이후 직접 침략받은 적이 없다. 프랑스의 전쟁은 항상 대외 팽창 전쟁이었다. 그런 한에서 절대주의 체제는 긍정적인 역할을 했다. 절대주의 체제 아래 프랑스 국내 지역의 다양한 교역 장벽이 철폐됐다. 절대군주는 중상주의 정책으로 교역과 산업을 발전했다. 그 덕분에 절대주의 시대 프랑스에서는 도시와 교역과 부르주아가 흥청거렸다. 프랑스 도시 부르주아와 농민은 개신교를 포기하고 절대주의 아래 부를 선택했다. 프랑스에서는 절대군주를 통해 귀족과 도시 부르주아가 불륜의 동맹을 맺었다.

절대주의의 강제 아래 성장한 농민과 도시 부르주아는 언젠가는 절대주의를 깨고 나올 수밖에 없었다. 단지 시간이 좀 걸렸다. 18세기 말 프랑스 대혁명에 이르러 프랑스는 정치적으로도 자본주의 체제가 됐다.


### 4) 독일의 분열

독일의 경우는 그 역사를 보는 사람조차 참담하다. 독일은 계속해서 이민족의 공격에 시달렸다. 서유럽(이 경우 기독교 지역을 의미한다)의 변방이라는 지리적 조건상 불가피했다. 15세기 보헤미아, 16세기 헝가리, 17세기 튀르크가 쳐들어왔다. 전쟁을 거치면서 보헤미아, 헝가리, 이탈리아 북부를 포함하는 거대한 합스부르크 제국이 세워졌다. 제국의 영광이었다.

그 결과 한편으로 독일의 힘은 분산됐다. 한자동맹 도시들이 발전한 독일 중남부 축과 새로운 제국의 중심이 된 동부 변방의 축이 대립했다. 루터의 종교 개혁 이후 1648년 베스트팔렌 조약까지 약 100년간 두 축은 종교전쟁의 이름으로 쟁패했다. 대외 전쟁과 동시에 일어난 내전의 결과는 참혹했다. 제국의 영광이 독일을 파괴할 줄은 독일인 자신도 몰랐을 것이다.

독일 영주는 신교 국가든 구교 국가든 상관없이 용병을 고용했으며 세금을 자의적으로 결정하는 절대군주가 됐다. 지방의 영방국가를 중심으로 지역적으로 중앙집권화된 국가를 형성했다. 그러나 독일은 영국이나 프랑스와 같이 민족 통일국가를 형성하지는 못했다. 이 점은『독일 농민전쟁』에서 엥겔스가 증언하고 있다.

> "독일의 정치적 중앙집권화는 각 지역에 따라 그리고 순전히 지방 중심지를 중심으로 하여 다양한 이해관계를 무리 짓는 데에만 성공했다."[82]

### 5) 봉건제의 강화

다른 한편으로 전쟁은 교역을 파괴했다. 15세기 내내 독일이 자랑하던 교역, 도시, 부르주아, 한자동맹이 모두 파괴됐다. 전후에도 각 군주국이 자기 영토에 쌓은 지역 장벽으로 발전은 불가능했다.

도시와 부르주아가 사라지니 가혹한 세금은 농민의 어깨에 집중됐다. 독일 영방국가들은 봉건제를 강화하여 농민을 구속했다. 독일 전역에, 특히 동부 변경 지역에는 부역 노동이 부활했다. 부역 노동의 성격은 변화했다.

과거 부역노동은 생산력이 낮은 단계에서 봉건적 착취를 위한 수단이었다. 반면 합스부르크 제국이나 기타 영방국가 아래서 봉건 귀족은 부역 노동을 이용해 영지를 직접 경영하는 데 전념했다. 봉건 귀족은 상품화된 작물을 생산했다. 생산된 곡물과 원료는 영국이나 프랑스 등 산업화한 지역으로 수출됐다. 부역노동과 상품 작물의 재배, 이런 방식으로 토지를 직접 경영하는 귀족을 융커라고 한다.

---

82 엥겔스,『독일 농민전쟁』, 위의 책, 43쪽

부역 노동을 통해 농민에 대한 착취가 강화되고, 획득된 농업 이윤은 봉건 귀족의 손으로 넘어가고 농민의 부르주아화는 퇴보한다. 봉건 귀족이 상품 작물을 생산하더라도 이것은 해외 시장에 판매되니, 독일 내부의 상업은 발전하지 않았다. 그 결과 도시의 성장도, 도시 부르주아의 정치적 힘도 사라졌다. 그 덕분에 앞에서 엥겔스가 말했듯이 독일에는 도시 부르주아와의 동맹도 충돌도 없었다. 이를 반[半]봉건제라 할만하다.

그 모습은 꼭 일제 시대 식민지 반봉건제와 닮았다. 식민지에서 농업은 소작제, 가혹한 고리대 착취를 이용하면서 농민을 쥐어짰으며 본국의 자본주의 공업을 위해 식량과 원료를 공급했다. 농업의 이윤이 증대되더라도, 그 이윤은 식민지에 재투자되지 않았고 식민지 자본주의 발전의 토대가 되지도 못했다.

## 6) 자본주의로 전환

17세기 이후 독일은 반봉건제로 복귀했지만 영국과 프랑스는 자본주의 체제로 전환한다. 그 과정을 살펴 보자.

결정적인 것은 공장 체제의 출현을 들 수 있다. 이미 매뉴팩처 속에 공장 내 노동분업을 통해 원시적인 기계가 도입되고 있었다. 매뉴팩처는 대량 생산을 더욱 강화하기 위해 근대 역학에 기초한 기계를 도입하기 시작했다.

이는 한편으로 마르크스가 『독일 이데올로기』에서 강조한 것처럼 신대륙이 발견되고 대서양 무역 등 국제 무역이 발전한 것에 영향을 받았다고 하겠다. 그만큼 수요가 증가했다는 뜻이다. 다른 한편으로는 엥겔스가 『독일 농민전쟁』에서 강조한 것처럼 이행기 시대 일어났던 과정이 가속화한 결과이다. 다시 말하자면 농업생산력의 발전으로 화폐 지대가 도입되고 농민에게 잉여가 축적되면서 농촌의 산업화, 매뉴팩처의 발전, 도시 간 지역 간 교환의 발전이 일어났다. 이런 과정이 누적되어 더욱 가속했다. 이런 발전이 대량생산을 위한 기계의 도입을 촉진했다.

원인이 어디에 있든, 역학적 기계가 도입되면서 매뉴팩처 자본에 대항하여 산업자본이 세력을 획득하기 시작했다. 매뉴팩처 자본은 특권을 획득하기 위해 절대 왕권에 종속했지만 산업자본은 자유로운 생산과 판매가 필요했다. 이를 위해서는 왕권이나 영주의 특권과 부딪히지 않을 수 없었다. 그 결과 봉건 체제가 몰락하게 된 것이다.

# 14절 아시아적 생산양식

## 1) 역사법칙에 대한 비판

앞에서 유럽의 전자본주의 체제 즉 고대 노예제, 중세 봉건제를 살펴보았다. 마르크스의 역사 발전법칙을 논할 때 빼놓을 수 없는 문제가 아시아적 생산양식의 문제이다. 이 개념은 마르크스 역사 발전법칙에 대하여 근본적인 의문을 제기한다.

마르크스의 역사법칙은 단계적인 발전법칙이다. 그 역사 단계는 일반적으로 5단계로 구분된다. 이 법칙은 동서양에 걸쳐 어디서나 등장하는 보편적 역사법칙이다. 마르크스의 역사 발전법칙에 관한 비판도 많았다. 아시아적 생산양식 논쟁이 그런 비판 중의 하나이다. 서구 역사에서 발견된 법칙을 아시아 역사에 그대로 적용할 수 없지 않을까? 아시아의 경우 역사는 단계적으로 발전하기보다 정체하거나 아니면 비약적으로 발전할 수 있지 않을까? 이런 비판을 연구하는 것은 마르크스의 역사 발전법칙을 이해하는 데 반면교사가 될 것이다.

## 2) 역사의 단계적 발전

아시아적 생산양식 개념은 마르크스가 직접 사용한 적이 있다. 마르크스의 이 개념은 오해를 낳았다. 먼저 그 경위를 정리해 보자.

마르크스『독일 이데올로기』라는 책에서 소유 형태의 변화를 논하면서 소유의 여러 형태를 제시했다. 그 가운데 마르크스는 '고대적 공동 소유 및 국가 소유'를 언급했다. 그 의미는 아래 구절을 통해 분명하게 드러난다.

> "제2의 형태는 고대적 공동 소유 및 국가 소유이다. 이것은 계약 또는 정복에 의해서 몇몇 부족이 하나의 도시로 통합되면서 출현했고 거기에는 여전히 노예제가 존속했다. 공민은 자기들의 공동체 내에서만 노동 노예를 지배할 권한을 가졌는데 바로 이런 이유에서 그들은 이미 공동 소유 형태에 속박된 것이나 다름없었다. 공동 소유는 노예들과 대립적 상태에 있으면서 이러한 자연발생적 연합방식에 머물 수밖에 없었던 유권[능동] 공민들의 공동체적 성격을 띤 사적 소유에 불과했다."[83]

여기서 공동 소유란 고대 노예제 시대 소유에 대한 설명이다. 이 시대 시민의 사적 소유와 공동체의 소유는 공존했다. 이 공동 소유는 국가의 소유를 말하며, 이것은 모든 시민이 참가할 권리를 지닌 소유이다. 시민이 참여한 전쟁을 통해 얻은 약탈물, 전쟁 노예, 국가가 경영하는 광산과 수공업과 농장의 이익이 공동 소유에 속한다. 이 소유의 형태는 나중에 언급

---

83  Karl Marx,『독일 이데올로기』, 김대웅 역, 두레, 2015,  55 쪽

되는 아시아적 생산양식과는 무관한 것이다.

그 뒤 『자본론』을 작성하기 직전 예비적으로 서술한 『정치경제학 비판』(1859년, 미완성 수고)이라는 책 「서문」에서 역사 단계가 다시 언급된다. 여기서 처음 아시아적 생산양식(또는 사회구성체)이라는 개념이 출현한다.

" ..... 크게 보아서 아시아적, 고대적, 봉건적 및 근대사회적 생산양식은 경제적 사회구성체가 전진하는 계기로서 묘사될 수 있다."[84]

문맥상 이 구절에서 아시아적 생산양식이라는 개념이 무엇인지는 분명하다. 마르크스는 이전에는 '부족적 소유'라고 했던 것을 '아시아적 생산양식'이라는 말로 대신했다. 둘 다 공동체적 소유를 의미하기 때문이다.

마르크스는 같은 책에서 '자연발생적 공동체적 소유제'에는 '슬라브적, 러시아적 형태'나 '아시아적 특수하게 인도적인 형태'가 존재한다고 말한다. 러시아적 원형은 유럽(로마, 게르만, 켈트)에서 발견된다. 그보다 완전한 원형은 아시아적 원형이다. 그는 이것으로부터 '로마적 및 게르만적 사적 소유제'가 발생한다고 말한다.

"최근 유포된 우스꽝스러운 편견 중의 하나는 자연발생적인 공동체적 소유의 형식은 특별히 슬라브적인 형식이거나 아니면 전적으로 예외 없이 러시아적인 형식이라는 견해이다. 러시아적 형식은 우리가 로마나 게르만, 켈트

---

84 · Karl Marx, Zur Kritik der politischen Ökionomie(1859), MEW 13, Dietz Verlag 1961, S. 9

에서 입증할 수 있는 원형이다. 그러나 그런 원형의 완전한 견본은 여러 시험판을 통해 인도에서 더욱 항상 발견될 수 있다. 아시아적 공동체적 소유 특히 인도적 공동체 소유에 관하여 더 정확하게 연구해 보면, 자연발생적인 공동체적 소유의 다양한 형태에서 다양한 형태의 해결책이 발생한다는 것이 입증될 것이다. 예를 들면, 인도적 공동 소유의 여러 형태로부터, 로마적 및 게르만적 사적 소유의 여러 원형이 도출될 수 있다."[85]

결론적으로 마르크스가 아시아적 생산양식이라고 할 때 그 의미는 공동체적 소유이다. 그 뒤 마르크스의 저서에서 '부족제', '아시아적'이라는 말은 사라지고, 주로 (원시) 공동체적 소유라는 개념을 사용했다.

### 3) 비트포겔

마르크스가 사용했던 '아시아적 생산양식' 개념을 20세기 초 일단의 마르크스주의자들이 오인했다. 그 때문에 실천적인 혼란이 발생했다. 1927년 4월 중국에서 일어난 장개석의 쿠데타를 둘러싸고 1928년 6차 코민테른 대회에서 일대 논쟁이 벌어졌다. 논쟁의 초점은 중국혁명이 부르주아 혁명단계인가, 민족 부르주아와 연합을 계속할 것인가 하는 문제였다. 이 논쟁 중 일단의 마르크스주의자들이 아시아적 생산양식 개념을 부활했다. 비트포겔[86] 등이 그들의 대표자이다.

---

85 Karl Marx, Zur Kritik der politischen ÖKnomie, ibid, S. 21 주.

86 비트포겔(Karl August Wittfogel：1896~1988)；독일계 미국 작가, 역사가 그리고 중국학자이다. 원래 마르크스주의자였으나, 2차 세계대전 이후에 반공산주의자가 됐다. 대표 저서는 『동양사회의 이론Die Theorie der orientalischen Gesellschaft』(사회연구년보Zeitschrift für Sozialforschung, Vol. 7, No. 1/2, 1938)이다.

비트포겔은 『독일 이데올로기』에 나오는 '공동 소유 및 국가 소유'라는 말과 『정치경제학 비판』에 나오는 '아시아적 생산양식' 개념을 자의적으로 결합했다. 비트포겔은 국가적 소유를 전제군주, 전인민의 노예화, 중앙집권화된 관료제를 의미하는 것으로 재해석했다. 그는 공동 소유를 사적 소유의 결여, 경작에서 공동체의 강제 등으로 해석했다. 그는 아시아적 생산양식은 원시 공동체 사회로부터 고대 노예제 사회로 발전하는 사이에 생겨난 이행기 생산양식이라 했다.

비트포겔은 아시아적 생산양식을 실제 아시아 사회에서 발견할 수 있다고 보았다. 그는 아시아 사회에서 발달한 전제군주제, 관료제는 전 인민의 노예화를 의미하는 것으로 해석했다. 그는 아시아에서 "왕의 땅이 아닌 땅이 없다"는 말도 국가적 소유를 의미하는 것으로 해석했다. 그는 아시아 사회에서 농촌에 남아 있는 공동체적 형태, 예를 들어 두레와 같은 것은 공동 소유의 형식으로 해석했다.

비트포겔은 아시아적 생산양식이 출현하는 이유를 설명하기 위해 아시아 사회에서 기후의 특성을 거론했다. 몬순 기후에 벼농사의 특성상 대규모 관개가 필요했다. 이 관개를 위해 인민의 대규모 동원이 필요했으니 이 때문에 전제군주가 발전했다고 한다.


### 4) 아시아적 생산양식론의 파장

아시아적 생산양식론은 여러 파장을 일으켰다. 다원론과 정체론, 도약론이 대표적인 파장이다.

각 사회는 고유성을 지니고 있으니, 그런 사회의 역사적 흐름도 고유한 길을 따를 것이다. 다원론은 어떤 사회에서 발견된 길을 다른 사회에 적용하는 것은 잘못이라고 주장한다. 마르크스의 발전법칙은 유럽 역사를 통해 구성된 것이다. 아시아적 생산양식론자는 이것을 전혀 다른 아시아 사회에 적용한다는 것은 어불성설이라고 주장했다.

또한 아시아적 생산양식론자는 아시아 사회의 정체성을 주장했다. 그런 정체는 아시아적 생산양식 때문이다. 그는 아시아 사회는 정체했으니 제국주의 열강의 침략이라는 외적인 충격이 필요했다고 주장했다. 1930년대 일본의 경제학자들이 이런 아시아적 생산양식론을 도입했다. 그들은 이를 통해 중국과 조선에 대한 일본의 침략을 정당화하려 했다.

아시아적 생산양식론은 1920년대 중국에서 실천 논쟁 가운데 급진파인 트로츠키와 지노비에프 파를 지원했다. 그의 이론은 아시아적 생산양식 가운데 공동체적 소유가 있으니 전제 군주와 관료를 전복하면 곧바로 사회주의 사회로 진입할 수 있다는 주장의 근거가 됐다. 이런 입장은 러시아에서 1960년대 등장한 인민주의자들의 입장과 같다. 인민주의자들 역시 러시아는 비록 짜르의 전체 정치 아래 있지만 농촌에는 소위 미르 공동체라는 것이 남아 있다고 주장했다. 이런 미르 공동체를 살린다면 짜르 체제가 전복된 후 곧 바로 사회주의로 진입할 수 있다고 주장했다.

# 15절 역사의 보편성

## 1) 아시아적 생산양식론 비판

비트포겔이 사용한 의미에서 아시아적 생산양식론은 마르크스의 저서 어디에서도 발견되지 않는다. 마르크스는 '아시아적, 인도적 공동소유'라는 말을 했어도 그것이 '국가적 소유'라고 한 적은 없다. 마르크스가 '공동 소유 및 국가 소유'라고 했을 때 그 말은 그리스, 로마의 고대 노예제를 설명하는 것이었다. 아시아적 생산양식론자는 마르크스의 두 가지 표현을 섞어서 국가 소유이면서 공동체적 소유라는 이상한 개념을 만들어냈다.

개념적으로도 아시아적 생산양식 개념은 모순적이다. 전 인민의 노예화와 촌락 공동체는 어울리지 않는 개념이다. 노예화하려면 지배를 위한 물질적 수단이 필요하다. 공동체 사회에서 전 인민을 노예화하는 물질적 수단이 나오지 않는다. 그리스, 로마 같은 고대 국가도 노예를 지배하기 위해 과도한 부담을 져야 했다. 덕분에 대부분 고대 국가는 오래지 않아 무너졌다.

아시아적 생산양식론 개념은 역사적 현실과도 부합하지 않는다. 아시아적 생산양식론자는 아시아의 중세 사회를 엉뚱하게 해석했다. 아시아 사회는 서구보다 훨씬 먼저 봉건사회로 진입했다. 봉건사회는 동서양 어디에서도 마찬가지지만, 왕은 귀족(관료)과 공존하면서 절대적이지 못했다. 자의적인 전제군주란 아시아 사회에서는 일탈적인 존재, 예외적인 존재에 불과했다. 거대한 왕의 직영지가 존재했다. 하지만 전 국토가 왕의 소유라는 주장은 명목상에 불과하다. 관료제가 발달했지만, 관료조차도 왕에 완전히 종속하지 않았다. 관료란 토지 귀족이면서 부여받은 토지를 사적으로 소유했다. 비트포겔은 거대 관개를 요구하는 수전[水田]이 송말 명초 남아시아에서 도입됐다는 사실조차 알지 못했다. 결론적으로 비트포겔의 아시아적 생산양식은 태어날 수 없고 어디에도 적용할 수 없는 개념이다.

## 2) 주변부 자본주의 양식

아시아적 생산양식론이 일으킨 혼란은 대체로 1935년을 지나가면서 정리됐다. 논쟁은 코민테른에서 그리고 중국공산당 내부에서도 벌어졌다. 코민테른에서 스탈린파는 중국은 봉건제 사회에서 자본주의로 이행기이며, 부르주아 혁명 단계라고 주장했다. 반면 반대파는 중국은 아시아적 생산양식이고, 전 인민을 노예화하는 국가를 타도하여 촌락공동체를 바탕으로 직접 사회주의로 이행할 수 있다고 주장했다. 논쟁은 중국 공산당 내부에서 농촌 근거지, 지구전, 게릴라전을 주장하는 마오쩌둥과 도시 소비에트, 전격전, 진지전을 주장하는 구추백, 이입삼, 왕명 노선의 갈등과 연관됐다. 1935년 코민테른 7차 대회를 거치면서 스탈린파가 승리하고 중국

혁명에서 마오쩌둥주의가 득세하면서 아시아적 생산양식론은 사라졌다.

최근 들어 아시아적 생산양식론과 같이 혼합적인 또는 새로운 사회의 유형을 구성하려는 시도가 등장했다. 그런 시도 중 대표적인 것이 곧 주변부 생산양식이니 종속적 발전유형이니 하는 주장이다. 덕분에 한때 주변부 종속 자본주의론을 둘러싸고 격렬한 논쟁이 발생했으나 결론적으로 이 모든 시도는 실패했다.

아시아적 생산양식론이나 주변부 자본주의론 등이 실패한 원인은 무엇일까? 마르크스의 발전법칙 즉 5단계는 몇 가지 좌표 축을 통해 개념적으로 또는 논리적으로 구성된 것이다. 나머지 것을 그대로 두고 다른 유형을 한 두개 개입하기가 쉽지 않다. 아예 전체를 새로운 좌표축과 개념, 새로운 논리로 재구성한다면 모른다. 그러면 기존의 5단계 역시 근본적으로 재구성될 것이다.


### 3) 역사의 다원론 발전

아시아적 생산양식이 설정되자, 이로부터 다원적 발전 개념이 생겨났다. 유럽은 원시 공동체에서 노예제로 이행했지만, 아시아 사회는 원시 공동체에서 아시아적 생산양식으로 이행했다는 주장이다. 이런 발전은 다원적 발전이라 규정됐다. 이런 오해는 『정치경제학 비판』의 앞에서 말한 구절을 오해한 결과이다.

> "...다른 형태의 인도적 공동소유제로부터, 로마적 및 게르만적 사적 소유제
> 가 보여주는 다른 원형들이 도출될 수 있다."[87]

---

87 · Karl Marx, Zur Kritik der politischen ÖKnomie, 28쪽. Das Kapital, Bd. I. 92쪽.

위의 표현은 공동체 소유가 아시아적, 로마적, 게르만적으로 갈라졌다는 뜻이 아니다. 공동체 소유 즉 아시아적 소유에서부터 사적 소유인 로마의 노예제, 게르만의 봉건제가 단계적으로 발전했다는 뜻이다.

다원론적 발전과 밀접하게 연관된 개념이 정체론이나 도약론이다. 아시아적 생산양식은 정체됐다. 아시아는 고대에서 지금까지도 아시아적 생산양식을 벗어나지 못한다. 반대로 도약론도 있다. 러시아에서는 공동체 양식이 잔존하므로 이를 통해 자본주의를 거치지 않고 사회주의로 바로 이해할 수 있다는 것이다. 정체론과 도약론은 동전의 양면이다.


## 4) 생산력의 전파

다원론과 정체론 또는 도약론은 서로 연결된 개념들이다. 다원적이기에 정체하거나 도약할 수 있다. 어떤 사회가 정체하거나 도약한다면 다른 나라와 다른 길을 가게 된다. 정체론과 도약론은 역사적 사실에 의해 파산에 이르렀다. 논리적 가능성을 통해서도 쉽게 그 허구성을 입증할 수 있다.

마르크스 역사철학의 전제는 생산력이 생산관계를 변화한다는 주장이다. 생산력을 역사의 전제로 삼는 한 다원론은 불가능하다. 생산력은 아무리 교통이 불편하고 통신의 도구가 결여되더라도 전파되기 마련이며, 조만간 전 세계가 같은 단계에 이른다. 중국이 발견한 나침반과 대포를 어느새 유럽인이 받아들이며, 아랍인이 발견한 소주를 우리나라에서도 만든 것을 생각해 보라. 생산력이 세계적으로 전파되니, 생산력에 생산관계가 조응한다면, 그리고 생산관계가 생산양식이나 사회구성체의 기초라면, 세계는 유사할 수밖에 없다.

정체론이란 어떤 나라가 전 세계로 파급되는 생산력의 발전에서 완전히 고립됐다는 말이다. 그게 가능할까? 아프리카나 남미의 오지에 있지 않는 한 그런 고립은 불가능하다.

도약론이란 사회에 대한 구조적 이해를 결여한다. 예를 들어 아시아 사회의 두레나 러시아의 미르 공동체는 기존 사회 구조의 산물이다. 이런 요소가 비록 새로운 공동체 사회의 어떤 측면과 유사하다 하더라도, 그 요소를 통해서 새로운 사회 전체가 실현될 수 있는 것은 아니다. 공동체 사회에서 전체는 하나의 구조를 이루기 때문이다.

제국주의자는 식민지 초기에 자본주의적 소유권을 도입했다. 그 뒤 식민지에서 자본주의가 성공적으로 발전했는가? 오히려 봉건적인 착취가 자본주의의 이름으로(소위 고리대적 착취, 또는 분익 소작제) 더욱 강화했을 뿐이다.

결론적으로 정체론과 도약론, 나아가서 다원론은 불가능하다. 역사에 관한 한 모든 사회가 거의 동시에 단계적으로 발전한다는 법칙론 외에는 불가능하다. 역사에서도 자연과학에서와 마찬가지로 보편적인 법칙을 인정해야 한다. 보편법칙이 특수한 사정에 따라 특수하게 변화할 수는 있다. 그러나 어느 사회에 자기에게만 고유하며 다른 어디서도 발견되지 않는 법칙이란 없다.

소위 일회적 법칙도 있지 않을까? 일회적인 변화가 필연적인 것일 수는 없다. 그런 변화가 필연성을 지닌 것인지를 확인할 수가 없기 때문이다. 각 역사학자가 나름대로 주관적으로 일회적 법칙을 도입한다면, 어느 것이 옳은지 판단할 기준이 없다. 일회적 것을 통해 역사를 설명하는 것이 불가능하다. 그것은 설명의 능력이 없기 때문이다. 일회적 법칙이란 형용모순이며, 말장난에 지나지 않는다.

## 5) 역사 서술의 방법

마르크스가 역사를 서술하면서 아시아적 생산양식, 그리스 로마 노예제, 게르만 봉건제, 유럽 자본주의 등의 표현을 쓰면서 자주 지역과 생산양식을 결합해서 표현한 적이 많다. 이런 표현 자체가 지역적으로 다원론적 발전이나 정체나 도약의 가능성을 제시하기 위한 것이 아닐까? 그렇지 않다. 그것은 역사의 서술상 불가피했던 표현이다.

어느 역사든 그 구성 주체는 다양하다. 세계사는 더욱 다양하다. 세계사 전체는 다양한 지역, 다양한 나라, 다양한 민족의 역사로 이루어져 있다. 다양한 지역, 다양한 나라, 다양만 민족의 역사가 발전하는 모습을 전체적으로 서술하려면 어떻게 해야 하나? 아무래도 단순화가 필요하다. 그 모든 것을 나열할 수는 없을 것이다. 선택이 필요하고, 선택의 방법이 역사 서술에서 항상 문제가 된다.

소위 삼한 정통설이나 고려 정통설이라는 것도 역사서술의 문제 때문에 발생한다. 역사는 정통에 속하는 것만 서술하면 된다는 말이다. 이때 정통은 혈연적 계보를 말한다. 좁은 지역의 역사라면 몰라도 세계사를 서술할 때 혈연적 계보를 찾기 힘들다. 그 때문에 나온 방법의 하나가 일종의 문명 이동설이다. 당대 문명 가운데 최고로 발전된 것만 기술하자는 것이다.

그렇게 되면 역사가 지역이나 주체를 횡단해서 전개된다. 헤겔의 역사나 마르크스의 역사는 이렇게 지역을 횡단하면서 서술한다. 헤겔은 자유의 발전 단계에 따라서 횡단했다. 마르크스는 생산력의 수준에 따라서 세계사의 각 지역을 횡단했다.

역사 서술에서 횡단은 모든 사회는 병행 발전하며 보편적인 단계에 따라 발전한다는 사실을 전제로 한다. 마르크스가 아시아 사회를 공동체 사회로 규정했다고 해서, 아시아가 거기 머무른다는 것은 아니다. 아시아도 이미 노예제, 봉건제를 거쳐 나갔다. 마찬가지로 게르만이 봉건제였다고 해서 게르만은 태어나면서 봉건적으로 태어난 것은 아니다. 게르만의 역사를 보면 거기도 마찬가지로 공동체, 노예제도 있었다.

모든 나라의 역사는 앞서거니 뒤서거니 하면서 또는 남들보다 더 탁월하게 또는 못하게 발전한다. 그래도 보편적이며 병행 발전하고 그 시기조차 거의 유사하다.

아무도 자연법칙이 지역마다 시기마다 독특하기를 바라지 않는다. 역사라고 예외여야 할까? 역사의 고유성을 주장하는 사람은 역사가 인간이 만들고, 인간은 자유롭게 선택하니 역사도 나라마다 고유한 것일 수 있다고 생각한다. 역사가 한 개인이 또는 영웅이 만드는 것이라면 그럴 수 있겠다. 하지만 역사는 대중이 만드는 것이다. 대중은 마치 분자처럼 서로 충돌한다. 분자의 충돌로 열역학의 법칙이 만들어지듯이 대중의 상호 충돌로 역사도 법칙이 성립한다.

# 2부 정치철학 연구

"사회민주주의자의 이상은 노동조합의 서기가 아니라 인민의 호민관이어야 한다."(레닌, 『무엇을 해야 하나?』)

"혁명은 저녁식사에 초대하는 것이나 수필을 쓰고 그림을 그리고 수예를 하는 것이 아니다." "잘못된 것은 적절한 한계가 초과하지 않고서는 바로 잡힐 수 없다."(마오쩌둥, 『호남농민운동 보고서』)

시위에 나선 병사들, 이들은 전쟁에서 돌아와 수도에서 병사 소비에트
를 세웠다. 이들이 들고 있는 것은 공산주의라는 깃발이다.

# 3장 사회주의 국가론

## -부르주아 민주주의와 소비에트 민주주의, 인민 민주주의 -

**문:** 사회주의 국가는 흔히 계급독재 국가라 합니다. 그러면서도 고유한 민주주의적 형식을 가지고 있다고 합니다. 계급독재와 민주주의가 어떻게 공존할 수 있을까요?

**답:** 부르주아 민주주의와 소비에트 민주주의가 어떻게 다른지를 알아야 하죠. 부르주아 민주주의의 특징이 지역 대표라는 것을 이해한다면 소비에트 민주주의는 코뮌 대표라는 것을 이해할 수 있을 겁니다. 전자에서는 부르주아 명망가가 항상 당선되고 후자에서는 노동자, 농민, 활동가가 주로 당선되죠. 부르주아 민주주의 형식이 부르주아가 안정적으로 선출되어서 부르주아 독재가 가능하듯이 소비에트 민주주의 형식도 노동자, 농민이 안정적으로 선출되도록 해서 프롤레타리아 계급독재가 가능합니다.

# 1절 서구 민주주의 비판

## 1) 서구 민주주의

사회주의 국가를 이해하기 위해 우선 서구 민주주의의 문제에서 시작
해 보자. 서구 민주주의는 곧 부르주아 독재의 형식이다. 민주주의가 독재
였다니, 모순이 아닐까?

우선, 한 가지를 전제해야 하겠다. 민주주의라면 합의가 기본이다. 합
의가 그 자체로 잘못일 수는 없다. 모든 사람에게 자주권이 존재하는 한
모든 일은 합의로 처리해야 마땅하다. 그러나 합의에는 여러 방식이 있다.
서구 민주주의라면 합의의 방법 가운데 독특한 방식이다. 그 방식 때문에
서구 민주주의는 부르주아 독재에 적합한 방식이 됐다.

독재라고 하니 박정희식의 개인 독재를 생각하는 사람들은 의아할 것
이다. 한 개인의 독재만 있는 것은 아니다. 하나의 계급이 공동으로 수행
하는 독재도 있다. 이걸 계급독재라 한다.

## 2) 서구 민주주의의 한계

계급 독재라는 의미에서 서구 민주주의는 부르주아 독재라 할 수 있다. 이제 그 근거를 설명하겠다.

일찍부터 서구 민주주의는 대표성의 위기를 겪어왔다.[88] 서구의 어느 사회이든 근대에 들어오면 노동자와 농민이 대다수를 이룬다. 거의 모든 서구 민주주의 사회에서 이들을 대변하는 의원은 거의 없다. 노동자, 농민을 대변하겠다고 나서는 의원들은 있지만, 직접 자기 계급을 대표하는 노동자, 농민은 거의 없다. 이걸 대표성의 위기라 한다. 우리나라 현실을 보면 불 보듯 뻔한 일이니 다시 설명할 필요도 없을 것이다.

서구 민주주의의 한계로 또 한 가지를 들 수 있다. 서구 민주주의는 항상 관료제와 연결되어 있다. 국가가 실행하는 목적은 민주적으로 결정하되, 그 실행은 전문가인 관료에게 맡긴다는 것이 서구 민주주의의 근본 형

---

88    이웃나라 일본을 보라. 일본은 전후 지금까지 70년간 자민당이 정권을 유지해왔다. 그 중간 한두 번 바뀐 것은 그저 체제에 양념을 친 것에 지나지 않는다. 그나마 바뀌었다는 게 자민당에서 떨어져 나온 분파일 뿐이다. 이게 자민당 독재가 아니라면 무엇일까? 어디 일본만 그런가? 서구 민주주의 가운데 일본과 같지 않은 나라는 거의 없다고 해도 과언은 아니다. 전쟁 이후 70년간 정권은 대부분 부르주아 보수파가 장악했다. 68혁명 이후 70년대에 걸쳐 서구 자본주의가 위기에 처했을 때 10년 정도 부르주아 급진파 혹은 민주파가 정권을 차지한 적이 있다. 그것은 부르주아 보수파 독재의 역사에 끼어든 막간극에 불과했다. 스웨덴 등 북구에서는 사회민주당이 오랫동안 정권을 장악했지만, 이곳에서 사회민주당은 이미 체제 내에 안주하면서 보수화된 지 오래됐다. 최근 영국의 블레어 정권이나 미국의 클린턴 정권은 신자유주의 아래 민주파가 보수화된 결과 탄생한 것에 불과하다.

식이다.

관료를 믿을 수 있을까? 관료는 행정 권력을 독점한다. 관료는 주인인 국민의 결정을 실행할까? 오히려 관료는 지배계급의 요구를 따르는 것이 아닐까?

이 사실도 굳이 설명할 필요 없이 우리나라에서 교육 관료를 보면 잘 알 수 있다. 교육부가 무엇을 하고 있을까? 장관은 민주적인 인물로 알고 있다. 그가 취임한 이래 바뀐 것은 아무것도 없지 않은가? 사실 정부의 다른 부처도 마찬가지다. 관료의 저항 때문이겠다. 그 때문에 요즈음 관료제의 폐해가 자주 거론된다.

### 3) 비판의 근거

분명 보통 민주주의 형식 아래 모든 사람이 투표권을 갖는다. 그런데도 대표성의 위기가 어느 나라나 지속해서 일어나는 이유는 무얼까? 분명 대통령을 비롯한 장관은 바뀐다. 그런데도 행정은 그대로인 이유를 어떻게 설명할까?

그 이유를 지금까지 철학자, 사회과학자는 여러 가지로 설명했다. 먼저 대표성의 위기를 보자. 하버마스는 의사소통의 왜곡(언론에 의한 여론 조작) 때문이니 이를 고쳐야 한다고 말한다. 존 롤스는 합의 과정의 공정성을 위해 '무지[無知]의 베일(자기가 받을 몫을 알지 못하도록 하자는 솔로몬 왕의 심판규칙)'을 도입하자고 한다. 참여론자는 대의제가 아니라 직접 민주제(참여론자)를 제안한다. 인터넷 환경덕분에 그게 가능하다고 한다.

다양한 제안에도 불구하고 민주주의에서 대표성의 위기는 사라지지 않았다. 민주주의가 발달했다는 서구를 보면 우리 못지않게 절망적이다.

우리는 서구 민주주의조차 제대로 하지 못했기 때문이라고 위안으로 삼지만, 제대로 된 서구 민주주의도 여전히 그러니 더 절망적이다.

관료제를 개선하기 위해서도 많은 제안이 있었다. 이 부분에 관해서는 푸코의 관료제 연구가 돋보인다. 그가 제시한 여러 개념[89]들은 관료의 힘을 이해하게 해준다. 그런 이해를 통해 많은 개선안이 제시됐다. 그런데도 관료제는 여전하다. 그것도 정치가나 지배계급과의 불륜이나 유착을 통해서가 아니라 과학적이고 공정하기 때문에 더욱더 그렇다니 할 말이 없다.

### 4) 선거라는 쇼

결과적으로 서구 민주주의란 마치 레슬링 시합과 같다. 이미 승패는 예정되고 이기나 지나 세상은 바뀌지 않는다. 사람들은 마치 이 선거에 일생이 걸린 것처럼 열광한다. 앞에 내세운 선수 뒤에서 수많은 사람이 저마다 훈수를 두고 있다. 선수가 서로 물고 뜯는 추악한 싸움을 벌일수록 사람들은 더 열광한다. 수많은 판돈이 여기저기 돌아다닌다.

마침내 승패가 결정되면 일주일간 승리한 사람들은 자기 선수를 목말 태워 의기양양하게 돌아다닌다. 패배한 사람들은 고난 겪는 기독교 신자처럼 하나님을 부르짖는다. 하지만 그 모든 것은 쇼였다. 승리의 열광이 사라진 일주일 뒤가 되면 세상이 여전하다는 것을 발견하고 사람들은 다시 절망한다. 다음 선거가 올 때까지 지겨운 삶을 인내한다.

서구 민주주의가 부르주아 독재를 위한 수단이라는 의심은 걷히지 않는다. 마르크스는 서구 민주주의에 대한 지금까지와 다른 비판을 제기했

---

89  구체적으로 '소국가', '분할 지배', '훈육적 권력', '쾌락적 권력', '지식 관료 복합체' 등의 개념들이 있으나, 여기서 설명은 생략한다.

다. 레닌은 그런 비판 위에서 자신의 독자적인 국가론을 전개했다. 그게 바로 소비에트 민주주의론이다.

## 2절 블랑키즘과 마르크스

### 1) 민주주의의 가능성

마르크스는 사회주의 경제 원리에 관하여는 일찍부터 확고한 견해를 가지고 있었다. 사적 소유의 전면적인 폐기, 사회 전체의 소유 또는 국가 소유였다. 하지만 사회주의 정치 원리에 관한 한 마르크스는 끝까지 암중모색에 그쳤고 다만 몇 가지 단서만 남겨두었다.

1847년 말 『공산당 선언』을 작성할 때(발표는 1848년) 그 초안으로 엥겔스가 작성한 『공산주의 원리』라는 문서에 초기 입장이 표현되어 있다. 이 문서는 문답식으로 되어 있다. 그 가운데 14번째 물음에서 새로운 사회는 사회적 소유제라는 것을 밝힌다. 18번째 물음에서 사회주의 사회는 "민주주의적 국가 제도를 건설하는" 과정을 통해 수립될 수 있다고 한다. 이런 입장은 마르크가 작성한 『공산당 선언』에서도 반복됐다.

"우리는 이미 앞에서 노동자 혁명의 첫걸음은 프롤레타리아를 지배계급으로 끌어올리는 것과 민주주의를 쟁취하는 것이라는 점을 살펴보았다."[90]

마르크스와 엥겔스가 민주주의를 강조한 것은 혁명가 블랑키의 영향으로 보인다.

## 2) 블랑키

블랑키[91]는 이론가라기보다는 실천가이다. 그의 한 생애는 봉기와 봉기로, 혁명에서 혁명으로 이어졌다. 그는 1839년에는 '정의 연맹'의 파리 봉

---

90 마르크스, 엥겔스, 『공산당 선언』, 『마르크스 엥겔스 저작선』, 김재기 편역, 거름, 1988, 69쪽

91 루이 오귀스트 블랑키(Louis August Blaqui, 1805~1881); 그는 이탈리아 접경지대(지금 니스 지역)에서 태어나 청년기에 이탈리아 비밀결사인 카보나리('숯검댕이 사람'이라는 뜻) 당원이었다. 그는 프랑스 1830년 7월혁명에도 참여하고 '인민의 친구 협회'에 속하여 이 협회가 일으킨 1832년의 봉기에도 참여했다. 1839년에는 '정의 연맹'의 파리 봉기에도 가담했다. 마르크스도 이 '정의 연맹'에 가입했고, 마르크스는 아마 여기서 블랑키의 영향을 받은 것으로 보인다. 그는 1848년 2월혁명 후 사회 공화파(프티부르주아 당파를 부르주아 공화파와 구별하여 그렇게 불렀다)의 1849년 5월15일 봉기(6월 봉기의 전초전에 해당한다)에 가담해 체포된 후 재판을 받았다. 그는 1865년 감옥에서 탈출했고 1870년 9월 보불전쟁 이후 제3공화국 수립에도 이바지했으나 1871년 3월 인민의 봉기를 두려워한 보수파 대통령 티에르가 그를 예비검속으로 체포했다. 그 때문에 그 자신은 1871년 파리코뮌에 참가하지 못하나 그의 당파는 파리코뮌에서 프루동의 사회주의 분파와 더불어 중요한 역할을 수행했다. 마르크스는 이때 파리코뮌에서 블랑키가 혁명적 독재가 필요하다고 주장했던 것을 적극 지지했다.

기에도 가담했다. 마르크스도 이 '정의 연맹'에 가입했고, 마르크스는 아마 여기서 블랑키의 영향을 받은 것으로 보인다. 블랑키의 사상은 루소, 로베스피에르, 자코뱅, 산악파를 이어가는 선상에 놓여 있다.

블랑키는 우선 민주주의 국가의 형태를 로크의 삼권분립 체제가 아니라 루소의 의회 일원제(의회 독재)이어야 한다고 주장했다. 그렇게 해야만 반혁명을 제거하고 혁명을 원활하게 추진할 수 있다고 보았다. 그는 국가는 필요할 때는(반혁명, 전쟁 등의 위기) 혁명적 독재를 할 수 있다고 보았다. 그는 혁명적인 독재를 통해 사회적 불평등을 해소할 수 있다고 보았다. 다만 혁명적 독재는 일시적으로 허용되는 것에 불과하다. 그의 궁극적 목표는 사회주의는 아니고 자유로운 자본주의 체제를 수립하는 것이다. 그런 점에서 그는 혁명적 부르주아 민주주의자였을 뿐이다.

블랑키는 음모자였고 봉기 이론의 신봉자였다. 그는 프랑스 대혁명 이래로 취했던 수단을 반복했다. 민주주의(일원제, 혁명적 독재)에 도달하는 길은 인민이 봉기한 후 바리케이드를 쌓는 길이다. 그 뒤 인민이 군대를 격퇴하면 혁명은 승리하게 된다. 당시 혁명과정을 보면, 무장 인민이 왕의 궁전을 향해 행진하면 대개 왕은 도피하거나 인민의 요구를 받아들였다.

### 3) 민주주의를 통한 사회주의 혁명

마르크스는 초기 즉 1848년 혁명 때만 해도 국가 문제에 관해 블랑키의 영향 아래 있었다. 그는 민주주의를 통해 사회주의로 이행할 수 있다고 보았다. 그 민주주의는 블랑키가 말한 의회 일원제이며, 혁명적 독재이다.

그러나 1848년 2월 혁명이 실패로 돌아간 다음 마르크스의 입장이 변화했다. 마르크스가 당시의 노선을 반성한 사실은 마르크스의 저서『프랑스에서의 계급투쟁』에 엥겔스가 쓴「서문」에서 잘 설명된다. 엥겔스는 이

「서문」을 1895년 발표했는데 그는 1860년대 이후 변화된 현실과 이에 따른 새로운 운동을 다음과 같이 총평했다.

> "그러나 우리는 또한 역사를 통하여 우리도 틀렸다는 것을 알았으며 역사는 그 시대에 대한 우리의 관점이 환상이었다는 것을 보여 주었다. 역사는 그 시대의 우리의 오류를 불식시켰을 뿐만 아니라 프롤레타리아트가 싸워야만 하는 조건들을 완전히 변화시켰다. 1848년 투쟁 양식은 오늘날 모든 관점에서 보더라도 진부하며..."[92]

엥겔스가 여기 전하는 반성은 그 자신만의 것은 아니었을 것이다. 그것은 마르크스와 공유했던 입장이었을 것이다. 엥겔스의 설명에 따라 이 시기 마르크스가 입장을 어떻게 변화했는지 살펴보자.

우선 엥겔스(동시에 마르크스)는 봉기의 전술을 포기했다. 이「서문」에서 엥겔스가 설명한 대로 1848년 노동자의 봉기 전술은 군대와 무기가 발전하고, 도시가 재개발되면서, 더구나 군대의 성격이 변화하면서 더는 불가능해졌다. 그 대신 엥겔스는 영국에서 전개된 새로운 전술에 주목했다. 그것은 노동조합에 기초한 대중노선을 통해 적극적으로 의회에 진출하는 전술이다.

반성은 서구 민주주의와 의회의 의미에 관해서도 일어났다. 엥겔스는 같은「서문」에서 이렇게 설명했다.

> "그러나 선거권은 그 이상의 많은 이점을 갖고 있었다. 선거권 때문에 우리는 선거 선동을 통하여 아직도 우리와 유리되어 있었던 곳에서 인민대중과 접촉

---

92  마르크스, 『프랑스에서의 계급투쟁』, 위의 책, 16쪽

할 수 있는 절호의 수단을 갖게 됐다...더우기 보통선거권 때문에 의회 내의 우리 대표자들에게 연설할 수 있는 연단이 주어졌으며, 우리의 대표자들은 신문이나 집회에서 얻을 수 있던 것과는 매우 다른 권위와 자유를 가지고 의회 내의 반대자들과 의회 밖의 대중들에게 연설할 수 있었다."[93]

이런 주장은 여러 가지 의미를 지닌다. 우선 그는 루소, 블랑키가 주장한 일원제적 의회를 포기했다. 일단 그는 이미 확립된 서구 민주주의, 삼권분립적인 의회를 전제로 한다. 그는 "기존 국가를 장악하자"라든가, "서구 민주주의를 통해 사회주의 사회를 건설하자"는 주장을 하지는 않는다. 다만 그는 기존의 서구 민주주의도 프롤레타리아에게 어떤 유용한 측면이 있다고 한다. 그것이 곧 대중에게 선전할 연단이 되며 대중을 조직할 수단이라는 측면이다. 이제 서구 민주주의는 목적이 아니라 수단이 된 것이다. 당연한 일이지만 이런 수단적 가치는 보통선거권이 확립되어 노동자, 농민이 의회에 일정한 정도 진출할 수 있을 때만 실현가능하다.

이런 모든 입장은 서구 민주주의와 사회주의 국가를 구별하고, 언젠가 기존 국가, 서구 민주주의 형식을 전복할 필요성을 전제한다. 그렇다면 서구 민주주의를 전복하고 난 후 세워질 사회주의 국가, 사회주의 사회의 민주주의 형식은 무엇인가? 마르크스는 아직 그것에 대해서는 대답하지는 않았다. 그 역시 모색하고 있었던 것으로 보인다.

마르크스의 모색은 후일 1870년 파리코뮌이라는 역사적 경험을 통해 구체화했다. 하지만 그때에도 그는 다만 몇 가지 단서만 남겨놓았을 뿐이었다.

---

93 마르크스, 『프랑스에서의 계급투쟁』, 위의 책, 24쪽

# 3절 관료제의 폐지

## 1) 코뮌연합

마르크스가 사회주의 국가의 형식에 이르는 데 한 가지 계기와 한가지 사건이 있었다. 하나의 계기는 코뮌연합 개념의 등장이다. 사회주의 사상은 생시몽을 거쳐 프루동이 이론적으로 확립한다. 그는 새로운 사회는 코뮌이 연합해서 형성하는 코뮌연합체라고 보았다. 그의 사상은 국가가 사라진다는 의미에서는 무정부주의라고 하지만, 코뮌의 연합체로 구성된다는 의미에서 코뮌주의[94]로 불리게 된다.

코뮌은 소규모 생산 단위를 의미한다. 각 코뮌은 구성원의 민주적 합의로 목표를 결정하고, 역할분담을 통해 그 목표를 수행한다. 곧 자치 체

---

[94] 코뮌주의 역시 영어로는 'communism'이라 쓴다. 이것은 마르크스가 공산주의[communism]라고 했을 때와 같은 표현이다. 마르크스의 공산주의(집산주의)와 구분하기 위해 코뮌주의로 번역한다.

제이다. 이때 분담은 분업이 아니라 협업의 방식이다. 협업은 일시적이고 유동적인 역할분담이며 반면 분업에서 지속적이고 전문화된 역할분담이다. 코뮌연합체도 마찬가지이다. 코뮌연합체는 각 코뮌의 대표자로 구성된다. 각 대표자는 민주적 합의를 통해 목적을 설정하며, 동시에 협업의 방식으로 역할을 분담한다.

코뮌, 코뮌연합체는 민주적이라는 점에서는 민주주의와 다를 바 없다. 다만 코뮌과 코뮌 연합체는 협업과 자치를 하는 반면 서구 민주주의에서 전문적인 분업에 속하는 관료제를 한다는 점에서 구별된다. 코뮌연합체는 관료제를 폐기한다.

코뮌연합체의 또 한 가지 특징은 대의의 방식이다. 그것은 서구 민주주의의 대의의 방식과 유사한 것처럼 보이지만 근본적인 차이가 있다. 서구 민주주의에서 대의원은 지역을 대표한다. 지역이란 대체로 소비(노동력의 재생산)의 장소이다. 그곳에는 집이 있고, 마트가 있다. 반면 코뮌은 기본적으로 생산단위이므로 코뮌의 대의원은 생산단위 예를 들어 공장이나 농장, 학교, 병원 등을 대변한다.

마르크스는 1960년대 후반 '국제 노동자 협회' 속에서 바쿠닌 등의 무정부주의자들과 논쟁하는 가운데 무정부주의자의 코뮌연합체라는 개념의 영향을 받게 됐다.


## 2) 파리코뮌

하나의 사건이라면 파리코뮌을 말한다. 1870년 9월 보불전쟁에서 루이 보나파르트 황제가 패배하자, 프랑스 국민은 그의 제국을 폐지하고 공화국을 수립했다. 국민정부는 처음에 독일군에 대한 항전을 계속하고자 했다. 얼마 못 가서 국민정부의 부르주아 보수파는 항복하기로 하고 정부를 베르사유로 이동했다. 정부의 의도를 간파한 파리 시민, 프티부르주아와 노동 계급이 1871년 3월 봉기를 일으켰다. 그들은 파리 시청을 장악하고 독일군에 대한 항전을 선포했다. 그게 파리코뮌이다. 베르사유 국민정부는 독일군과 함께 1871년 5월27일 파리코뮌을 무력으로 진압했다. 코뮌 방위군은 파리 서부의 페흐 라쉐즈 묘지에서 끝까지 저항했지만 진압되고 말았다.

마르크스는 파리코뮌이 실패한 후 이 사건을 분석하여 『프랑스에서의 내전』(1871~1872년)이라는 글을 발표했다. 여기서 마르크스는 파리코뮌 정부의 독특한 특징을 분석한다. 그 가운데 경제적 측면은 생략하겠다. 주로 정치적 측면만 살펴보기로 한다.


### 3) 파리코뮌의 특징

파리코뮌에서 각 구의 인민 대표들은 자기 인민에 대해 "책임지고 항상 소환이 가능"했다. 그러면 4년 만에 한 번 전국적으로 선거하는 체제가 아니라, 각 지역에 그때그때 필요하면 선거를 하는 체제가 된다. 한마디로 '4년 뒤에 보자'가 아니라 즉각 책임을 묻겠다는 것이다.

인민의 대표가 직접 행정을 담당한다. 즉 자치이다. 그래서 국가는 "활동하는 행정부인 동시에 입법부"가 되어야 한다고 했다. 사법귀족의 손에 장악됐던 사법부는 다시 인민의 손에 장악됐다. 즉 사법부를 폐지하고 사법위원회로 대체했다.

과거 관료제 국가의 중추를 이루던 기관들이 폐기되거나 개혁됐다. 상비군은 전 인민의 무장부대(방위군)로, 경찰은 인민이 선출한 코뮌집행인으로 대체됐다. 남아 있는 관료의 월급은 노동자의 평균적인 봉급 수준을 넘지 못하고 관료가 누리던 기득권과 개인적으로 착복하던 판공비는 폐지했다. 교회는 강제적인 교회세가 아니라 자발적인 헌금에 의해 유지되며 학교는 국가나 종교의 모든 제약으로부터 전적으로 자유롭게 됐다.

마르크스는 파리코뮌은 은행을 국유화해야 했다고 주장했다. 당시 은행은 개인 소유였지만 은행의 실제 역할은 국가기관에 해당하는 것이었다. 국가는 은행으로부터 돈을 빌려 재정을 충당하곤 했기 때문이다. 그는 파리코뮌이 은행을 국유화하지 않았던 것을 한탄한다. 부르주아의 국민정부는 은행의 돈으로 정부군을 무장시켜 파리코뮌을 공격했다. 은행을 자본가의 수중에 남겨두었던 것은 자기의 목숨을 적에게 맡기는 실책이었다.

### 4) 차이

파리코뮌에 대한 마르크스의 평가를 보면 그는 블랑키주의와 무정부주의를 혼합하고 있다는 것을 확인할 수 있다. 그는 여전히 국가가 필요하다고 보았다. 그런 점에서 블랑키주의자와 가깝고, 그 국가가 일원제, 의회독재였다는 점에서는 블랑키주의자와 닮았다. 반면 새로운 국가는 과거 관료제 국가는 아니다. 국가는 새롭게 개조되어야 했다. 자치의 요소가 확대되어야 했다. 자치의 개념은 블랑키주의자에게는 발견하기 어렵고, 무정부주의의 코뮌연합 개념에서 흘러나온다.

마르크스는 파리코뮌 속에서 사회주의 국가의 형식을 찾으려 모색했던 것으로 보인다. 그의 생각은 아직 완성된 것은 아니었다. 대의의 방식이 지역이라는 점에서 코뮌연합과 근본적으로 구분된다. 나중에 레닌은 마르크스의 파리코뮌에 대한 분석을 더욱 발전시켜 소비에트 민주주의를 제시했다.

# 4절 레닌의 국가론

## 1) 자치의 확대

마르크스의 국가론은 1848년경에는 루소와 블랑키의 주장을 수용해 의회독재(일원제)를 강조했다. 1860년대 후반에 이르면 마르크스는 부르주아 민주국가의 필요성을 수단적인 차원에서 인정했다. 민주주의 형식은 미래의 혁명을 위한 조직과 선전의 수단이었다. 마르크스는 1871년 파리코뮌에서 블랑키의 의회독재를 다시 발견했다. 동시에 이때 관료제가 실질적으로 철폐되는 것을 보고, 장치 사회주의 국가는 관료제를 축소하고 자치를 확대해야 한다고 주장했다. 자치의 개념은 코뮌연합을 주장한 무정부주의에서 유래했다. 의회독재와 자치라는 개념이 수용됐지만, 여전히 대의의 방식은 지역을 단위로 하므로, 기본 형식은 서구 민주주의와 다를 바 없었다.

레닌은 1917년 러시아 혁명 직전 저서 하나를 발표한다. 즉『국가와 혁명』이다. 레닌은 마르크스가 파리코뮌에 관한 서술에서 주장한 관료제의 폐지 주장을 수용했다. 나아가 이 책에서 그는 새로운 사회주의 국가 형식을 주장했다. 그는 1905년 러시아 혁명에서 세워졌던 노동자, 농민, 병사의 소비에트라는 형식을 분석했다. 그는 소비에트 형식이 서구 민주주의와 구별되는 사회주의적 민주제의 형식이라고 판단했다.

### 2) 러시아 혁명과 소비에트

소비에트란 무엇인가부터 이야기하자. '소비에트'라는 말은 러시아어로 '정보, 충고'라는 말에서 유래했다고 한다. 말 그대로 하면 '평의회[評議會: 영어로는 council]'라는 의미이다. 즉 토의하여 결정한다는 뜻이다. 말만으로는 그 특징이 잘 드러나지 않는다. 실제 역사를 보자.

러시아에서 소비에트는 1905년 러시아 1차 혁명 기간 중 생겨났다. 이때 혁명에 가담한 인민들은 자기가 속한 기업, 직장, 공장별로 군중대회를 열어 대표를 뽑았다. 먼저 병사 소비에트가 형성되고 노동자의 공장 소비에트가 발생했다. 농촌에는 농민의 소비에트가 출현했다. 부문별로 생겨난 소비에트는 각기 전국적인 조직을 결성했다. 부문별 조직이 지역별로 그리고 전국적으로 다시 모였다. 지역 소비에트 대회에 이어서 전 러시아 소비에트 대회가 출현했다.

이런 조직의 출현을 그 자체로 보면 이해하기 어려운 것은 아니다. 예를 들어 지난해 민중총궐기 때를 상기해 보자. 부문별 전국조직(민주노총, 전농 등)이 있고, 이 조직이 연합해 전국적(민중 총궐기 본부)으로 결합했다. 각 지역(전남)에는 지역 부문 조직(전남 민주노총, 전남 농민회)이 연합해 지역 연합 조직(전남 총궐기 본부)을 결성했다. 소비에트는 민중 총궐기 본부의 형태와 같다고 해도 과언은 아니다.

소비에트가 민중 총궐기 본부와 다른 한 가지 특징은 이 소비에트에는 병사 소비에트도 가담했기에 무장부대를 갖출 수 있었다는 것이다. 하지만 무장이란 무엇일까? 적수공권이라도 다수 대중이 모인다면 그 자체가 하나의 힘이니 이미 무장부대로 볼 수 있지 않을까? 민중총궐기본부가 촛불이나 돌멩이, 죽창이라도 들면 말할 것도 없는 무장부대가 된다.

소비에트가 발생한 것은 1905년의 일이다. 그때는 소비에트가 무엇인지 아무도 이해하지 못했다. 그걸 노동조합과 같은 것으로 이해해야 하는지, 아니면 정당 조직으로 이해해야 할지, 국가 조직으로 이해해야 할지 오리무중이었다. 1905년 러시아 혁명은 실패로 돌아갔고, 소비에트는 곧 해체됐기에 아무도 이 문제를 깊이 생각하지 않았다. 레닌만은 달랐다.

### 3) 모든 권력을 소비에트로

1917년 『국가와 혁명』에서 레닌은 마침내 하나의 결론에 이를 수 있었다. 그는 과거 10년 동안의 숙고로부터 얻은 통찰을 기초로 소비에트는 사회주의 국가, 사회주의 민주제 형식이라고 판단했다.

중요한 것은 레닌이 소비에트를 만든 것이 아니라는 것이다. 소비에트는 노동자, 병사, 농민이 혁명의 소용돌이 속에서 자발적으로 형성한 것이다. 레닌은 소비에트를 국가조직, 사회주의적 민주제의 형식으로 인정했을 뿐이다. 그는 이미 이루어진 현실을 사상적으로 추인했다.

1917년 2월 러시아에 다시 혁명이 일어났다. 다시 소비에트가 발생했다. 노동자 소비에트, 병사 소비에트가 그 주축이다. 레닌은 러시아 혁명이 일어나자 즉각(즉 '4월 테제'에서) '모든 권력을 소비에트로'라는 구호를 내세웠다. 이 구호 덕분에 레닌은 소비에트의 다수파를 차지할 수 있었다. 그해 11월 7일 마침내 혁명이 성공했다. 레닌은 즉각 소비에트 전국대회를 열어 소비에트야말로 새로운 사회주의 국가라고 선포했다. 레닌은 왜 소비에트를 사회주의 국가로 주장했을까? 소비에트 속에 대체 무엇이 있었던 건가?

# 5절 소비에트 민주주의

## 1) 소비에트의 특징

레닌은 러시아 혁명 중에 자발적으로 생겨난 소비에트를 새로운 사회주의 국가로 인정했다. 왜 소비에트가 사회주의 민주제의 형식인가? 이에 대해 여러 주장이 난무한다.

소비에트라는 항상 전원회의, 군중대회를 전제로 한다. 그래서 소비에트란 직접 민주제를 강화한 것이라는 주장이 등장했다. 서구 부르주아 민주제는 대의[代議]제를 택한다면 사회주의 국가는 직접 민주제를 택한다.

이런 주장은 얼마간 사실이다. 소비에트 역시 대의원으로 구성되니 간접 민주주의에 속한다. 다만 직접성이 강조된다. 소비에트는 대의원의 숫자가 서구 민주주의에서보다 훨씬 많다. 소비에트에서 의원은 수시로 소환할 수 있다. 대의원에게 서구의 의원에게 부여된 것과 같은 어마어마한 특권도 부여되지 않다. 봉급은 노동자의 수준을 벗어나지 않는다. 그런 만큼 소비에트는 직접민주제가 강조됐다고 할 수 있다. 그 때문에 소비에트가 사회주의적 민주제인 것은 아니다. 오늘날 참여 민주제가 직접성을 강조하지만 아무도 그것을 사회주의적 민주제라 하지 않는다.

소비에트 속에서 마르크스가 파리코뮌에서 발견한 여러 형식을 발견할 수 있다. 우선 자치의 성격이다. 소비에트는 대의원이 대부분 국가의 일을 담당한다. 완전한 자치는 아니지만, 자치 성격이 강하다. 가능한 한 관료의 역할을 줄이려 하며, 사멸해 가는 국가의 형태를 지니고 있다. 또한 소비에트 국가는 행정과 입법, 사법이 통일되어 있다. 입법기관 밑에 행정위원회, 사법위원회, 군사위원회 등이 있다. 이런 특징은 루소, 블랑키의 의회독재, 의회 일원제의 형식을 닮았다.

자치와 일원제 가 소비에트에서도 발견되기 때문에 레닌이 그것이 사회주의적 민주제라고 평가한 것은 아니다. 그랬더라면 이미 마르크스가 그렇게 선포했을 것이다. 마르크스는 당시 무언가를 더 찾으려 애쓰고 있었을 뿐이다.

왜 직접 민주제나 자치 또는 의회 일원제가 사회주의 국가의 기본 형식이 될 수 없을까? 여기에 국가론의 비밀이 있다.


## 2) 계급독재로서 국가

마르크스는 블랑키의 혁명적 독재라는 개념을 일찍부터 수용했다. 루소, 블랑키에게서 혁명적 독재는 임시적이다. 마르크스는 1848년 2월 혁명을 분석한 『프랑스에서의 계급투쟁』에서 계급의 연합적 지배라는 개념을 제시했다. 민주주의는 부르주아 연합(금융 자본, 토지 자본, 산업 자본 등)을 가능하게 해 주는 형식 곧 계급 지배의 도구라는 것이다. 레닌은 이를 일반화하여 모든 국가는 계급독재 국가라 했다.

국가는 계급의 도구이다. 그 주장은 국가가 특정 계급의 목적을 실행한다는 것만 의미하는 것이 아니다. 그 주장은 특정 계급이 그 국가를 지속해서 안정적으로 장악할 수 있다는 것을 전제로 한다. 특정 계급이 국가를 지속해서 장악하는 것 없이는 계급적 목적을 실행할 수 없기 때문이다. 그것이 계급 독재의 의미이다. 부르주아 국가이든, 사회주의 국가이든 민주주의와 선거 체제를 거부할 수 없다. 선거를 통해 정권이 교체된다. 정권을 담당하는 인물은 바뀌더라도 계급은 여전히 동일해야 비로소 한 계급이 국가를 지속해서 장악할 수 있게 된다. 이때 진정으로 국가는 계급국가가 된다.

서구 민주주의 형식은 부르주아 계급이 국가를 장악하도록 보장한다. 서구 민주주의 아래 대표성의 위기가 그 사실을 잘 증명한다. 서구 민주주의는 부르주아 독재의 형식이다. 사회주의 국가라면 프롤레타리아 또는 인민이 지속해서 장악하여 계급 독재가 가능해야 한다. 직접 민주제, 자치와 의회 일원제 등의 형식만으로 프롤레타리아와 인민의 독재를 보장해주지 못한다. 소비에트가 그런 형식을 갖는다고 해서 소비에트가 사회주의 국가인 것은 아니다. 소비에트는 프롤레타리아와 인민의 지속적인 지배, 곧 계급 독재를 가능하게 하기 때문에 사회주의 국가, 사회주의적 민주제의 형식이다. 이 점은 러시아 혁명사를 통해 확인할 수 있다.


### 3) 코뮌연합체로서 소비에트

영국의 역사가 카가 지은 『러시아 혁명사』[95]에서 나오는 다음 글이 소

---

95 · 카E.H.Carr, 『러시아 혁명사』, 이지원 역, 화다, 1985

비에트의 의미를 분명하게 전하고 있다.

> "지역적 조직과 지역적 연방주의가 사회주의 공화국의 국가문제를 해결하는 근거를 제공할 수 없다는 것을 반드시 명심해야 한다. 우리 연방은 지역적인 여러 정부나 국가의 동맹이 아니라 사회적 경제적 제조직의 연방이다. 그것은 국가권력이라는 지역적 물신 위에서가 아니라 러시아 공화국 노동 계급의 진정한 이익 위에서 수립되는 것이다."[96]

카는 이 구절이 1918년 4월 소비에트 헌법을 기초하는 위원회에서 공산주의자 라이스너의 발언이라 전한다. 이 구절에서 핵심이 되는 것은 '지역의 동맹'이 아니라 '사회 경제적 제조직의 연방'이라는 표현이다. 쉽게 말해서 소비에트는 공장, 농장, 광산 등 사회적 경제적 생산 단위의 대표로 이루어진다는 것이다.

소비에트는 무정부주의자가 주장한 코뮌연합체라는 개념을 상기한다. 코뮌은 역시 공장, 농장, 광산 등 생산의 단위이다. 소비에트를 이루는 단위 역시 생산단위 즉 공장, 농장, 병사, 학생이다. 소비에트는 곧 코뮌연합체라 할 수 있다. 자치의 개념이 무정부주의에서 흘러나온 것이듯 코뮌연합체라는 개념도 무정부주의에서 흘러나온 것일 수도 있다. 레닌이 그 영향을 받은 것으로 볼 수 있을 것이다.

그러나 결정적 차이가 있다. 소비에트와 코뮌연합체가 생산단위로 이루어진 것이라 하더라도, 그 의미는 다르다. 무정부주의자에게서 코뮌연합체는 국가권력을 폐지하는 것으로 의미를 지녔다. 반면 레닌이 소비에트를 사회주의 국가로 보았을 때 그것은 프롤레타리아 또는 인민의 독재

---

96 · 이 구절은 카, 『러시아 혁명사』, 150쪽에 인용되어 있다.

와 연관되는 것이다.

### 4) 소비에트의 의미

카의 『러시아 혁명사』를 계속해 보자. 스탈린은 1918년 헌법위원회에서 헌법 초안을 검토하는 가운데 이렇게 말한다.

"러시아 사회주의 연방 소비에트 공화국의 헌법은 현재의 과도기를 위해 계획되고, 그 주요 목적은 부르주아의 완전한 분쇄, 인간에 의한 인간에 대한 착취의 폐지, 계급 분열이나 국가권력이 존재하지 않는 사회주의 확립을 위해 도시 및 농촌의 노동자와 빈농의 독재를 강력한 전 러시아 소비에트 권력의 형태로 수립하는 것이다."[97]

스탈린은 소비에트가 노동자와 빈농(노농동맹)의 독재라고 주장한다. 스탈린은 계급독재의 차원에서 소비에트 민주주의를 이해해야 한다고 주장한다. 그 의미는 소비에트 국가가 단순히 노동자, 농민 계급의 목적을 실현한다는 것만은 아니다. 그 의미는 나아가서 소비에트 민주제 아래서 노동자, 농민 계급이 안정적으로 선출되어, 지속해서 국가를 장악할 수 있어야 한다는 것이다.

그렇다면 사회주의 국가 형식 즉 소비에트 민주주제 아래서 어떻게 노동자, 농민 계급이 안정적으로 국가를 장악할 수 있을까?

---

97 · 이 구절 역시 카, 『러시아 혁명사』, 150쪽에 인용되어 있다.

# 6절 프롤레타리아 독재

## 1) 부르주아 독재

서구 민주주의는 부르주아 독재를 어떻게 가능하게 하는가부터 분석해 보자. 서구 민주제가 부르주아의 독재, 지속적 지배라는 사실을 의심할 수는 없을 것이다. 서구 민주주의의 역사를 보면 인물만 바뀌었고 지배계급은 여전하다. 선거권이 일부 국민에 제한되거나 강압적인 분위기에서 선거가 치르지는 것도 아니다. 서구 민주주의 체제는 보통 민주주의이고 공산당조차 합법화되어 있는 자유주의 체제이다. 이런 체제에서 부르주아 독재가 계속됐다. 그것은 어떻게 가능했는가?

결론적으로 말하자. 서구 민주주의 형식은 지역을 대변하는 체제이다. 서구 민주주의에서 선거는 지역을 단위로 한다. 모든 개인은 주소지를 기준으로 선거하기 때문이다. 아무도 공장이나 논밭에 주소지를 설정하는 사람은 없다.

대체 지역이란 무엇일까? 각 지역에는 공장도 있고 농장도 있지만, 공장, 농장 등은 지역에서 부차적인 의미밖에 가지지 않는다. 지역이란 무엇보다도 소비의 영역이다. 지역에는 가정이 있고, 시장이 있고, 병원과 학교가 있고 카페가 있다. 사람도 주로 여기에 살고 머무른다. 생산기관이 있는 곳은 도시의 주변이며 거기엔 가게도 카페도 없고 그저 아스팔트 위에 세워진 벽돌과 굴뚝뿐이다. 지나다니는 사람도 눈에 보이지 않는다.

지역을 단위로 하는 서구 민주주의에서는 항상 생산보다는 소비가 선거의 이슈가 된다. 모든 이슈는 주권자를 소비자로 보는 가운데 나온 이슈이다. 복지, 집값, 교통, 생활 시설 등. 반면 생산의 문제는 거의 전혀 문제 되지 않다.

공장이나 농장에서 개인은 집단의 한 구성원으로서만 존재하고 활동한다. 반면 소비의 지역에서 각 개인은 원자화되어 흩어져서 존재한다. 집단으로 행동할 때도 그저 군중일 뿐이다. 소비 지역에서 대중은 모두 개인으로 흩어져 있다. 심지어 옆집에 누가 사는지도 잘 모르는 경우가 태반이다.

소비 지역에서 제기되는 문제를 가장 잘 아는 사람, 흩어진 개인을 묶어낼 힘을 가진 자는 명망가이다. 서구 민주주의에서는 명망을 지닌 사람이 주로 당선된다. 고위 관료, 변호사, 학자, 언론인, 연예인, 운동권, 시민단체 대표 등이 후보로 차출되는 이유가 명망성 때문이다. 반면 노동자와 농민은 생산단위에서 아무리 헌신적으로 일하거나 널리 알려져도 후보가 되기도 어렵도 당선은 더욱 힘들다. 그는 자기 지역에 대해서는 아는 것도 없고 자기 지역에서 그를 아는 사람도 별로 없다. 대중이 그를 모르니 표가 그리 갈리가 없다.

지역을 단위로 한 민주주의는 안정적으로 부르주아 명망가를 당선시키니 부르주아 민주주의는 곧 부르주아 독재의 기관인 셈이다.

## 2) 노동자 독재

부르주아 민주주의의 현실을 이해한다면 왜 사회주의 국가가 소비에트 민주제가 됐는지 이해하기 쉽다. 소비에트 민주제는 소비의 지역이 아니라, 생산의 단위를 기준으로 선거를 한다. 대의원은 공장, 농장, 병사 등을 대변한다. 이런 경우 이슈는 항상 생산의 문제가 된다. 얼마나 그리고 어떻게 생산하고, 어느 정도 분배하는가가 선거의 기본 문제가 된다. 반면 생활, 복지, 편의 등은 선거의 이슈에서 거리가 멀어진다.

대의원은 그 생산단위에 가장 헌신적으로 일해 온 사람이 당선된다. 여기에서 대중은 평소에 후보가 된 대의원의 성품과 능력에 대해 너무나도 잘 알고 있다. 오랫동안 함께 일을 해왔기에 대중의 눈을 누구도 속일 수 없다.

이러한 사실은 평소 노총이나 조합 등에서 활동을 해 본 사람이라면 누구라도 금방 이해할 것이다. 서로 경쟁이 일어날 수도 있을 것이다. 경쟁하는 어느 편으로 권력이 넘어가더라도 전체적으로 계급의 독재라는 점에서는 변함이 없다. 마치 부르주아 민주주의에서 인물이 바뀌더라도 계급은 같듯이 말이다.

소비에트 민주주의는 생산의 단위를 기준으로 대의원을 뽑는 체제이다. 이점이 소비에트 민주주의가 노동자 농민의 독재가 되는 근거이다. 소비에트 형식을 통해 노동자와 농민이 안정적으로 권력을 장악하게 된다.

소비에트 민주주의는 일당 독재라 한다. 공산당밖에는 인정되지 않는다는 것이다. 소비에트 민주주의라고 하더라도 공산당 후보만 출마하는 것은 아니다. 정당은 금지됐지만, 각종 단체가 자기의 대표를 출마시킬 수 있고 개인도 독자적으로 출마할 권리가 있다. 선거에는 항상 불확실성이 존재한다. 그런데도 공산당이 혁명 이후 80년간(소련의 경우) 지속해서 정권을 장악했다. 노동자, 농민의 정권이 안정적으로 재생산된 데에는 소비에트 민주주의라는 형식이 결정적으로 이바지했다.

### 3) 소비에트 민주주의의 한계

부르주아 민주주의가 계급독재이고 불완전한 것이듯 소비에트 민주주의 역시 한계를 지닌 것으로 보인다. 사회주의 국가의 형식인 소비에트 민주주의도 일정한 단계에서는 역사를 추진하는 힘이 됐다. 사회주의 사회가 역동적으로 발전하는데 소비에트 체제는 이를 따라가지 못했다. 소비에트 체제도 한계를 드러냈다.

두 가지 문제만 거론해 보자. 소비에트 체제는 식민지 해방 투쟁이 벌어진 중국이나 조선에서 많은 폐해를 끼쳤다. 노동자, 농민의 독재는 부르주아 민족주의자를 배제했다. 또 60년대 이후 사회주의 국가에서도 공장 육체노동자를 대신하여 새로운 지식인 노동자가 등장했다. 소비에트 민주주의 형식은 이런 전문기술 노동자의 요구 즉 소비에 관련된 요구를 수용하지 못했다.

# 7절 인민 민주주의

## 1) 소비에트 민주주의의 한계

소비에트 민주주의는 사회주의 초기 노동자, 농민의 정권을 안정적으로 산출했다. 사회주의 국가에서 계급독재는 결코 힘으로 강제된 것이 아니었다. 소비에트 민주주의라는 형식이 이를 보장했다. 그러나 소비에트 민주주의는 너무 많은 계급을 배제했고 생산 외에 소비에서 제기되는 문제를 해결하지 못했다. 이는 서구 민주주의가 노동자, 농민 계급을 대변하지 못하고 생산 과정에서 제기되는 문제를 해결하지 못한 것과 마찬가지였다. 서로 거울에 비친 반대 상[象]이었다.

성공은 항상 '실패의 어머니'이다. 세상은 변했는데 과거의 성공의 길을 따라가면 길을 잃게 마련이다. 소비에트 민주주의는 사회주의 초기에 성공적이었기 때문에 무차별하게 모방했다. 결과적으로 소비에트 민주주의도 위기에 빠졌다.

## 2) 반민생단 투쟁

시간을 거슬러 1930년대 초반으로 가보자. 만주 지역에 조선 공산주의자들이 유격구를 세웠다. 당시 '일국일당[一國一黨]' 원칙에 따라 이들은 중국 공산당 산하에서 활동했다. 그들은 유격구에 소비에트 정권을 세웠다. 모든 토지가 몰수됐고 노동자, 농민만을 토대로 하는 소비에트 정권이 세워졌다.

유격구는 일제의 토벌에 강인하게 저항했다. 일제는 날로 강력하게 유격구를 포위해 들어왔다. 이렇게 되자 유격구 내부에 분열이 일어났다. 유격구 내부에 부농과 빈농 사이에 분열이 일어났다. 철저한 토지혁명과 소비에트 정권 때문에 유격구 내 부농이 소외됐기 때문이다. 부농은 주로 중국인이고 빈농은 주로 조선인이다. 대다수 당원은 조선인이지만, 당 지도부는 중국인이 맡았다. 그래서 중국인 지도부와 조선인 게릴라 전사, 당원 사이에도 갈등이 생겼다. 갈등은 일파만파로 번졌다. 끝내 유격구와 비유격구, 공산 게릴라와 구국(항일)군도 서로 대립했다.

유격구에 세워진 소비에트 정권은 고립됐다. 일제가 토벌을 강화하자, 고립은 두려움을 낳았다. 일제는 이런 상황을 이용했다. 그게 바로 반민생단 사건이다. 일제는 유격구에 민생단 스파이가 들어가 있다는 거짓 소문을 퍼뜨렸다. 민생단이라는 소문이 돌자 두려움은 의심을, 의심은 증오를 낳았다. 중공당 지도부는 이때 내부에 스며든 민생단 스파이를 색출해 처단하라는 지시를 내린다. 이게 반민생단 투쟁이었다.

## 3) 인민전선

반민생단 투쟁은 가혹했다. 이 투쟁은 조선인 유격대 전사, 당원의 상당수를 살해했다. 유격대는 북만주로 후퇴하고 유격구는 산간오지로 도피하지 않을 수 없었다. 처참한 반민생단 투쟁의 원인은 일제의 간교한 술책, 중공당 지도부의 오판도 있지만, 무엇보다도 소비에트 정권 그리고 고립에 있었다.

마침내 1935년 7월 국제 공산당, 코민테른 7차 대회에서 새로운 방침을 정했다. 인민전선이라는 전략이다. 파쇼에 저항하기 위해 모든 반파쇼 세력이 단결해야 한다는 주장이다. 이것은 식민지 해방운동에서는 반제국주의를 위한 민족 통일전선 운동이 됐다. 민족 통일전선을 가장 일찍, 가장 철저하게 수행했던 세력은 반민생단 투쟁을 거쳐 살아남은 조선 공산주의자들이었다. 이론이 바뀐다고 해서 사람들이 이를 곧바로 이해하는 것은 아니다. 반민생단 투쟁을 거치면서 조선 공산주의자들은 소비에트 형식이 지닌 폐해를 몸으로 깨닫고 있었기에 민족 통일전선의 필요성을 몸으로 느끼고 있었다. 그렇기에 조선 공산주의자들은 민족 통일전선 이론을 가장 올바로 이해하고 실천할 수 있었다.

### 4) 마오쩌둥의 신민주주의

중국 공산당의 마오쩌둥은 도시 폭동에 실패하고 1928년 9월 정강산으로 들어가서 유격투쟁을 전개했다. 마오쩌둥의 노력으로 간신히 자리 잡은 서금 근거지가 장개석 군대의 포위전 앞에 붕괴했다. 마오쩌둥의 유격대는 1934년 10월 만리장정을 떠났다. 마오쩌둥은 1935년 8월 화북 연안 지방에 도착해서 다시금 국민당과 좌우합작을 시도했다. 그 기초는 역시 1935년 7월 코민테른의 민족 통일전선론이다.

마오쩌둥은 이렇게 통일전선을 모색하는 한편 새로운 사회주의 국가를 모색했다. 마오쩌둥은 1940년 1월 『신민주주의론』을 발표한다. 마오쩌둥의 신민주주의론의 골자는 민족 부르주아와 노동자, 농민 계급의 연합에 기초한 정권을 세워야 한다는 주장이다. 마오쩌둥은 당시 새로운 정권의 구체적인 모습은 밝히지 않았다. 그 정권의 구체적인 모습은 마오쩌둥이 중국을 통일한 이후 1953년 제정한 선거법과 헌법에서 나타난다. 신민주주의론, 그리고 새로운 헌법의 핵심적 내용이 인민 민주주의 국가라는 개념이다.

### 5) 정치협상과 인민의 독재

인민 민주주의 국가의 핵심은 두 가지이다. 하나는 소비에트 민주제 즉 생산의 단위인 코뮌을 대변하는 형식을 폐지한 것이다. 다시 지역을 대변하는 서구 민주주의 형식으로 돌아갔다. 소비에트 민주주의는 공산당만 인정한다. 다만 각종 사회단체의 선거 참여는 인정된다. 반면 인민 민주주의에서는 공산당 외 정당의 존재를 인정한다. 부르주아를 대변하는 정당도 수용한 것이다.

이런 변화로 계급독재 즉 사회주의 정권이 안정적으로 권력을 장악할 가능성이 줄어들게 된다. 마오쩌둥은 이 문제를 해결하기 위해 정치협상(정식 명칭은 '중국 인민정치협상회의'이다)을 제도화했다. 이런 정치협상은 이해하기 어려울 것이 없다. 우리나라에서도 자주 등장했던 정당 연대를 생각하면 될 것 같다. 서로 협상을 통해 공동으로 선거 후보를 내세운다면 다수의 지지를 얻을 수 있다. 공동 투쟁을 위한 방침도 미리 확정된다.

인민 민주주의 정부는 지역 대표와 정치협상이라는 두 바퀴가 함께 돌아간다. 지역 대표와 정치협상, 이 두 가지는 두 마리 토끼를 동시에 잡은 마법이다. 만일 전자만 있다면 서구 민주주의이고, 후자만 있다면 소비에트 국가가 된다. 부르주아 민주주의와 사회주의 민주주의, 지역 민주주의와 소비에트 민주주의가 균형을 이루는 것이 인민 민주주의이다. 부르주아 민주주의를 수용함으로써 부르주아, 지역, 개인의 소비 욕구를 대변할 수 있게 됐다. 정치협상을 전제함으로써 인민의 독재, 생산 문제의 해결이 가능했다.

현실적으로 사회주의 국가에서 지역 대표란 점차 의미를 상실하게 된다. 사회주의가 건설되고 집단화가 일어나면서 부르주아, 프티부르주아의 세력이 급속하게 축소되기 때문이다. 지역에 시장이 사라지니 더는 지역이 의미를 지니지 않았다. 모든 사람은 일정한 코뮌에 속하여 코뮌을 통해 자기를 대변했다. 공산당을 제외한 다른 정당은 실제 대변하는 세력이 없는 예우 정당으로 전락했다. 정치협상에서 정책과 후보를 모두 결정하니, 인민 대표회의란 정치협상에서 결정된 것을 추인하는 요식적인 행사로 전락했다.

위축된 상태에서도 적어도 형식은 남았다. 인민 민주주의는 소비에트 민주주의보다는 다양성을 가질 수 있었다. 중국에서 개혁개방이 안정적으로 가능한 것도 이 제도 덕분이다. 소련에서 고르바초프의 개혁개방이 실패로 돌아간 것과 비교해 보면 그 차이를 이해할 것이다. 앞으로 중국처럼 사회주의가 개방되고 부르주아 개인이 발전하게 되면 다시 지역과 시민이 살아날 것이다. 그러면 인민 민주주의는 새로운 활력을 얻게 될 것으로 믿는다.

마오쩌둥은 일제의 침략으로 민족이 위기에 처하자 북상항일을 선언하면서
민족통일전선에 나섰다. 마르크스주의가 민족을 재발견하는 순간이다.

# 4장 민족이란 무엇인가?

## -민족은 혈연인가 경제 생활의 공동체인가?-

**문:** 마르크스는 민족을 경제적 교류의 산물로 보고 민족주의를 부르주아의 시장 지배를 위한 것이라 주장했어요. 그 때문에 20세기 초 전 세계 반제국주의 운동에 상당한 혼란이 일어났던 것이 아닐까요?

**답:** 1850년대 마르크스는 민족주의에 비판적이었습니다. 1860년대 후반에 이르면 마르크스는 민족주의를 긍정하지요. 스탈린은 민족 개념을 규정할 때 초기 마르크스의 관점에 따라 자본주의의 산물로 보았습니다. 스탈린도 1930년대에 이르면 사회주의 민족 개념을 제시할 정도로 민족을 긍정했습니다. 후일 김일성 주석은 스탈린의 주장을 더 발전시켜 민족이 혈연에서 나온다고 보았습니다.

# 1절 혈통과 경제 생활

## 1) 민족 개념의 역사

민족 개념의 역사를 살펴보자. 19세기 초 독일 낭만주의는 처음으로 민족에 관한 이론을 세우고자 했다. 그 이론에 따르면 민족은 혈통에 의해 태고로부터 자연적으로 형성되는 것이다. 공통의 혈통을 바탕으로 공통의 언어와 문화가 발생했다. 낭만적 민족 개념은 민족을 절대적으로 긍정한다. 민족운동의 역할을 어떤 경우이든 긍정하니 민족주의가 발전하는 데 이바지한다. 하지만 문제가 있다. 혈통이란 것이 과연 존재하는가? 혈통이라는 개념 자체가 가부장 사회의 유산이지 않을까?[98]

---

[98] 혈통과 혈연은 구분된다. 예를 들어 부족 사회에서 씨족 간 혼인이 이루어진다. 그러면 여자는 혼인에 의해 다른 씨족으로 건너간다. 여자는 혼인하기 전 씨족의 재산을 받을 수 없다. 이 경우 씨족은 혈통이 지배한다. 반면 서로 혼인하는 씨족들 전체는 하나의 부족을 이룬다. 부족은 혈통이 지배하지 않고 혈연을 이룬다.

낭만적 민족운동은 때로 타락하기도 했다. 독일 낭만주의도 그렇다. 낭만주의는 한편으로 분열된 독일을 통일하여 나폴레옹의 침략에 저항하는 독일 민족주의를 일으켰다. 다른 한편으로 낭만적 민족 개념은 중세의 신성로마제국을 신성시하면서 근대 자유주의 운동을 진압하는 봉건 이데올로기가 됐다. 20세기에 들어와 낭만적 민족 개념은 나치즘을 정당화하기도 했다. 혈통은 순수와 비순수로 나누어지니, 혈통에 따라 배타적 민족주의가 등장한다. 나치는 이런 기준에 따라 허망하게도 게르만 민족의 순수 원형을 찾으려 했고 독일 민족의 생존권을 부르짖으며 유럽을 침략했다.

## 2) 스탈린의 정의

20세기 초 러시아도 복잡한 민족 갈등이 발생했다. 유대인 사회주의 조직인 '분트[Bund: 동맹]'는 여러 나라에 흩어져 사는 유대인의 자치를 주장했다. 이를 정당화하는 이론이 오스트리아 마르크스주의자 슈프링거R. Springer의 문화적 민족 개념이다. 슈프링거는 종교를 포함하는 문화가 민족의 징표라고 주장한다. 스탈린은 분트의 분리주의적 경향을 비판하면서 1913년『마르크스와 민족 문제』라는 글을 발표했다. 스탈린은 이 글에서 민족 개념을 이렇게 설명했다.

> "민족은 역사적 범주일 뿐 아니라 특정한 시대, 성장하는 자본주의 시대에 해당하는 역사적 범주이다. 봉건제의 폐지와 자본주의의 성장 과정은 동시에 민족의 형성 과정이다."[99]

---

99   스탈린, 『마르크스주의와 민족문제』, 신상석 역, 『민족논쟁의 결산』 자료, 274쪽

간단히 말해 민족은 자본주의의 산물이었다는 주장이다. 이런 주장은 다음과 같은 민족 개념을 전제로 한다.

> "민족이란 역사적으로 형성된 공통의 언어, 지역, 경제생활과 공통의 문화에 나타나는 심리적 성격의 공통성을 기초로 하여 발생한, 인간들의 강고한 공동체이다."[100]

민족이 이루어지려면 언어, 지역, 경제생활, 문화 및 심리의 공통성이 모두 있어야 한다. 이 정의를 앞의 독일 낭만주의자의 개념과 비교해 보자. 언어와 문화는 공통적이다. 차이는 낭만주의가 혈통을, 스탈린은 경제생활을 민족의 결정적 징표로 간주한다는 데 있다.

스탈린의 민족 개념은 근대 민족운동을 역사적으로 설명한다. 왜 부르주아가 민족운동에 나서는가? 부르주아는 민족시장을 획득하는 데 관심을 두고 있기 때문이다. 프롤레타리아는 민족운동에 나설 필요가 있는가? 민족운동은 자본주의를 발달시켜, 프롤레타리아를 강화하는데 도움을 줄 것이다. 즉 프롤레타리아는 수단적인 차원에서 간접적으로만 민족주의 운동에 관심을 가진다.

이런 관점은 민족운동을 구별하게 한다. 낭만주의는 민족운동을 절대화했다. 반면 스탈린은 민족주의를 정치적 관점에 따라서 다르게 평가했다.

> "민족운동의 힘은 민족의 광범위한 계층 즉 프롤레타리아와 농민이 그에 가담하는 정도에 따라서 결정된다. 프롤레타리아가 부르주아 민족주의의 깃발

---

100 · 스탈린, 『마르크스주의와 민족문제』, 위의 책, 269쪽

아래 모여드는가 아닌가, 여부는 계급 대립의 발달 정도와 프롤레타리아의 계급 의식 및 조직화 정도에 달려 있다. 계급의식적 프롤레타리아는 그 자신의 확고한 깃발을 가지며 부르주아지의 깃발 아래 모여들 필요가 없다."[101]

민족운동의 힘은 그 주도층이 누군가, 봉건 귀족이나 부르주아가 주도하는가 아니면 프롤레타리아와 농민이 가담하는가에 따라 평가됐다. 부르주아가 지도하는 민족운동은 비판된다. 프롤레타리아가 조직되면 굳이 "부르주아 깃발 아래 모여들 필요 없다." 프롤레타리아(농민을 포함해서)는 부르주아가 지도하는 민족운동과 분리된 독자적인 민족운동을 전개해야 한다.

### 3) 스탈린의 한계

스탈린의 민족 개념에도 여러 비판이 제기되어 왔다. 민족이 근대 자본주의의 발전에 따라 형성된 것이면 고대나 봉건 시대에는 민족이 없었는가? 하지만 흔히 로마, 그리스 민족이라 하고, 신라, 고구려 민족이라 하지 않는가? 민족을 자본주의의 산물로 보는 것은 너무 편협한 주장으로 보인다.

문제는 여기에 그치지 않는다. 민족주의는 다양하고 복잡하기 때문이다. 예를 들어 19세기 초 독일의 낭만적 민족주의는 진보적인 요소와 반동적 요소가 시기적으로 교체했다. 나폴레옹의 침략에 대항할 때 그것은 진보적이었다. 그 뒤 오스트리아의 신성동맹을 옹호할 때 그것은 반동적이었다. 19세기 중반 폴란드나 이탈리아, 헝가리의 민족해방운동은 진보적

---

101 스탈린, 『마르크스주의와 민족문제』, 위의 책, 276쪽

민족주의자들이 주도했다. 이 나라들의 민족주의는 유럽 반동체제인 오스트리아, 러시아에 대항했다. 반면 체코, 크로티아, 슬로베니아의 민족주의자는 봉건 귀족이 주도했다. 이 나라에서 민족주의는 유럽 반동체제인 오스트리아와 러시아의 지배 수단이 됐다.

스탈린은 이런 경우 정치적 관점에서 진보냐 보수냐를 따져 지지와 반대를 결정한다. 하지만 이를 따지기가 절대 쉽지 않다. 시기적으로, 지역에 따라 같은 민족운동이 진보에서 보수로, 보수에서 진보로 성격을 바꾸니 그때그때 지지와 반대는 헝클어질 수밖에 없다.

더구나 이런 식의 판단은 민족운동이 지닌 정치적 가능성을 너무 좁게 보는 경향이 등장한다. 예를 들어 식민지 사회는 제국주의자에 의해 약탈당하기 때문에 자본주의 생산이 발전되지 않는다. 이런 사회에서 진보적 부르주아가 전개하는 민족운동이 나타나기 힘들다. 이런 사회에서 봉건 귀족과 상층 부르주아가 민족운동을 주도하게 된다. 그들의 민족운동은 성격은 보수적이더라도 민족을 해방하는데 이바지함으로써 결국에는 (간접적으로는) 사회의 진보에 이바지한다는 사실이 역사적으로 밝혀졌다. 이런 사회에서 보수적 민족운동을 스탈린의 개념에 따라 거부해야 할까? 민족해방은 진보든 보수든 가리지 않고 그 자체로 가치 있는 것이 아닐까?


### 4) 새로운 민족 개념에 관한 출발점

보통 마르크스주의에서 민족 개념은 스탈린에 의해 대변된다. 하지만 스탈린의 민족 개념에 우리를 한정할 필요가 있을까? 스탈린과 다른 방식으로 마르크스의 민족 개념을 재구성할 수 있지 않을까?

이런 관점에서 주체사상의 민족 개념은 새로운 전망을 제시해 준다. 주체사상에서 민족은 혈연에서 출발한다. 이로부터 언어와 문화의 공통성이 나온다. 동시에 주체사상은 민족 개념이 사회 역사적으로 발전한다고 본다. 주체사상의 민족 개념은 낭만적 민족개념과 스탈린 민족 개념을 모두 포괄하고 있다.

이런 관점에서 마르크스, 엥겔스의 글을 다시 읽어 보자. 마르크스, 엥겔스가 남긴 글을 읽어보면 민족 개념에 관한 한 스탈린이 너무 좁게 해석했다는 것을 발견하게 된다. 혈연과 역사를 동시에 아우르는 주체사상의 관점을 오히려 마르크스에게서 발견할 수 있을 것이다.

# 2절 민족 개념의 재구성


## 1) 마르크스와 민족

민족 운동에 관한 마르크스와 엥겔스의 글을 읽어보면 50년대 초와 60년대 후반 사이에 커다란 단절을 발견할 수 있다. 50년대 초의 글은 스탈린의 관점에 더 적합하다. 반면 60년대 후반 글에서는 오히려 주체사상의 민족 개념이 더 적합하다. 마르크스의 태도 변화가 어떻게 일어났는지를 살펴보기로 하자.

마르크스는 1948년『공산당 선언』에서 근대 민족은 자본주의의 산물이라고 보았다.

"부르주아지는 주민, 생산수단, 재산이 흩어져 있던 상태를 점차 일소시켜 나간다. 그는 주민을 모으고 생산수단을 집중시키며 소수 사람의 손에 재산을 집중시켰다. 그 필연적 결과는 정치의 중앙집중화였다. 각각의 상이한 이해관계, 법률, 정부, 조세제도를 갖춘 독립적이고 혹은 느슨하게 연결되어 있던 여러 지방은 이제 하나의 민족, 하나의 정부, 하나의 민족적 계급 이해관계, 하나의 국경 및 하나의 관세 제도를 갖춘 하나의 민족으로 묶였다."[102]

간단히 말해 민족이란 자본주의적 생산이 발전하면서 만들어진 결과라는 말이다. 자본주의적 교환의 발전은 봉건 사회의 지역적 분할을 무너뜨리고 민족적 통일을 이루었다.

## 2) 역사적 민족과 비역사적 민족

이런 판단은 1848년 2월 혁명이 실패로 돌아간 다음 엥겔스가 『신라인 신문』에 연재한 『독일의 혁명과 반혁명』(1851년)이라는 글에서도 분명하게 드러난다.

엥겔스는 여기서 민족주의를 긍정적이고 부정적인 두 종류로 구분했다. 그 기준은 대체로 정치적 판단이었다. 민족주의의 주도 세력이 귀족인가 아니면 부르주아인가, 민족주의가 봉건제에 봉사하는 것인가 아니면 봉건제를 무너뜨리는 데 이바지하는 것인가, 민족주의가 타민족의 침략에 저항하는 것인가 아니면 타민족을 침략하려는 것인가, 민족주의가 프롤레타리아의 운동에 이바지할 것인가 아니면 방해할 것인가, 엥겔스는 대체로 이런 기준을 가지고 당시 유럽에 등장한 다양한 민족주의 운동을 평가했다.

그런 평가 가운데 그는 '역사적 민족'과 '비역사적 민족'이라는 개념을 구분했다. 역사적 민족은 유럽의 역사를 발전시키는 데 이바지하는 방향으로 운동하는 민족을 말한다. 예를 들어 폴란드, 헝가리 민족해방운동은

---

102 · 김재기 편역, 『마르크스 엥겔스 저작선』, 『공산당 선언』, 33쪽

4장 민족이란 무엇인가 227

프티부르주아가 주도하고 있으며 러시아 차르체제를 파괴한다. 또 세르비아 민족주의도 오스만 튀르크의 봉건체제에 저항하고 오스만 튀르크의 봉건체제를 파괴한다. 이런 민족은 역사적 민족이다. 반면 프랑스 대혁명 시기 프랑스 남부 부르군디족의 독립운동이나 오스트리아 제국 내의 크로아티아, 슬로베니아의 민족주의는 귀족이 주도하면서 농민에 대한 봉건적 억압을 강화하는 것이다. 이런 민족은 '비역사적 민족'이다. 엥겔스는 비역사적 민족을 '민족의 잔재'라는 말로 부정적으로 표현했다. '민족의 잔재'란 고대에 민족국가를 세웠지만, 수천년간 이민족 지배 아래 종속됐기에 민족으로서 정치적 생명력을 상실한 민족이란 뜻이다.

엥겔스는 1844년 『영국노동 계급의 상태』라는 글에서 아일랜드 독립운동에 대해 부정적으로 평가했다. 당시 아일랜드 독립운동을 추구하는 집단이 봉건 귀족, 가톨릭 애국주의자였기 때문이다. 엥겔스는 아일랜드 노동자는 독립운동을 벌일 것이 아니라 영국 노동 계급과 연합하여 참정권 획득 운동을 전개할 필요가 있다고 보았다. 그는 아일랜드 독립은 영국의 노동 계급이 집권해야 가능할 것으로 판단했다. 마르크스도 대체로 엥겔스의 이런 평가에 동의했다. 이런 입장은 인도의 독립운동이나 1830년대 폴란드의 독립운동에 관해서도 마찬가지였다.

대체로 40년대 말~ 50년대 초 마르크스, 엥겔스 글은 스탈린의 관점에 부합하고, 민족운동에 대한 긍정적 평가보다는 오히려 부정적인 평가가 눈에 띈다. 그 이유는 엥겔스의 글에서 분명하게 드러난다. 1848년 유럽 혁명에 민족주의자들이 부정적인 영향을 끼친 것 때문이었다. 마르크스, 엥겔스는 그 때문에 유럽혁명이 실패로 돌아갔다고 생각했다.


### 3) 메리 번즈

60년대 들어오면서 마르크스, 엥겔스의 민족주의에 대한 평가가 달라진다. 그 계기가 아일랜드 민족운동이었다. 마르크스, 엥겔스는 아일랜드 민족운동에 대해 일찍부터 주목했다. 망명지가 런던이었고, 엥겔스의 아내였던 메리 번즈Mary Burns 때문이다. 메리 번즈는 아일랜드인이며, 가난한 소농을 중심으로 형성된 페니언 협회[103] 소속이었다. 이 페니언 협회 역시 아일랜드의 독립을 추구했다. 엥겔스는 1856년 아내와 더불어 아일랜드를 직접 방문했다. 그 뒤 그의 입장은 근본적으로 변화했다. 그는 민족운동이 누구에 의해 어떤 식으로 벌어지든 간에 어느 경우이든 긍정적으로 평가하게 됐다.

이 점을 엥겔스는 마르크스에게 보낸 1869년 10월 24일 편지에 분명하게 언급하고 있다.

"아일랜드의 역사는 한 민족이 다른 민족을 복속시킨다는 것이 그 민족에게 얼마나 큰 불행인지를 보여주고 있다. 영국의 모든 추악함은 아일랜드 식민지에 그 기원을 두고 있다."[104]

엥겔스의 편지에 화답하면서 마르크스 역시 자기의 변화된 입장을 보여 주었다. 1869년 12월 12일, 마르크스는 엥겔스에 보내는 편지에서는 마침내 이렇게 선언한다.

---

103 · 페니언[Fenian] 협회 : 아일랜드 공화국 수립운동을 벌였던 단체, 여기서 파생된 군대가 아일랜드 공화군[IRA]이다.

104 · Letter from Engels to Marx (1869, 10, 24), Karl Marx and Friedrich Engels Selected Correspondence, Progress Publishers, 1975

"오랫동안 나는 영국에서 노동 계급이 집권하면 아일랜드의 식민지 정부를 타도할 수 있으리라 믿어왔다....연구가 깊어지면서 나는 이제 그 반대의 사실을 확신하게 됐다. 영국의 노동계급은 아일랜드를 폐어놓기 전에는 아무것도 성취할 수 없다...."[105]

이런 판단들은 마르크스가 아일랜드의 해방을 여하간에 긍정한다는 사실을 보여준다. 민족해방운동이 비록 봉건 귀족과 상층 부르주아에 의해 지도되더라도 긍정한다는 뜻이다.

마르크스의 이런 관점은 1860년대 '국제 노동자 협회'에서 활동하는 가운데 더욱 심화했다. 1864년 11월 '국제 노동자 협회' 총평의회에서 보고된 폴란드 문제에 대한 마르크스의 태도를 보자. 그는 폴란드의 독립이 계급적 해방을 전제해야 한다는 일부의 주장을 비판하면서 폴란드의 독립은 무조건 우선해야 한다고 주장했다.

### 4) 결론

마르크스, 엥겔스는 이상 보듯이 아일랜드와 폴란드의 민족운동을 긍정했다. 민족운동이 비록 봉건 귀족과 상층 부르주아에 의해 일어나고 표면적으로 봉건적 지배를 강화하는 것처럼 보이더라도 긍정됐다. 이런 변화의 이론적 근거는 식민지 초과 착취이윤이었다.

1858년 10월 17일 엥겔스는 마르크스에게 편지를 보내 다음과 같이 말했다.

"영국의 프롤레타리아는 점차 부르주아화되고 있다. 모든 국가 중에서 가장

---

105 · Letter from Marx to Engels (1869. 11. 12), 위의 책

부르주아적인 이 나라는 분명히 부르주아뿐만 아니라 부르주아적인 귀족과 부르주아적인 프롤레타리아의 소유를 궁극적인 목표로 삼고 있다. 전 세계를 착취하고 있는 국가로서 본다면 물론 이것은 상당히 타당한 일이다."[106]

엥겔스는 이 글에서 영국 프롤레타리아가 부르주아화하여 현실에 안주하고 있음을 비판한다. 그 원인은 식민지를 통해 얻어지는 초과이윤 때문이다. 그는 영국의 식민지 이윤을 차단할 수 있다면 영국 프롤레타리아는 다시 혁명화할 것으로 믿었다.

식민지 초과 착취이윤은 제국주의 본국만 변화시키는 것이 아니다. 그런 착취는 식민지 사회 자체의 산업화를 방해하고 (반)봉건화를 가속한다. 그러니 이런 사회에서는 진보적 민족주의를 전개할 부르주아가 등장할 여지가 없다. 50년대처럼 진보적 민족주의만 지지한다면 결국 민족운동을 부정적으로 보게 된다.

조금 더 생각해 보자. 민족이 해방되면 그것은 그 자체로 긍정적, 진보적 결과를 가지고 온다. 왜냐하면 착취 이윤이 해방된 나라 내부에 머무를 것이며 이를 통해 자체 내 발전을 통해 자본주의적 산업화가 가능할 것이기 때문이다. 그러면 역사를 진보시킬 새로운 세력이 등장하게 된다. 부르주아가 등장하고 또 그에 대항하는 프롤레타리아가 발전하게 될 것이다. 곧 민주혁명과 사회주의 혁명이 밀려올 것이다.

이런 근거에서 앞에서 본 것과 같이 60년대 후반 마르크스, 엥겔스의 입장이 변화했다. 그들은 모든 민족운동을 지지하게 된 것이다. 마르크스, 엥겔스의 이런 판단 속에는 50년대와 다른 민족 개념이 잠재되어 있다는

---

106  Letter from Engels to Marx(1858, 10,7), 위의 책

것을 짐작할 수 있다. 아일랜드, 폴란드 민족운동은 아직 자본주의화가 되기 이전에 일어난 것이다. 전자본주의 시대 이미 민족과 민족운동이 등장했다. 그렇다면 자본주의의 산물로서 민족이라는 개념이 무너지게 된다. 전자본주의 시대 민족은 경제적 교류로 설명하기 어렵다. 다시 혈연이라는 개념을 끌어들이지 않을 수 없다.

결론적으로 60년대 이후 변화된 마르크스, 엥겔스의 입장은 스탈린의 개념으로는 설명할 수 없고 새로운 개념을 요청한다. 우리는 이 새로운 개념의 원천을 엥겔스가 지은 저서 『가족, 사유재산, 국가의 기원』에서 발견할 수 있을 것이다.

# 3절 전자본주의 민족 개념

## 1) 민족이란?

이제 마르크스, 엥겔스가 60년대 이후 남긴 단서, 특히『가족, 사유재산, 국가의 기원』에 기초해서 새로운 민족 개념을 재구성해 보자.

민족[民族] 개념은 족속[族屬], 종족[種族]이라는 의미에서 출발하지 않을 수 없다. 영어로 'nation'이라는 말의 의미도 마찬가지이다. 'nation'은 '자연[nature]' 이란 말에서 보듯이 '타고난'이라는 의미를 지닌다. 민족은 하나의 종족이지만, 부족과 같은 종족은 아니다. 같은 종족이라도 부족과 달리 민족이 되기 위해서는 '민[民]' 즉 '백성[百姓]'이 주체가 되어야 한다. 백성이란 무슨 말인가? 즉 백성이 모여서 이룬 종족, 족속이 민족이다.

엥겔스가 지은『가족, 사유재산, 국가의 기원』이라는 책은 마르크스가 남긴 자료[모건의 저서『고대사회』의 발췌]를 기초로 엥겔스가 말년

(1884년)에 지은 책이다. 그 핵심적인 내용은 부족이 해체되고 고대국가가 형성되는 과정이다. 고대국가에서 최초로 민족이 형성되니, 엥겔스의 이 책은 민족의 출현 과정을 다룬다고 해도 된다.

엥겔스는 이 책에서 민족에 관한 두 가지 관점을 강조한다. 첫 번째로 민족의 기초는 종족 또는 족속이라는 것이다. 종족은 혈연을 기초로 형성했다. 혈연은 혼인을 통해 형성된다. 혈연은 네트워크이니 공간적 개념이다. 혈연은 한 번의 혼인이 아니라 수 세대에 걸쳐 계속된 혼인으로 등장하는 것이니 여기에 시간적 지속성이 존재한다. 간단히 말해 시공간적인 연속체로서 혈연이 종족이다.

혈연은 혈통과 구분된다. 혈통은 재산이 전승되는 계열이다. 혈통에는 모계제와 부계제의 차이가 있다. 씨족은 이런 혈통의 질서이다. 반면 혈연은 수 세대에 걸친 교차 혼인 관계를 통해 형성된다. 그것은 피의 연관, 피의 교차를 의미한다. 여기서는 모계제와 부계제의 차이가 없다. 부족은 씨족 간 혼인동맹이니 혈통이 아니라 혈연의 망이다.

두 번째로 역사성이다. 가족은 혼인 때문에 생기지만, 가족의 구조는 그 시대 사회를 토대로 한다. 마찬가지로 민족은 혼인 때문에 형성되지만, 혼인은 역사적 사회 속에서 일어난다. 결국 민족의 질적인 성격, 민족의 질적 차이를 결정하는 것은 역사적인 사회이다.

민족의 사회적 토대가 되는 것에는 두 가지가 있다. 하나는 정치적 국가이고 다른 하나는 경제 관계이다. 마르크스주의에서 국가는 경제 관계에 기초하지만, 자율성을 지닌다. 민족은 경제 관계와 국가(정치적 힘)라는 것에 의해 중층적으로 결정된다.

고대 국가나 중세 국가는 주로 정복을 통해 생겨난다. 이 경우 국가가 토대가 되어 혼인의 망이 형성되면서 그 시대 민족이 출현했다. 이 시대 경제 관계는 민족의 형성에 직접 영향을 미치지는 못한다. 반면 근대 자본주의 시대에 들어오면 국가보다는 오히려 경제 관계가 혼인의 기초가 된다. 경제 관계를 통해 형성된 민족은 근대 민족[국민] 국가를 탄생하게 한다.

이런 두 가지 관점에서 민족의 역사적 발전 과정을 설명해 보자. 여기서 앞에서 설명한 전자본주의 시대 사회에 대한 설명을 참조하기 바란다.

### 2) 고대 민족의 출현

엥겔스는 이 책에서 고대 그리스, 로마의 도시 국가를 서술하면서 민족(민족체)[107]이라는 말을 사용한다.

> "새로운 통치조직에서는 ..기존의 4개 부족으로의 구분이 무시됐다. 그 대신...단지 거주지에 의해 시민을 구분한 새로운 조직이 나타났다. ...이 종족은 종래의 혈연종족과는 달리 오로지 상시적인 거주지만이 결정적인 의미를 갖게 됐다."[108]

이 글은 마르크스가 BC 509년 아테네의 클라이스테네스의 혁명을 통해 새로 세워진 국가를 묘사하면서 나온 글이다. 여기서 엥겔스는 기존의

---

107 일부 마르크스주의 이론가들은 이 글에 나오는 영어 'nationalities', 독일어 'Nationaltität'을 굳이 '민족체'라고 번역한다. 이 말을 그렇게 번역할 필요가 있을까? 본래 용법상 그 말은 '민족[영nation, 독Nation]'이란 일반적 용어와 구분되지 않는다. 그런 번역은 민족을 스탈린의 정의에 따라 규정하려니 생긴 불합리이다. 오히려 그 말의 용법에 따라 '민족'이라 번역하고 마르크스 엥겔스는 전자본주의 시대 민족 개념을 인정했다고 보는 것이 합리적이다.

108 엥겔스, 『가족 사유재산 국가의 기원』, 김대웅 역, 두레, 2012, 202쪽

혈연 공동체가 무너지고 지역적으로 시민이 구분된다고 한다.

'지역적 구분'이라는 말이 중요한 단서를 제공해 준다. 기존의 혈연공동체란 인류학자 레비-스트로스가 밝혔듯이 씨족 간 남녀의 교환 즉 혼인 관계를 통해 구성된 것을 말한다. 레비스트로스는 근친상간 금기라는 제도 때문에 씨족내 혼인이 금지되어 있으니, 혼인을 위해 씨족간 동맹이 맺어지며, 이게 부족이었다. 부족도 단순한 것에서 복잡한 것으로 발전한다. 이 부족이 '혈연의 공동체(종족)'라 하는 것이다.

고대에 도시 국가가 세워지면서 부족이 거주지로 재편된다면 이제 혈연이 어떻게 변화될지 생각해 보자. 지역으로 시민이 구분되면서, 씨족은 해체되고 씨족이 여러 가문(대가족, 이게 성씨이다)으로 분화한다. 도시 국가에서 여러 부족이 하나로 연합된 결과 혼인은 과거 부족의 한계를 넘어선다. 이제 도시 국가 내에서 성씨, 가문 간에 자유로운 혼인 관계가 형성된다. 수많은 가문의 혼인이 수 세대에 걸쳐 반복되면 도시에서의 새로운 혈연이 생겨나니, 이것이 민족 즉 백성의 종족이다.


### 3) 부족과 민족의 질적 차이

민족 단계의 혈연은 부족 단계의 혈연보다 규모가 더 커질 뿐만 아니라 내적으로 더욱 긴밀해진다. 도시 국가 내부에서 혼인에 의한 교차 관계는 더욱 복잡하고 촘촘해진다. 그만큼 민족적 동질의식도 고조된다. 민족 내부의 긴밀한 결합을 통해 공동의 언어, 공동의 문화가 출현한다. 이 시대 공동의 문화 가운데 가장 대표적인 것은 종교이다. 이때 종교는 보편 종교가 아닌 민족 단위의 종교이다. 고대 민족은 종교를 통해 민족의식을 가지게 됐다.

고대국가가 발전하면서 새로운 가능성이 열린다. 즉 고대국가는 기존의 부족 동맹 밖에 존재했던 부족 또는 이웃 국가에도 개방했다. 이런 개방성은 고대국가에서 교역이 확장하면서(노예제 아래서 상품생산이 발전한다는 사실에 주목하자) 더욱 발전한다. 그 결과 고대국가는 시민 외에도 많은 이주민이 도시에 들어와 살게 됐다. 이들이 말하자면 평민이다. 처음에 이들 평민은 정치적 권리가 없었지만, 점차 민회를 통해 단결하면서 새로운 권리를 획득하게 된다. 이를 통해 도시 국가 사이에 동맹이 성립하면서 단순한 도시 국가를 넘어서 거대한 지역 국가로 발전하게 된다. 이에 따라 민족은 과거 부족 단계에서는 생각할 수 없을 정도로 확장된다.

고대국가는 대립하는 부족이나 이웃 국가는 정복했다. 고대는 정복한 부족이나 민족을 노예로 삼았다. 소위 노예제 경제였다. 민족은 노예를 억압하는 공동의 과제를 위해 국가 관료제를 발전시켰다. 고대에서 민족의 발생, 노예의 발생은 동시적이다.


### 4) 봉건 시대 민족

중세 봉건 시대로 가보자. 봉건시대의 출발점은 고대 민족이다. 고대 민족은 정복전에 나섰다. 생산력이 발전하자 정복 민족은 정복된 민족을 노예로 삼지 않고 피정복민에게 강제세를 부과했다. 서유럽의 경우 정복 민족은 부족별로 영토를 차지했다. 처음 전사들에게 영토는 골고루 나누어졌다. 곧 분화가 시작됐다. 토지 집중을 통해 대영주가 생겨나고 생산력이 좋은 토지에 기초한 왕은 경쟁하는 영주를 제치고 세력을 확대했다. 이 과정을 통해 봉건 국가가 출현했다. 중세의 생산력은 토지의 품질에 달려 있다. 또 흩어진 토지[109]를 관리하기 위해 지역적으로 통일할 필

---

109  혼인이나 유산으로 토지를 얻었기에 전국적으로 흩어진 경우가 많다.

요가 있었다. 이 때문에 중세 영주 간 영토 전쟁이 그치지 않았다. 봉건 국가의 지역적인 통일은 하루아침에 완성되지는 않았다. 시간을 두고 지속해서 일어났다.

영토의 지역적 통일을 통해 봉건 민족이 출현했다. 봉건 왕국은 그 내부에 고대의 여러 민족, 부족을 포함했다. 다양한 고대 민족과 부족의 귀족 가문 사이에서 고대의 경계를 넘어서서 활발하게 혼인이 일어났다. 이를 통해 왕국의 전지역에서 하나의 동포라는 의식이 형성됐다.

봉건 국가에서 민족의 형성은 주로 정복을 통한 것이다. 피지배 민족의 귀족 가문도 봉건 국가에 포섭되면서 정복 민족과 하나의 민족이라는 의식이 싹트게 됐다. 민족의식은 거꾸로 국가의 유지나 강화에도 상당히 이바지했다. 대표적인 경우가 헨리 5세와 잔다르크가 민족의식을 백년전쟁에 동원했던 경우이다.

13~14세기부터 형성되기 시작한 봉건 시대 민족의식에는 향토애가 중첩됐다. 봉건 국가에서 생산력은 좋은 토지에서 나오는 것이니까 질 좋은 땅을 차지한 봉건 민족은 자기 땅에 자부심을 느끼게 됐다. 봉건 민족은 자기 땅에 대해 애착을 느끼고 향토애를 발전시켰다. 혈연을 통한 민족의식은 향토애와 결합하면서 더욱 강력해졌다.

봉건 국가 내부에서 이민족 귀족 사이에 혼인이 증가하면서 지역적으로 통일된 언어나 문화가 출현했다. 군주의 왕궁 아래서 일어나는 사교 축제 행사가 언어나 문화의 통일에 커다란 영향을 미쳤을 것이다. 대개 정복 민족의 언어가 통일 언어가 됐다. 때로 피정복 민족의 종교나 문화가 수준 높으면 피정복 민족의 언어가 지배 언어로 될 때도 있다. 언어와 문화의 통일은 민족의식을 심화했다.

## 5) 봉건 민족의 한계

봉건 귀족들조차 민족의식이 확고했던 것은 아니다. 그들에게 중요한 것은 자신의 토지에 대한 확고한 지배이다. 그들은 귀족으로서 특권을 유지하고, 토지의 지배권만 보장되면 이민족 왕조에도 기꺼이 충성을 맹세했다. 그들은 지배 민족의 가문과 혼인 관계를 맺고 지배 민족의 언어를 사용하면서, 지배 민족의 문화를 습득하여 지배 민족에 동화했다.

봉건 국가에서 민족의식은 지배층인 귀족(상층, 하층) 사이에서 주로 발생했다. 피지배 농민은 대부분 자기가 태어난 영지 내에서 주변의 사람들과 혼인할 뿐이다. 그들은 여전히 고유한 방언(고대 민족 언어)를 사용했고, 고대의 문화를 유지했다. 피지배층인 농민에게서 민족의식은 출현하지 않았거나 매우 약했다. 농민은 민족의식을 자기의 영주를 통해 간접적으로 느끼거나 또는 타 민족이 침략해 올 때 느낄 뿐이다.

# 4절 근대 민족 개념

## 1) 근대 민족의 출현

민족은 그 규모나 질적인 내용에 있어서 역사적으로 발전했다. 고대국가에서 민족은 부족을 넘어선 혼인을 통해 발생했다. 봉건시대를 거치면서 여러 고대 민족이 지역적으로 통일됐다. 과거와는 차원이 다른 복잡한 혼인의 네트워크가 형성되고, 자기 지역에 대한 향토애가 발생했다. 민족의 결속, 민족적 의식은 더욱 강화했다. 봉건적 민족 개념에는 한계가 있었다. 민족의식은 주로 지배층인 귀족에게 일어난 것이다. 피지배층인 예속농의 민족의식은 상당히 약했다. 봉건적 민족 개념이 지니는 한계는 자본주의 시대에 들어오면서 일정한 정도 극복되고 근대 민족 개념이 출현한다.

근대 민족의 토대는 과거와 달리 정치적 차원에서의 국가가 아니라 경제적 차원에서 일어난 교환관계였다. 중세 12세기부터 상업적 교환이 발전했지만, 그것은 주로 인근 지역내 교환이며 원거리 교역은 귀족들의 사치품이 교류되는 정도였다. 15세기(자본주의로의 이행기)에 이르면 교환은 인근 지역을 넘어서, 도시 간 지역 간 교환으로 발전했다. 교환은 봉건 영주가 할거하는 영토를 넘어서게 됐다. 도시와 농촌 사이, 도시와 도시 사이의 내적인 교환이 발전했다. 교환의 물품도 다양해졌다. 일상용품과 생산도구가 교환됐다. 교환은 마침내 전국적인 통일 시장을 형성했다. 이런 교환의 발전을 통해 귀족과 도시 부르주아, 도시 부르주아와 농민 사이의 혼인 관계가 발전했다. 전국적으로 통일된 시장은 새로운 근대 민족을 형성하는 토대가 됐다.

## 2) 근대의 혼인

교환관계의 발전이 토대가 되면서 근대 민족이 출현했다. 15세기 시작하여 나라마다 좀 차이가 있지만 17세기에 이르면 봉건 민족은 대개 근대 민족으로 전환했다. 1585년 칼레 해전에서 영국이 스페인의 무적 함대를 깨트린 사건은 봉건 민족에 대한 근대 민족의 승리를 상징한다.

근대 민족을 산출한 것 역시 혼인이었다. 근대에 이르면 혼인은 방식이 달라졌다. 과거 혼인은 주로 귀족의 가문과 가문의 관계였다. 반면 상업적 교환이 발전하면서 가문이 해체되고 평등한 개인[또는 핵가족]이 출현했다. 개인은 신분과 지역, 종교의 한계를 벗어났다. 혼인은 개인과 개인의 자유로운 양심에 따른 혼인이 됐다. 혼인이 개인의 관계가 되면서 한 민족 내부에서 혼인 관계는 과거에는 상상할 수 없을 정도로 복잡하고 긴밀해졌다. 민족 성원 대부분은 서너 단계만 지나면 친족이 될 정도가 됐다.

혼인으로 민족이 탄생하지만, 그 혼인은 일정한 사회적 토대에서 일어났다. 그 토대가 고대나 봉건 시대에는 정복 전쟁의 결과 생겨난 국가였다. 근대에 들어와 정치적 토대뿐만 아니라 경제적 관계도 민족의 토대가 됐다. 근대에 어느 것이 우선하는가는 나라마다 달랐다.

영국과 프랑스의 경우 정복을 통해 통일된 국가가 먼저 출현했다. 경제적 교환은 통일 국가를 기초로 발전했다. 이를 토대로 혼인을 통한 혈연관계가 발전해 봉건 민족은 근대 민족으로 발전했다. 반면 이탈리아나 독일의 경우 봉건적인 할거 상태에서 교환관계의 중심이 생겨났다. 이탈리아는 14세기 피렌체가 전국적인 교환의 중심이 됐다. 독일은 한자 동맹 도시가 중심이 됐다. 상업적 교환관계를 통해 평등한 개인 사이에 지역을 넘어선 혼인이 출현했다. 이를 통해 지역적으로 할거한 봉건 민족이 사라지고 독일민족이라거나 이탈리아 민족[110]이라는 근대 민족이 출현했다. 독일과 이탈리아는 이렇게 생겨난 민족을 통해 나중에 민족국가를 형성했다.

### 3) 국민과 민족

근대 민족의 규모는 봉건 민족과 비교해 볼 때 나라마다 차이가 심하다. 봉건 시대 말기 민족국가를 형성한 영국이나 프랑스의 경우는 민족의 규모는 일부 확장이 있었지만, 대개 변함이 없다. 이탈리아나 독일의 경우 상업적 교환의 발전에 따라서 과거에 없었던 새로운 규모의 민족이 출현했다.

근대 민족의 특징은 규모보다는 오히려 질적인 내용에서 드러난다.

---

110 독일 민족을 지칭하는 독일deutsch는 독일 북부 해안에 거주하던 사람들을 부르는 일반 명사(그 뜻은 '인민'이라 한다)였다. 그 이름이 17, 18세기 통일의 기운이 확산하면서 부활했고 마침내 새로운 근대 민족의 이름이 됐다. 이탈리아란 반도 남부에 기원전 그리스 식민 시대 존재했던 나라(italos)의 이름일 뿐이다. 그 이름 때문에 반도는 이탈리아 반도로 불렸고, 그 지명이 후일 민족의 이름으로 됐다.

근대에 이르러 개인과 개인의 혼인 관계는 증폭되면서 모두가 하나 건너면 친척이 됐으니, 그렇게 탄생한 민족 사이의 동질의식은 비할 바가 없었다.

민족은 영어로 'nation'이라 한다. 이 말은 '민족'으로 번역하기도 하지만, 어떤 경우 '국민'으로 번역해야 적절하게 된다. 국민과 민족이 같은 단어를 쓰게 된 이유가 무얼까? 국민이란 개인의 인격적 평등을 전제로 한다. 민족이 국민이 되는 이유는 민족이 평등한 개인의 혼인으로 이루어진 것이기 때문이다. 근대 민족이 전자본주의 시대의 민족과 다른 것은 '국민적 민족'이라는 사실이다.

복잡하고 심화한 혈연관계는 당연히 민족 간 평등의식을 발전했다. 평등주의와 민족주의는 상호작용했다. 만인이 평등하다는 생각은 내부의 차별을 철폐하여 하나로 결속된 민족이 출현하는 데 이바지했다. 거꾸로 민족주의는 민족의 내적인 단결을 위해서 차별을 폐지하는 동력이 됐다.

우리의 역사를 보자. 근대로의 이행기에 신분 차별, 남녀의 차별, 적서 차별, 지역 차별, 양천 차별 등에 반대하는 다양한 투쟁이 벌어졌다. 봉건적인 차별의 극복은 쉽지 않은 것이었다. 상업적 교환의 발전은 평등의식을 고양했을 것이다. 그에 못지않게 민족해방운동은 차별을 비판하고 극복하라고 요구했다. 민족운동이 없었다면 봉건적 차별이 그렇게 쉽게 철폐되지 않았을 것이다.

### 4) 민족과 민족주의

민족을 정치적으로 동원하면 그것은 민족주의가 된다. 민족주의는 다양하다. 시기적으로 고대적, 봉건적 민족주의도 있으며 근대 민족주의도 있다. 근대 민족주의에도 여러 차이가 있다. 그 차이는 민족 개념의 성격 때문에 발생하거나 주도하는 세력 때문에 발생한다.

우선 전자본주의 시대에도 민족주의가 있었다는 것을 기억하기 바란다. 봉건 국가도 봉건적 민족 개념을 정치적으로 동원했다. 대표적인 경우가 백년전쟁에서 등장한 영국과 프랑스의 민족주의이다. 영국의 헨리 5세도 영국의 민족주의를 부르짖었다. 프랑스에서도 잔다르크가 나와 프랑스 민족주의의 깃발을 들었다.

일단 전자본주의 시대 민족주의의 역할은 제쳐두자. 시선을 근대 민족주의에 한정해 보자. 근대 민족이 경제적인 교환관계의 산물이더라도, 근대 민족주의가 반드시 시장 확보만을 요구하는 것은 아니다. 민족 개념과 민족주의는 차원이 다른 이야기이다. 근대 민족주의는 여러 가지를 요구했다. 경제적으로는 토지의 재분배, 민족시장 확보 등을 요구한다. 정치적으로는 민족국가의 수립, 정치적 통일, 민족 대학의 수립, 민족 언어와 민족 문화의 발전 등을 요구한다. 그중 핵심은 민족국가의 수립이다. 민족주의는 이런 요구를 민족의 이름으로 요구하면서 정치적으로 동원하려할 때 생겨난다.

민족적 요구 가운데 어느 것을 우선시하는가는 민족주의를 정치적으로 동원하는 세력이 결정한다. 각 세력은 자기 계급의 이해를 민족주의 속에 집어넣는다. 근대 민족주의에 앞장선 세력은 부르주아이다. 부르주아는 주로 경제적 이익을 위해 민족을 동원한다. 부르주아 민족주의 속에 담기는 대표적인 요구가 시장 확보이다.

부르주아 민족주의는 나중에는 상품과 자본의 진출을 위한 식민지 획득을 요구했다. 초기에 방어적이었던 부르주아 민족주의는 상품과 자본이 해외로 진출하자 침략적 성격을 지니게 된다. 이런 요구 때문에 나폴레옹의 유럽침략이 이루어졌다. 19세기 말 제국주의 열강의 침략도 마찬가지이다.

부르주아가 민족운동에서 더 큰 문제는 부르주아는 민족주의에 철저하지 못하다는 사실이다. 부르주아는 자신의 경제적 이해 가운데 일부 예를 들어 시장의 확보만 가능하면 자주 민족국가나 민족문화의 수립이라는 요구를 양보하고 만다. 단적인 예가 일제시대 일제에 타협하고 만 부르주아 민족주의자이다.

### 5) 사회주의 민족주의

인민(프티부르주아와 프롤레타리아, 농민을 통칭하는 말) 역시 민족을 동원하여 민족주의를 내세운다. 인민도 자기의 요구를 민족의 이름으로 요구한다. 이 경우 주로 요구되는 것은 경제적 이해보다는 오히려 정치적인 요구이다. 민족국가나 민족문화의 수립이 주요 요구가 된다.

근대 민족주의에 더 철저한 세력은 부르주아가 아니라 오히려 인민이다. 프랑스 대혁명기에 오스트리아, 프러시아, 러시아의 신성동맹이 침략하자 이에 대항했던 세력은 인민이었다. 그 중심에 프티부르주아 정치세력인 자코뱅이 있었다. 식민지 민족해방 운동에서 끝까지 굳세게 투쟁한 세력은 프롤레타리아와 농민이었다.

그 이유는 무엇일까? 부르주아보다 인민은 민족국가에 대한 요구가 더 크기 때문이다. 부르주아는 약간의 경제적 이익으로 타협할 수 있다. 부르주아는 자기의 경제적 이익을 지켜주는 한 이민족 국가라도 별로 문제삼지 않는다. 반면 인민은 원래부터 지주와 고리대 금융, 자본가의 착취에 대항하려면 국가를 장악하지 않을 수 없다. 더구나 이민족의 국가는 식민지 착취를 위해 식민지 인민을 더욱 가혹하게 억압했다. 그 때문에 인민은 민족국가의 수립을 위해 철저하게 투쟁하지 않을 수 없었다.

프롤레타리아의 민족주의는 소위 국제주의의 원칙에 어긋나지 않을까? 마르크스는 노동자의 국제적 단결을 강조했다. 『공산당 선언』에서 그는 노동자의 단결을 촉구한 이래, 한번도 국제주의를 부정한 적이 없다. 그가 국제주의를 주장한 이유를 보자.

영국에서 노동자의 파업이 일어나자, 자본가는 유럽에서 노동자를 불렀다. 마르크스는 이를 국제주의, 프롤레타리아 형제애의 이름으로 반대했다. 국제주의는 그 이상의 의미를 지닌다. 마르크스는 보불 전쟁에서 국제주의의 이름으로 프랑스 노동자와 독일 노동자의 단결을 촉구했다. 그는 제국주의 영국이 아일랜드를 침략하자 국제주의의 이름으로 이를 반대했다. 식민지 초과이윤이 영국 노동자를 파괴한다고 말하기도 했다.

마르크스가 국제주의를 강조한 것은 이민족을 통한 착취와 이민족에 대한 침략과 약탈을 반대한 것이다. 국제주의의 실제 의미를 본다면, 그것은 민족주의와 대립하는 것이 아니다. 국제주의는 각 민족의 권리, 각 나라 인민의 이익을 옹호한 것이라 할 수 있다. 노동자의 국제주의를 통해 각 나라의 민족주의가 서로 협력할 가능성이 열린다.

마르크스의 주장은 레닌의 주장을 이미 선취하는 것으로 보인다. 레닌은 식민지 민족해방운동과 제국주의 사회주의 운동의 단결을 주장했다. 그것은 마르크스가 유럽에서 국제주의의 이름으로 인민에 대한 착취와 타 민족에 대한 침략과 약탈을 반대한 것과 일치한다. 마르크스가 인민과 민족의 단결을 국제주의라 했듯이 레닌 역시 그런 단결을 국제주의라 주장했다.

# 5절 민족 허무주의와 소멸론

## 1) 근대 민족 개념의 한계

근대 민족 개념은 봉건 민족 개념을 질적으로 발전시켰다. 부르주아 민족 개념은 민족 내부의 다양한 차별을 철폐했다. 민족[nation]은 국민 [nation]이 됐다.

근대 민족 개념도 한계를 지닌다. 남녀 차별, 지역 차별 등 차별의 철폐가 불완전했다. 특히 자본가와 노동자, 소유자 계급과 일하는 계급, 지배층과 인민의 차별은 철폐되지 않았다. 부르주아 단계에서 민족은 위선의 언어였다. 소유자 계급은 '모두 한 민족이라'고 말하지만, 억압과 착취에 신음하는 인민은 그 말이 마음에 다가오지 않았다.

근대 민족 개념은 경제 관계를 토대로 생긴 혈연이지만, 이 때문에 마치 경제적 이익이 민족의 징표인 것처럼 간주했다. 그 결과 이익 개념이 민족주의에 스며들었다. 공동 이익이라는 개념 때문에 부르주아는 이를 이용하기 쉬웠다. 부르주아의 경제적 이익이 마치 민족 공동의 이익인 것처럼 포장됐다. 그 결과 침략적 민족주의가 등장했다.

### 2) 계약국가론의 허구

근대 민족 개념이 지닌 한계 때문에 근대 민족 개념 나아가 민족 개념 일반을 부정하는 주장이 등장했다. 소위 민족 허무주의이다. 그런 주장으로 대표적으로 두 가지 주장을 들 수 있다. 하나는 모든 사회적 관계는 자유로운 합의에 기초해야 한다는 합의(계약)론이다. 합의에 민족 개념이 낄 자리는 없다. 또 다른 주장은 세계화라는 현실이다. 세계화를 통해 상호 이익이 되는 국제관계가 출현하고 심지어 민족국가를 넘어서 도시와 도시, 지역과 지역이 서로 연결되는 지구화 시대가 도래했다. 세계화가 발전하면서 이주민이 증가하고 국제 혼인이 증가하니, 앞으로 민족이 사라지고 새로운 인류족[人類族], 세계인이 출현하지 않을까?

이런 주장들에는 근본적인 한계가 있다. 우선 계약국가론부터 보자. 과연 평등한 개인의 자유로운 합의가 모든 것을 처리할 수 있을까? 계약에는 근본적인 한계가 있지 않을까? 인간 사회에서는 계약될 수 없는 것도 있으며, 계약 자체도 취약하다. 계약의 기초는 욕망인데, 욕망은 자기에게 유리하지 않으면 조금 전에 합의한 계약도 위반하고 만다.

계약의 취약성 때문에 폭력이 등장한다. 미국을 보자. 미국은 자유로운 계약의 나라이다. 계약의 취약성을 보완하는 것이 폭력이니 미국에서 자주 총격 사건이 나는 것도 근본적인 이유가 있다. 자주 일어나는 총격 사건은 계약관계에 내재하는 폭력이 가끔씩 휘장을 걷고 속살을 언뜻 내보이는 것에 불과하다.

합의만으로 사회를 이끌어갈 때 오히려 폭력이 만연한다는 사실은 합의론과 계약론의 근본적 한계를 지적한다. 합의는 그 한계상 합의를 넘어선 원리를 요구한다. 만일 그것이 폭력이 아니어야 한다면 민족애, 종교와 같은 심리적 토대일 수밖에 없다.

### 3) 기만적인 세계화

더구나 세계화는 기만이었다는 사실이 드러났다. 이 관계는 호혜·평등의 관계가 아니라 새로운 제국주의였다. 과거 제국주의가 자본의 직접투자(식민지 공장 건설)였다면 이번의 세계화는 금융 자본이 간접투자(증권, 채권, 부동산 투자)를 통해 세계를 지배하는 체제이다.

지난 30년 동안 전개된 세계화를 통해 세계는 호혜·평등으로 발전하기보다는 극심한 불평등으로 양극화됐다. 한 나라 내부에서만 양극화된 것이 아니라 국제적으로도 양극화됐다. 날이 갈수록 서구는 부를 쌓고, 나머지 세계는 가난해졌다. 지역의 통합을 이루려는 야심으로부터 출발한 유럽 체제조차도 독일, 프랑스 등 중심국과 이탈리아, 스페인, 그리스 등 주변국으로 양극화됐다. 그 결과 신자유주의적인 세계화를 탈출하려는 시도가 시작됐다.

최근 세계화가 위기에 빠지면서 다시 노골적인 민족 이기주의가 등장했다. 미국 트럼프가 미국 제일주의를 주장하니, 일본에서도 일본 제일주의 정당이 출현한다. 영국은 자국의 이익을 극대화하기 위해 유럽을 탈출한다. 지금 한국에서도 서서히 민족 제일주의가 등장한다. 소위 반공 민족주의이다.

이상에서 민족 허무주의의 한계를 살펴 보았다. 민족 개념이 사회의 발전에 여전히 필요하다는 것은 틀림없다. 다만 근대 민족 개념, 부르주아 민족주의의 한계는 넘어서야 한다. 이런 관점에서 자주 언급되는 프롤레타리아 민족주의, 사회주의 민족 개념을 검토할 필요가 있다.

## 4) 현실 사회주의

민족 소멸론은 사회주의 사회에서도 주장됐다. 민족이란 자본주의의 산물이니 자본주의가 무너진 이상 소멸하는 것이 아닐까? 이제 민족은 사회 발전에 장애가 된다. 민족을 넘어선 새로운 종족 소위 인류족이나 세계인이 등장할 것이다.

우선 소련과 같은 다민족 국가를 보자. 소련은 혁명 이후 민족국가로 해체하기보다 다민족 연방체제를 구성했다. 사회주의 사회에서 착취와 억압이 사라지니 더는 민족 차별이 문제되지 않기 때문이다. 그러면 민족도 사라지니 사회적 생산력의 발전을 위해 다민족 국가가 더 유리하다는 것이다. 민족 소멸론은 사회주의 진영, 국제관계에도 적용됐다. 이를 통해 사회주의적 국제분업이라는 개념이 출현했다. 이런 주장은 국제분업으로 생산력이 세계화하면 사회주의 진영 모두가 발전한다는 논리에 기초한다. 사회주의 국가 간 분업과 교환은 자본주의적 시장경제와 달리 계획적이므로, 불평등한 발전을 막을 수 있다고 보았다.

민족 구분이 생산력 발전에 장애가 된다는 이 논리는 곧바로 비판받았다. 실제 현실은 그렇지 않다는 것이다. 사회주의 체제와 진영조차 평등하고 호혜적이지 못했다. 사회주의 국가 사이에서도 교환과 분업은 항상 불평등한 발전을 가져온다. 지역의 조건이 다르기 때문에 생겨난 자연적 차이는 곧 사회적 불평등으로 확산한다. 한 국가 안에서 생겨난 불평등은 국가가 재분배를 통해 평등화할 수 있지만 그래도 불만과 의심은 항상 폭발할 여지가 있었다. 더구나 사회주의 진영이라도 국가를 넘어선 체제에서는 이런 재분배가 불가능하다. 그 결과 스탈린식의 국제분업에 저항하는 민족주의가 대두했다. 그게 체코, 항거리, 폴란드 등에서 60년대 등장한 반소운동이었다.

　더구나 민족이 단순한 경제적 이익의 공동체만은 아니다. 경제적 이익이 아니더라도 민족 개념에는 다양한 요소가 들어 있다. 민족국가를 수립하고 민족 언어와 민족 문화를 발전하려는 각 민족의 자주적 요구는 사라지지 않았다. 이런 자주적 요구는 단순한 경제적 이익이나 경제적 불평등의 문제를 넘어서는 것이었다. 이런 민족의 자주적 요구 때문에 사회주의 사회 내부에서 항상 민족 문제 또는 민족주의는 정치적 폭발의 발화점이 됐다.

# 6절 사회주의 민족 개념

## 1) 스탈린 민족 개념의 수정

현실 사회주의에서도 민족 개념은 문제가 됐다. 사회 내부에서나 국제적으로 민족 간 불평등이 과거보다는 작지만 상당수 존재했다. 더구나 어느 민족이나 자주적으로 자기 나라를 세우고 민족 문화를 발전시키려는 자주적 요구가 있었다.

그 때문에 사회주의 사회에서도 결국 민족국가가 기본 원칙이 됐다. 이런 현실을 배경으로 스탈린은 사회주의 사회에서 민족의 개념이 여전히 필요하다는 주장으로 전환했다. 그것은 그가 1913년 논문에서 민족은 자본주의 발전의 산물이라는 주장을 뒤엎는 주장이었다. 그런 주장이 최종적으로 확정된 것이 1929년의 논문『민족문제와 레닌주의』라는 논문이다. 이 논문은 대학생들의 질문에 응답하는 식으로 구성되어 있다.

이 논문에서 그는 사회주의 사회에서 민족이 사라진다는 주장을 반박

한다. 우선 사회주의 발전을 두 단계로 구분했다. 현실 사회주의 사회는 공산주의 사회로 발전하는 첫 번째 단계이다. 두 번째 단계에 해당되는 공산주의 사회는 국가가 없어지지만, 첫 번째 단계인 사회주의 사회에서는 여전히 국가가 존재한다. 사회주의 국가는 일국적 차원에서 생산을 계획하고 국제적 교환은 필요한 경우로 제한된다. 이런 사회에서는 민족이 주체가 되지 않을 수 없다. 사회주의 사회에서 오히려 민족이 발전하며 민족 문화와 민족 언어가 개화할 것이다. 국제 혼인에 기초한 인류적 종족은 당분간 불가능할 것이다.

> "당신은 한 나라에서 사회주의가 승리하는 시기와 사회주의가 국제적 규모에서 승리하는 시기가 같다고 본 점에서 심각한 오류를 범한다. 또한 당신은 민족적 차이와 민족 언어가 사라지고 공통의 언어가 형성되는 것이 가능하고 필연적으로 되는 조건이 사회주의가 세계적 규모에서 승리하는 것뿐만 아니라 한 나라에서 승리하는 것이라고 주장한다는 점에서도 오류를 범한다."[111]

이런 관점에서 본다면 당연히 사회주의 진영의 국제 분업이란 부정된다. 사회주의는 일국적 차원에서 전개되어야 한다. 그러면 중국이나 구소련과 같이 다민족국가는 유지될 수 있을까?

다민족 국가는 원칙적으로 부정되지만 중국과 소련은 특수하다는 변명이 제시됐다. 중국과 구소련은 봉건사회에서 다민족 국가가 됐다. 각 민족 사이의 관계는 불평등했다. 즉 중국과 소련은 봉건제국이었다. 하지만 봉건제국의 역사가 오래됐다. 그런 역사적 연속성이 있기에 사회주의 이

---

111  J. Stalin, The National Question and Leninism(1928~29), Works V. 11, Foreign Languages Publishing House, Moscow, 1954. p. 356

후에도 다민족국가가 유지될 수 있었다. 그렇더라도 과거처럼 봉건적 억압과 불평등한 체제는 아니어야 한다. 사회주의 시대 민족의 복권과 개화가 일어나니, 다민족국가는 민족국가 연방이라는 민주적 형태가 될 수밖에 없다. 중국과 소련은 민주화라는 조건으로 다민족 국가를 유지했다.

결과적으로 보면 소련의 경우 그런 민주화에 성공하지 못한 것 같다. 소련의 붕괴로 다민족국가는 해체됐다. 중국은 오랜 역사 때문에 이미 하나의 민족으로 재탄생한 측면이 강하다. 위구르나 티베트를 제외하고 중국의 경우는 차라리 한 민족으로 보아야 할 것이다. 또 중국은 소련보다 더 내부의 민주화도 진전됐다. 그 결과 아직 중국은 큰 문제 없이 유지되고 있다.

## 2) 사회주의 민족

사회주의 사회에서 민족국가가 기본이라는 주장으로부터 근대 민족 개념과 구분되는 사회주의적 민족 개념이 출현했다. 1929년 스탈린은 『민족문제와 레닌주의』에서 이렇게 말한 적이 있다.

> "사실 부르주아 민족이 제거된다는 것은 민족이 일반적으로 제거된다는 것을 의미하지 않고 다만 부르주아 민족이 제거된다는 것을 의미한다. 낡은 부르주아 민족의 폐허 위에 새로운 사회주의 민족이 발생하며 발전한다."[112]

이 구절의 핵심은 '사회주의 민족'이라는 개념에 놓여 있다. 스탈린은 1913년에는 민족을 자본주의의 산물로 보았다. 그러면 자본주의가 폐지

---

[112]  J. Stalin, The National Question and Leninism, ibid, p. 356

되면 민족도 일반적으로 사라진다. 그는 1929년에 이르러 사회주의 민족 개념을 들고 나온다. 즉 민족이 경제적 토대의 변화에 따라서 역사적으로 변화하는 개념으로 본 것이다.

1929년의 논문에서 스탈린은 아직 전자본주의 시대 민족이 존재한다고 보지는 않는다. 이 논문에서도 스탈린은 그 이전에 존재하는 민족의 여러 징표는 민족의 가능성, 또는 민족체에 불과하다고 말한다. 이런 주장은 모두 1913년 논문과 일치한다. 하지만 사회주의 민족을 인정한 이상 논리상 전자본주의 시대 민족을 인정하지 않을 수 없게 된다. 민족 개념은 일반적 개념이 되고, 그 개념의 질적인 내용은 역사적으로 변화하게 된다.

민족이 역사적으로 변화하는 개념이라면 사회 역사적으로 민족의 성격, 질적인 내용도 차이가 생길 것이다. 스탈린은 사회주의 민족과 부르주아 민족 사이의 질적인 차이를 아래와 같이 설명한다.

> "사회주의 민족은 어떤 부르주아 민족보다 훨씬 더 강고하게 연합한다. 왜냐하면 부르주아 민족을 부식하던 화해할 수 없는 계급 모순이 사회주의 민족에는 결여하기 때문이며 사회주의 민족은 어느 부르주아 민족보다 더 많은 인민을 대변하기 때문이다."[113]

사회주의 사회에 들어와서 부르주아 사회에서 여전히 존재했던 인종, 종교, 남녀, 지역 등의 차별은 실제로 사라진다. 한 사회에서 사람들 사이에 혼인을 통한 결합은 모든 차이를 넘어서서 더욱 다양하고 복잡하게 전개할 것이다. 이를 통해 민족 내부의 평등성이 확대할 것이다.

그것에 못지않게 더 중요한 것이 있다. 근대 민족이 경제 관계를 통해

---

113 · J. Stalin, The National Question and Leninism, ibid, p. 356

생성되니 민족은 대체로 경제적 이익의 공동체로 오인됐다. 그 때문에 부르주아 민족주의는 근대 민족 개념을 자기의 경제적 이익을 위해 이용했다. 사회주의 사회에서 사회 관계는 경제 관계를 넘어서 다양한 문화적 교류로 발전할 것이다. 경제 관계조차 상품교환이 아닌 사회적 생산과 자주적인 노동에 기초한다. 그러므로 사회주의 사회에서 민족이 출현한다면 그 민족 개념은 더는 경제적 공동 이익에 기초하지 않을 것이다. 민족은 사회적 생산, 자주적 노동, 공동의 언어 생활, 문화적 교류에 기초하게 될 것이다. 민족 사이는 경제적 이익이 아니라 형제애가 지배할 것이다.

> "민족적 억압이 폐지되면 사회주의를 건설하기 위해 일하는 가운데 한 나라 속에서 이전에 억압당한 민족이 부흥하고 민족 문화가 발전하며, 한 나라에 존재하는 인민이 민족 간[inter-national] 연대와 상호협력이 일어날 것이다."[114]

가족도 출발점은 종을 재생산하는 단위였다. 가족도 토대는 사회이다. 자본주의 사회에서는 가족도 물질적 이익 개념에 오염됐다. 그 때문에 가족내 차별, 가족의 배타성, 가족의 파편화가 출현했다. 사회주의에 이르면 가족도 새로운 가족으로 발전한다. 가족은 공동 이익의 산물이 아니라 자주적 협력체가 되고, 가족애가 지배할 것이다. 마찬가지로 민족도 사회주의에서는 자주적 협력체로, 순수한 형제애로 발전할 수 있지 않을까?

---

114 · J. Stalin, The National Question and Leninism, ibid, p. 368

마오쩌둥이 말을 탄 모습으로 기억된다면 레닌은 연설하는 모습으로 기억된다. 1917년 4월 망명에서 돌아온 레닌이 수도 페테스부르크에서 연설하고 있다.

# 5장 레닌과 마오쩌둥

## -사회주의 영웅전-

**문:** 레닌과 마오쩌둥의 차이에 대해 알고 싶습니다. 두 사람은 마르크스주의자이지만, 무척 다른 것 같아요. 흔히 서구 마르크스주의와 아시아 마르크스주의라고 말하는 것 같은데 어떤 차이가 있는지 알고 싶습니다.

**답:** 레닌과 마오쩌둥은 마르크스주의를 자기 나라에 창조적으로 적용했어요. 두 사람의 창조적 실천 속에는 공통적인 전략이 존재합니다. 그것은 곧 행동하는 전위와 다수의 대중을 연결하는 방식이죠. 그 둘을 연결하는 방식은 나라마다 사정에 따라 달랐어요. 레닌은 '이스크라'라는 신문을 매개로 둘 사이를 연결했어요. 마오쩌둥은 근거지 게릴라전을 통해 연결했지요.

# 1절 현실주의와 낭만주의

## 1) 거울 사고

내가 흥미롭게 읽은 책 가운데 플루타르코스『영웅전』이라고 있다. 이 책은 그리스, 로마의 영웅의 전기를 서술한 책이다. 개인적인 에피소드, 당시 역사, 각자의 사상을 곁들여 무척 흥미롭다. 전체적으로는 도덕 정치론을 펼치기에 마키아벨리의『군주론』과 더불어 서양 정치가의 필독서가 됐다.

플루타르코스 영웅전은 여러 장으로 이루어져 있다. 각 장은 두 사람의 영웅을 선택해서 서로 비교하면서 서술한다. 비교되는 인물들은 때로는 반복이고, 때로 거울상이다. 이런 사유를 일컬어 철학에서는 사변적 사고(변증법)라고 한다. 사변[speculation]이란 거울에 비추어본다는 뜻이다. 번역이 사변[思辨], 변증[辨證]이라고 하니 난해한 것으로 오해됐다. 그저 '거울(에 비추어보는) 사고'라고 번역하면 좋았을 텐데.

지금 사변, 거울 사고를 설명하려는 것은 아니다. 사회주의 영웅, 레닌과 마오쩌둥, 서구 마르크스주의자와 아시아 마르크스주의자, 두 사람을 거울 사고를 통해 이해해보고자 할 뿐이다. 플루타르코스 영웅전의 서술 방식을 흉내내려고 한다.

### 2) 영웅의 성장기

레닌은 1870년 태어났고 마오쩌둥은 1893년 태어났으니, 레닌은 마오쩌둥의 아버지 세대가 된다. 레닌은 농노의 가계였지만, 아버지가 귀족 작위(김나지움 교장이었다)를 받을 정도로 상승한 가문 출신이다. 마오쩌둥의 아버지 역시 빈농이었지만, 당대에 부를 일구어 부농으로 상승했다. 부모의 세대, 러시아에서나 중국에서 자본주의가 내부에서 성장하고 있었다.

레닌의 아버지는 러시아 정교 신자였다. 어머니는 유대계였으나 반종교적이었다고 한다. 레닌은 종교에 대해 별 관심을 두지 않았다. 마오쩌둥의 아버지는 엄격한 가부장이었다. 마오쩌둥은 유교의 가부장적이고 봉건적인 관습을 무척이나 싫어했다. 종교적 관점에서 보면 두 사람은 모두 무신론적이라는 점에서 닮았다.

레닌이 태어난 곳은 볼가 강변(심비르스크)이니 지금 러시아 한가운데 있었지만, 당시로는 러시아 변방이다. 러시아는 1861년 농노해방령 이후 자본주의화하면서 볼가강을 넘어 시베리아로, 아시아로 뻗어 나가고 있었다. 마오쩌둥이 태어난 곳은 중국의 남부 호남성의 수도 장사 근교인 소산이다. 장사는 아편전쟁으로 자본주의 열강 영국에게 할양된 홍콩을 관문으로 하며 서양 문물이 다른 곳보다 빨리 퍼지고 있었다.

볼가강과 홍콩을 나란히 놓으니, 마치 제국주의가 두 사람의 운명을 묶어놓고 있는 것처럼 보인다. 하나는 월경[越境]하려는 제국주의를 뒤에서 당기고 다른 하나는 월경하는 제국주의를 앞에서 가로막는다고 할까?

나중에 레닌은 1921년 『민족문제 테제』를 발표하면서 제국주의의 프롤레타리아와 식민지의 농민, 즉 사회주의와 민족주의의 연대를 주장했다. 레닌 사후 1924년 중국 혁명의 지도자 손문은 연소용공[聯蘇容共: 소련과 연대하고 공산주의를 받아들이자], 좌우합작의 원칙을 정했다. 이때 마오쩌둥은 국민당의 농민부장으로 일하면서 북벌을 위한 농민봉기를 이끌었다. 결국 레닌의 테제를 마오쩌둥이 실천했으니, 두 영웅을 연결하는 힘은 반제 투쟁이다.


### 3) 반[反]낭만주의와 낭만주의

레닌의 전기를 쓴 사람들은 거의 어김없이 그의 형에 관해 소개한다. 그의 형 알렉산더는 생 페테스부르크 대학 학생이었다. 과학도였다고 한다. 그는 1860년대 러시아에서 고조된 인민주의자(무정부주의자)의 테러에 가담했다. 그는 알렉산더 3세를 암살하기 위해 모의하다 체포되어 사형됐다.

레닌에게 이 사건은 엄청난 충격이었다. 레닌은 정의롭지만, 무의미한 형의 죽음에 대해 가슴 아파했다. 형의 사유와 삶은 무정부주의자답게 낭만적이었다. 레닌은 그 때문에 평생 낭만주의에 대해 경계했다. 레닌은 평생 계획적이며 실질적이고 확고한 방침에 따른 삶을 살아가려 했다.

마오쩌둥의 전기를 쓴 사람도 꼭 잊지 않는 사실이 있다. 마오쩌둥이 시인이었다는 사실이다. 마오쩌둥은 역사적 사건을 겪을 때마다 틈틈이 시를 지었다. 그의 시 가운데 한 편을 여기 소개해 보자.

〈맑고 고요한 마음으로 육반산을 바라보며〉

하늘은 높디높고 흰 구름은 맑은데
남쪽으로 날아가는 기러기는 하늘 끝에 닿아 있고나
만리장성에 오르지 못하면 진정한 사내가 아니라는데
장정의 험한 길 손꼽아 세어보니 어언 2만 리

육반산의 높디높은 봉우리 꼭대기에
홍기가 서풍을 맞으며 휘날리고 있고나
지금 내 손에는 긴 끈이 쥐어져 있는데
이 끈으로 창룡[괴물]을 묶어 꿇릴 날이 언제 오려나

이 시는 그가 1935년 장정 도중에 육반산에 올라서 지은 시이다. 이 시는 영웅의 호쾌한 심정을 드러내고 있다. 마오쩌둥의 심성적 특징이 잘 드러난다. 그의 마음속에는 공동체를 구하기 위해 괴물과 싸우는 영웅이 들어 있다. 매우 낭만적인 심정이라 하지 않을 수 없다.

이렇게 본다면 레닌과 마오쩌둥은 확실히 대비된다. 레닌은 낭만주의를 무척이나 경계했고 철저히 계몽주의적인 태도를 가진 마르크스주의자였다. 마오쩌둥은 마르크스주의를 받아들이더라도 낭만주의의 전통 위에서 수용했다. 이런 차이는 앞으로 그들의 사상 곳곳에서 찾아볼 수 있을 것이다.

# 2절 레닌의 시련기

## 1) 영웅신화

마르크스와 레닌, 그리고 마오쩌둥은 모두 고난과 절망이라는 영웅의 길을 겪었다. 마르크스는 1848년 독일 혁명에 가담했다. 그는 그 이전까지 혁명적 부르주아가 가던 길을 답습했다. 즉 봉기 이후 광장에 바리케이드를 쌓는 길이다. 1848년 혁명에서 그는 체포됐고 간신히 영국으로 탈출했다. 그는 10년 동안 모색하면서 마침내 새로운 길을 발견했다. 그것은 노동조합이라는 대중조직을 통한 합법적 투쟁의 길이다. 소위 대중노선이다. 그는 이 노선을 1차 '국제 노동자 협회'에 적용했고, 역사에서 보듯 그 길은 유럽 노동운동의 새길을 열었다.

레닌도 마찬가지이다. 1880년대 러시아는 암흑의 시대였다. 알렉산더 2세가 암살된 이후 인민주의가 파산하자 이를 대체하는 새로운 이념은 출현하지 않았다. 알렉산더 3세의 반동 정치 아래서 러시아 자본주의가 확

264 우리가 몰랐던 마르크스

장하면서 사람들은 일시적인 번영에 도취했다. 이 시기 망명한 인민주의자 중 소수가 마르크스주의로 전환했다. 그 대표자가 플레하노프이다. 그가 전파한 마르크스주의가 러시아에서 호응을 일으켰다. 레닌은 마르크스에 관심을 가진 몇 안 되는 지식인 중의 하나였다.

그는 1888년 카잔 대학에 입학했다가 우연히 시위에 휩쓸려 제적된 이후 변방(거기에 외할아버지의 집이 있었다)에 유배됐다. 그는 1890년 학습허가를 받아서 독학했다. 변호사 자격시험에 합격해 고향 가까운 사마라에서 개업했다. 그는 변호사로는 별로 유능하지 못했다고 한다. 그는 그 사이에 마르크스주의를 열심히 연구했고 곧 마르크스주의의 탁월한 이론가가 됐다.

레닌은 1893년 러시아의 수도 생 페테스부르크에 올라왔다. 이곳에서는 이미 자본주의가 번성하고 있었다. 그는 일단의 마르크스주의자(그 가운데는 후일 그의 부인이 된 크룹프스카야도 있었다)와 더불어 노동운동에 뛰어들었다.

레닌이 처음 시도했던 것은 마르크스가 1860년대 이후, 그리고 유럽 마르크스주의자들이 1880년대 이후 전개했던 대중노선이었다. 즉 노동조합을 통해 노동자의 경제적, 정치적 권리를 획득하려는 투쟁이었다. 레닌은 1895년 '노동자해방동맹'을 조직했다. 이는 앞으로 나타나야 할 '러시아 사회민주노동당'의 모태가 될 예정이었다.[115]

대중노선은 노동자의 사회정치적 지위가 일정한 정도 인정받을 때 가

---

115 레닌의 사상을 전하는 책은 이미 이 시기 레닌이 후일의 혁명적 마르크스주의를 실천하고 있다고 한다. 이는 일종의 회고적 서술이다. 당시까지 레닌은 마르크스주의 대중노선에 충실했다고 보아도 과언은 아니다.

능한 길이었다. 이 지위는 영국과 독일에서 자본주의가 노동자의 협력을 간절히 필요로 하는 시기(자본의 성장기)에 획득됐다. 이는 노동자가 참정권을 획득하는 과정과 맞물려서 발전했다. 하지만 새로 차르가 된 알렉산더 3세는 막무가내로 반동 정치를 강화했다. 그는 비밀경찰을 이용하여 탄압을 강화했다. 알렉산더 2세가 양보했던 지방의회(두마)의 소집도 중단했고, 교육에서 종교의 감독을 강화했다. 사상, 결사, 언론 등 일체의 자유가 박탈됐다.

러시아의 가혹한 탄압 체제 아래서는 유럽에서 성공을 거둔 대중노선은 불가능했다. 1895년 레닌이 세웠던 '노동자 해방동맹'은 기관지인 『노동자 대의』를 발간하기 위해 준비하던 중 경찰의 습격으로 일망타진되고 말았다. 레닌은 3년 동안 시베리아 유형을 선고 받았다.

레닌은 시베리아에서 뼈에 저린 유형 체험을 통해 대중노선은 실패로 돌아갔음을 깨달았다. 레닌은 자신의 실패가 단순히 개인적인 실수 때문이 아니라고 생각했다. 새로운 시대, 새로운 사회라는 조건 아래서 마르크스주의는 새로운 방식으로 실천되어야 했다. 그렇다면 무엇을 어떻게 해야 할 것인가?

3년에 걸친 사유 끝에 그는 유형이 해제되자 말자, 러시아를 탈출해 스위스로 망명했다. 그것은 러시아의 현실로부터 단순히 도주한 것은 아니었다. 유형 시절 그의 마음속에 있던 꿈은 이미 치밀한 실천 계획으로 작성되어 있었다. 이제 필요한 것은 행동이었다.

# 3절 이스크라

## 1) 목표와 수단의 딜레마

마르크스의 대중노선은 모순을 가지고 있었다. 대중노선은 의회에 진출해 노동자의 권리를 옹호했다. 반면 혁명을 위해서는 자본주의 의회와 국가를 파괴하는 투쟁이 필요했다. 목적은 혁명이지만, 방법은 대중적 방식이었다. 의회를 통해 의회를 파괴하는 투쟁이었다.

대중노선의 모순이 곧 드러났다. 독일 사회민주당은 20세기 초 대중노선을 실천했다. 대중노선은 초기에 성공적이었다. 덕분에 독일 사회민주당은 의회에 진출해 급속하게 성장했다. 1차 세계 대전 직전 열강 사이에 민족주의 열풍이 불었다. 노동자 대중은 민족주의적인 감정에 빠져들었다. 대중의 요구에 견디지 못한 독일 사회민주당은 제국주의 전쟁을 지지하고 말았다. 혁명보다 체제 안주를 택한 것이다.

목적과 수단, 혁명과 대중의 괴리는 자본주의의 취약한 고리, 봉건적 차르가 지배하는 나라, 러시아에서는 기다려 볼 것도 없었다. 앞에서 말했듯이 레닌은 1893년부터 1898년 유형에 처하기까지 대중적 경제투쟁을 넘어서 혁명적인 정치투쟁으로 나가려 했다. 하지만 1898년 체포된 이후 3년의 유형 생활을 통해 그는 러시아라는 현실에서는 더는 마르크스주의적인 수단 즉 대중노선이 불가능하다는 것을 깨달았다. 그는 참담한 고통 속에서 새로운 가능성을 모색했고, 유형 생활에서 돌아오자마자 자기 뜻을 실현하기 위해 스위스로 망명했다. 당시 레닌이 어떻게 생각했는지는 1902년 발간한 『무엇을 해야 하는가?』라는 책에서 상세하게 설명되어 있다. 이제 레닌의 구상을 이 책을 통해 간단하게 살펴보려 한다.

### 2) 레닌의 수치심

그는 그동안 자신의 활동에 대해 철저히 반성하면서 글을 시작했다. 당시 러시아 전역에서 전개되던 활동은 주로 지역 학습동아리를 모태로 출발한다. 곧 이어 공장에 침투하여 노동자를 조직하고 파업을 지도한다. 그런 다음 이웃 동아리와 합동을 통해 지역적 조직을 만들지만, 이 단계에 이르면 경찰이 어느새 탐지하여 일망타진한다. 레닌은 이런 활동에 대해 아래와 같이 신랄하게 비판한다.

> "운동 자체가 아마추어적이었기 때문에 경찰 공격에 쉽게 무너졌다.… 경찰의 공격이 빈번해져서 엄청나게 많은 사람이 해를 입게 되고 지역 학습동아리들이 너무나 철저하게 일소된다.… 운동은 놀랄 만큼 간헐적으로 벌어졌으며 활동의 지속성과 응집력을 확보하는 것은 완전히 불가능해졌다."[116]

---

116 Lenin, What is to be done, Collected Works 5, Progress Publisher, Moscow, 1960, p. 443

"당시 얼굴이 달아오를 정도로 내가 느꼈던 수치심을 생각하면 할수록 혁명
가라는 직업에 먹칠하는 설교나 해대는 사이비 사회민주주의자들에 대한 내
심정은 더욱 비통해진다."[117]

이런 글 속에서 레닌은 운동의 아마추어적 성격을 비판한다. 아마추어
적 성격의 원인은 혁명적 목표를 대중 정당이라는 수단으로 수행하려는
데 존재한다.

목적과 수단은 서로 배치됐다. 혁명적 성격을 유지한다면, 이는 곧 위
에서 본 것처럼 러시아 사회민주주의자들이 갔던 길, 즉 일망타진되는 길
이다. 대중적 수단을 선택한다면 그것은 현실과 타협하는 길이다. 혁명적
성격을 상실하고, 체제 내에 안주하게 된다. 이것은 독일 사회민주당이 갔
던 길이다.

이 두 가지 딜레마를 빠져나가는 길은 없을까? 레닌의 고민은 거기서
시작된 것으로 보인다. 이제 레닌의 결론으로 바로 가보자.

### 3) 정치투쟁이란?

이 책 『무엇을 해야 하는가?』는 여러 주제를 포함하지만, 대체로 세 가
지 정도로 정리해볼 수 있을 것 같다. 출발점은 정당은 어떤 투쟁을 전개
해야 하는가이다. 이로부터 두 번째 문제 즉 정당은 어떤 식으로 조직되어
야 하는가, 정당의 형태가 도출된다. 마지막은 정당의 이런 형태로부터 나
오는 장애 즉 풀지 않으면 안되는 문제, 그것이 풀려야 앞의 모든 것이 제

---

117 · Lenin, What is to be done, ibid, p. 467

자리를 찾는 문제이다.

우선 첫 번째 문제를 보자. 그는 정치투쟁을 강조한다. 정당의 정치투쟁은 노동조합의 경제투쟁과 다르다. 경제투쟁이 지역적(공장 수준의) 문제를 다룬다면 정치투쟁은 전국적 문제를 다룬다. 경제투쟁이 노동 계급의 처지에 한정된 문제(예를 들어 참정권, 노동조건, 경제적 이익 등)라면 정치투쟁은 사회 전반에 걸친 지배계급의 탄압을 다룬다. 경제투쟁이 자본주의 체제의 개선에 한정된다면 정치투쟁은 자본주의 체제 자체의 전복과 새로운 사회의 건설을 향해 나가려 한다. 간단하게 말해 정치투쟁은 혁명적 성격을 지닌 투쟁이다. 레닌은 이를 '인민의 호민관'이라는 말로 이를 표현한다.

> "사회민주주의자의 이상은 노동조합의 서기가 아니라 인민의 호민관이어
> 야 한다."[118]

이미 마르크스도 정치투쟁의 중요성에 관해 충분히 강조했다. 따라서 정치투쟁이라는 개념 자체는 레닌의 새로운 구상은 아니었다. 문제는 항상 실천이다. 경제투쟁을 비판하면서 정치투쟁의 혁명적 성격을 강조하는 것은 어렵지 않지만, 그런 투쟁을 실천할 수 있는가는 다른 문제이다.

### 4) 직업 혁명가

러시아와 같이 탄압이 일상화된 조건 아래서 혁명적 성격의 정당은 어떤 식으로 조직해야 하는가? 레닌의 답은 간단하다. 전문적이고 직업적

---

118  Lenin, What is to be done, ibid, p. 423

인 혁명가로 이루어진 비밀스럽게 활동하면서, 효율적으로 활동하는 조직이다. 이 효율적 조직은 임무가 분업화되고, 고도로 조직된 중앙집권적인 조직체다.

레닌의 정당은 지식인이 중심이니 노동자 대중을 배제한 엘리트적인 정당이 되지 않을까 하는 우려가 있다. 레닌이 강조하는 것은 노동자니, 지식인이니 하는 것이 아니라 직업적이어야 한다는 데 있다. 누가 하든 직업화되면 전문화될 가능성이 크기 때문이다. 반면 직업화되지 않는다면, 누가 하든 아마추어적 성격을 버릴 수 없다.

중앙집권적 체제는 효율적이지만, 비민주적이다. 레닌은 민주집중제를 주장하니 당내 민주주의를 간과한 것은 아니었다. 하지만 비밀조직인 만큼 민주적 합의 절차를 거치기 쉽지 않다. 이런 우려를 해소하기 위해 정당은 자기가 추구할 목표와 과정에 대해 상세한 규정 즉 강령이 요구됐다. 당에 가입할 때 강령을 수용하는 것이 민주적 합의의 절차를 거친 것으로 간주됐다.


### 5) 신문의 역할

이제 더 중요한 것이 남아 있다. 혁명 정당이 대중적인 지반과 연결되지 않는다면 소수 혁명가의 고립된 집단에 그칠 것이다. 차르의 비밀경찰 체제 아래 어떻게 직업 혁명가의 정당이 대중과 연결될 수 있는가?

레닌의 대답은 두 가지이다. 하나는 해외에 당 본부를 건설한다는 것이다. 그리고 해외와 국내를 연결하기 위해 신문을 발간한다는 것이다.

레닌은 왜 해외 본부를 세우려 했던 것일까? 혁명 정당은 전국적이며 일관적이고 지속적이어야 한다. 일시 세워졌다가 무너지기를 반복하는 경우 그런 정당은 결코 혁명 정당의 지위에 이르지 못한다.

자주 무너지면 지역적으로, 시기적으로, 정치적으로 다양한 분파가 출현하기 마련이며 이들은 내분을 거듭하니 혁명은 연기처럼 사라지고 만다. 당 중앙이 불안정한 결과 나타나는 내분의 모습은 일제시대 조선공산당의 모습에서 신물이 나도록 발견하게 된다.

레닌은 혁명 정당의 발전을 위해서는 불가피하게 당의 중앙이 해외에 그것도 가장 자유로운 곳에 안정적으로 세워질 수밖에 없다고 생각했다. 당시 유럽에서는 그 장소가 바로 스위스였다.

두 번째로 해외에 세워진 당 본부는 국내 대중과 단절되니, 이 문제를 해결하기 위해 레닌은 신문을 생각했다. 신문이 어떻게 대중과 연결을 확보해 줄 통로가 될 수 있는 것일까? 신문을 레닌이 어떻게 생각했는가를 보기로 하자.

> "신문의 구실은 단지 사상의 유포, 정치교육, 정치적 동맹자의 모집에만 한
> 정되지 않는다. 신문은… 집단적 조직자이다. 신문은… 건축 중인 건물 주위
> 의 비계에 비유할 수 있다. 비계는 건물의 윤곽을 드러내고 건설노동자들의
> 의사소통을 쉽게 하며 노동자들의 작업을 분배하고 집단노동의 공통성과를
> 살펴볼 수 있게 한다."[119]

레닌은 신문의 역할이 '정치적 동맹자의 모집'에 그치지 않고 '집단적인 조직자'가 될 수 있다고 했다. 다시 말해 신문은 대중과 접촉하면서 대중과 당을 소통할 수 있게 하고 당을 대중 속으로 끌어들이는 가능성을 지니고 있다는 것이다. 이런 목적으로 레닌은 스위스로 망명한 다음 그 유명한 신문 '이스크라[iskra: 불꽃]'을 창간한다.

---

119   Lenin, What is to be done, ibid, p. 502

당과 대중의 연결, 안정된 당 본부와 대규모 대중과의 접촉, 이 문제는 혁명적 실천의 알파와 오메가이다. 마르크스는 합법적 대중정당의 건설을 통해 이 문제를 해결하려 했다. 그것은 유럽의 조건에서나 가능한 것이었다. 레닌은 당 본부는 해외로 가고, 대중은 신문을 통해 연결한다는 방식으로 해결했다. 레닌의 방식은 러시아 조건에서 불가피한 것이었으나, 그것은 러시아가 유럽에 붙어 있다는 특수한 경우에 가능했다. 즉 인접한 곳에 자유로운 나라가 있어야 했다. 나중에 중국과 조선의 공산주의자에게는 그런 행복한 여건이 없었다. 그들은 이 문제를 또 다른 방식으로 풀어나가야 했다.

# 4절 농민의 혁명적 열정

## 1) 계통 발생의 법칙

마르크스는 사회주의 이념을 확립했다. 그것이 곧 모든 생산수단의 국유화이다. 마르크스, 레닌, 마오쩌둥은 사회주의 사회를 실현하고자 했던 데에는 같다. 각기 다른 사회적 조건 아래 있었기 때문에 서로 다른 실천전략을 취할 수밖에 없었다.

마르크스는 자본주의 중심지에서 활동했다. 이곳에선 민주주의와 법치가 어느 정도 뿌리내렸으니 합법적, 대중적인 정당을 건설할 수 있었다. 레닌은 자본주의의 변방, 차르의 봉건적 탄압 아래에서 활동했다. 그런 조건에서 그는 혁명적 정당, 전위 정당을 제시했다.

마오쩌둥은 봉건제를 벗어나지 못한 (반)식민지가 된 중국에서 활동했다. 중국은 제국주의 열강과 각기 연결을 맺은 봉건 군벌이 할거했다. 사회적 조건이 다르니 마오쩌둥은 마르크스나 레닌의 방법을 단순히 반복할 수 없었다. 마오쩌둥은 중국 사회에 적절한 실천 전략을 찾아야 했다.

어릴 때 생물 진화를 배우면서 개체 발생은 계통 발생을 반복한다는 말을 들었다. 후대 생물의 종은 전대의 종이 지나간 역사를 짧은 발생 기간 중 압축적으로 반복한다는 주장이다. 마오쩌둥 사상의 성장사를 보면 그런 생각이 든다. 마오쩌둥은 중국 사회에 적절한 전략을 찾기까지 그런 계통 발생을 반복해야 했다. 그는 마르크스와 레닌이 갔던 길을 압축적으로 반복했다.

### 2) 중국의 사회주의

마오쩌둥은 젊은 날 방황 끝에 1913년 중국 남부 장사에 있는 호남 사범학교에 입학했다. 그의 의식은 호남 사범학교의 교수인 양창제의 영향을 받았다. 양창제, 호적, 진독수 등이 주도한 잡지 『신청년』의 입장은 신민[新民]주의와 무정부주의 사이에서 동요했다. 두 사상은 모두 손문의 부르주아 민주주의 혁명운동과 연결된 이념이었다. 청년 마오쩌둥의 중심 사상은 신민주의였다. 그는 졸업 후 장사에서 청년 단체 '신민학회'를 조직했다.

1919년경부터 『신청년』을 중심으로 5.4운동을 이끌던 두 분파, 즉 호적파와 진독수파가 논쟁을 벌였다. 이른바 '문제[issue]냐 이념이냐?' 하는 논쟁이다. 문제란 당면 과제에 집중하자는 주장이며, 호적과 같은 자유주의자의 입장이었다. 반면 이념은 먼 미래를 보자는 주장이며, 진독수, 이대조의 입장이었다. 이 논쟁을 통해 중국에서 사회주의 이념이 전파되기 시작했다.

진독수, 이대조는 곧 마르크스주의를 받아들였다. 1918년 북경 대학에 있었던 '사회주의 연구회'가 1920년 3월 '마르크스 이론 연구회'로 전환했다. 진독수, 이대조는 1920년 9월 코민테른의 지도 아래 중국 공산당을 준비했다.

마오쩌둥은 졸업 후 주로 장사에 머물며 '호남 학생연합회'를 주도하면서 고향인 장사의 군벌 추방운동에 참여했다. 마오쩌둥은 1919년 겨울 '군벌 추방, 호남 자치'를 원세개 정부에 청원하기 위해 북경에 올라갔다. 군벌의 우두머리일 뿐인 원세개 정부의 반응은 냉담했다. 그 사이 장사 군벌은 손문을 따르는 또 다른 군벌로 대체되고 말았으니, 마오쩌둥은 손문의 혁명파 역시 또 하나의 군벌이었음을 깨달았다.

군벌의 이합집산에 쓰라린 패배감을 맛보던 마오쩌둥은 북경에 남아서 이대조가 지도하는 '마르크스 이론 연구회'에 가입했다. 마오쩌둥은 곧 장사로 돌아가 1921년 여름 과거 그가 주도했던 '신민학회'를 '사회주의 청년단'으로 개편했다. 1921년 여름 중국 공산당 창립대회가 상해에서 열렸다. 마오쩌둥은 호남 대표의 한 사람으로 참가했다.

### 3) 중국 공산당의 가능성

이 시기 중국 공산당 앞에 새로운 가능성이 열렸다. 이 가능성을 연 하나의 조건은 합법성이다. 1923년 손문과 소비에트 정부 특사의 회담으로 국공합작이 성립했다. 1924년 개조된 국민당이 광주에서 창당 대회를 열었다. 마오쩌둥은 공산당 중앙위원이면서 동시에 국민당 조직부장이 되어 상해에서 활동했다. 중국 공산당은 좌우합작을 통해 반[半]합법적인 지위를 획득했다. 공산당은 이 조건을 통해 사회주의 이념을 대중적으로 선전할 수 있었다.

마르크스는 서구의 합법적 조건을 최대한으로 이용함으로써 1차 '국제 노동자 협회'를 발전시켰다. 독일 사회민주당도 비스마르크 이후 반합법성이라는 조건을 잘 이용함으로써 1914년 전쟁 직전 마침내 제일당이 됐다. 이런 합법성의 조건이 국공합작을 통해 중국 공산당에게도 열린 것이다. 지역적으로는 중국 국민당이 지배하는 광주 지역과 양자강 이남 지역에 한정된 것이었다.

반합법적 조건을 이용해 중국 공산당이 활발하게 확산하자, 합작의 파트너였던 국민당은 긴장했다. 연소연공, 국공합작을 추진했던 손문이 1925년 사망하자 국민당 내 긴장은 걷잡을 수 없는 파국으로 치달아 갔다.

### 4) 농민의 발견

중국 공산당 앞에 나타난 또 하나의 조건은 농민의 발견이다. 중국 농민의 혁명적 열정을 발견한 사람은 마오쩌둥이었다.

러시아에서는 적어도 도시에서 자본주의가 발전했다. 덕분에 러시아에서는 노동자를 중심으로 하는 활동이 가능했다. 중국은 달랐다. 중국은 여전히 봉건 체제를 벗어나지 못했다. 노동자라면 광산 노동자나 도시 일용 노동자(인력거꾼, 건설노동자 등)에 불과했다. 마오쩌둥은 1921년에서 1923년에 이르기까지 호남에서 노동자를 조직했다. 그는 노동자의 파업도 일으켰다. 중국 사회에서 노동자를 조직하려 했던 시도는 빛을 보기 어려웠다.

마오쩌둥은 이때 국민당 농민부가 광주에서 1924년 7월 시작한 농민강습소가 아연 활기를 띤 것에 주목했다. 그는 농민강습소에 교사로 참여했다. 그는 이를 통해 농민 속에 억눌려 있던 혁명적 열정을 발견했다.

마오쩌둥은 어떻게 해서 농민을 발견하게 된 것일까? 마오쩌둥의 발견은 농민 반란의 오랜 전통에서 비롯된 것으로 볼 수는 없다. 봉건적 농민 반란이라는 개념과 사회주의 혁명의 조건으로서 농민혁명이라는 개념은 하늘과 땅의 차이가 있다. 과거 농민 반란은 새로운 봉건왕조의 창립에 그칠 뿐이다. 반면 농민혁명은 노동자와의 동맹, 사회주의 이념의 실현을 전제로 하는 것이다.

앞에서 본 것처럼 레닌은 혁명 정당 개념을 발전시켰다. 이 개념은 싹이 되어 새로운 사유의 세계를 열었다. 그 가운데 하나가 노농동맹이라는 개념이다. 레닌은 노농동맹이라는 개념을 통해 1917년 러시아 혁명 가운데 발생한 농민들의 혁명적 열정을 이해할 수 있었다.

러시아에서 1917년 2월혁명이 일어나자 농촌의 농민은 봉건적 세금을 거부했다. 그렇게 되면 지주의 토지는 자동으로 농민의 소유로 전환된다. 즉 농민의 자발적 토지 몰수였다. 농민은 강제로 세금을 거두려던 지주의 집에 방화하고 지주를 영지에서 추방했다. 농민은 도시에서 노동자, 병사 소비에트를 본떠서 지역마다 농촌 소비에트를 건설했다.

당시 서로 경합하던 혁명가들, 즉 무정부주의자(사회혁명당)와 멘셰비키(사회민주당 내 대중정당 노선), 그리고 레닌의 볼셰비키(사회민주당 내 혁명 정당 노선) 가운데 오직 레닌과 볼셰비키만이 농민의 열정과 소비에트를 수용했다. 노농동맹이라는 개념이 그런 현실적 감각을 가능하게 했다.

레닌의 노농동맹이라는 개념은 1921년 『민족문제 테제』에서 반제동맹이라는 개념으로 발전했다. 서구 노동자, 프롤레타리아의 사회주의 운동과 식민지에서 농민과 민족 부르주아의 민족해방 운동을 결합하자는 것이다. 이런 개념에 따라 1924년 중국에서 국민당과 공산당의 합작이 가능했다. 마오쩌둥은 공산당의 활동을 통해 레닌의 노농동맹, 반제동맹 개념을 배울 수 있었다. 마오쩌둥은 그 결과 농민혁명에 주목할 수 있었다.

## 5) 레닌과 마오쩌둥

코민테른과 중국 공산당은 처음에는 좌우합작, 합법 노선 그리고 노동자의 조직에 몰두했다. 처음에 중국 공산당은 마오쩌둥의 혁명적인 농민운동이 좌우합작을 위태롭게 하는 것이 아닐까 해서 비판적으로 보았다. 그 때문에 마오쩌둥은 중앙위원에서 쫓겨나고 고향으로 내려왔다.

1925년 국민당 내부에서도 좌파(왕정위, 호한민 등)가 득세하게 된다. 국민당 좌파의 지지를 받자, 코민테른은 물론 중국 공산당 지도부에서도 농민운동의 역할을 긍정했다. 마오쩌둥도 복권됐다. 노동자 대중 노선을 강조하는 진독수를 제외하고 모두 그랬다. 나중에 도시 소비에트 봉기를 일으키는 구추백과 이입삼조차도 이때에는 마오쩌둥의 농민운동을 환영했다. 마오쩌둥의 노력으로 중국 공산당에도 1926년 7월 농민부가 만들어졌다. 마오쩌둥이 농민부장이 됐고 이제 농민운동의 주도권은 국민당에서 공산당으로 이동했다.

여기까지는 마오쩌둥과 중국 공산당이 마르크스, 레닌이 겪었던 경험을 계통발생의 방식을 통해 학습한 과정이었다. 이런 학습은 곧 처절한 실패로 드러난다. 마오쩌둥과 중국 공산당은 중국 사회에 적절한 실천 전략을 찾기 위해서는 처절한 패배의 고통을 통과해야 했다. 마오쩌둥과 중국 공산당은 새로운 실천의 길을 찾아야 했다. 계통 발생을 반복하던 마오쩌둥과 중국 공산당은 과거의 태내를 벗어나 새롭게 탄생해야 했다.

# 5절 정강산과 서금 근거지

## 1) '호남농민운동 보고서'

손문의 연소용공[聯蘇容共], 좌우합작 노선에 따라 1924년 국민당이 세워졌다. 마오쩌둥은 광주 농민강습소에서 활동하던 중 농민의 혁명적 열정을 새롭게 발견했다. 손문의 북벌군이 1926년 7월 북벌을 시작하자, 광주에서 무한, 남경에 이르기까지 도중에 있던 도시와 농촌, 노동자와 농민이 봉기했다. 마오쩌둥은 이때 농촌의 농민혁명을 주도했다.

마오쩌둥은 레닌의 혁명적 마르크스주의 노선을 받아들였다. 그는 노농동맹을 수용하면서 그 위에서 농민혁명의 전략을 수립했다. 이 시기 마오쩌둥의 입장은 『호남농민운동 보고서』(1926년 8월)에 명확하게 표현되어 있다.

"가부장적이며 봉건적인 계급인 토호 열신, 무법 지주들은 수천 년 동안 귀족 정부의 기초를 이루고 있으며 제국주의와 부패한 관료제, 군벌의 초석을 이루었다. 이 봉건 권력을 전복하는 것은 민족혁명의 진정한 몫이다.···"

마오쩌둥은 농민의 90%에 달하는 빈농(소작농)과 고농[雇農. 농촌노동자]을 중심에 세우고, 모든(!) 지주의 토지를 몰수하며, 저항하는 지주를 타도해야 한다고 주장했다. 마오쩌둥은 여기서 "두렵다"라거나, "너무 멀리 가지[120] 않는가", "너무 무도한 것이 아닌가?" 하는 당내 우파(진독수파)의 비판에 대해 일일이 대답한다. 그는 이렇게 말한다.

"혁명은 저녁식사에 초대하는 것이나 수필을 쓰고 그림을 그리고 수예를 하는 것이 아니다." "잘못된 것은 적절한 한계가 초과하지 않고서는 바로 잡힐 수 없다."[121]

빈농과 고농, 토지 몰수, 지주 타도라는 개념은 모두 레닌의 노농동맹, 농촌 소비에트 개념을 그대로 적용한 것이었다. 레닌 역시 유사한 어조로 농민의 혁명적 폭력을 옹호했던 적이 있었다.

## 2) 도시 봉기의 전술
국민당 군대는 군벌연합체이다. 군벌 장교 대부분이 지주에 속했으니 농민 운동이 진행될수록 국민당 군벌이 반발했다. 1926년 북벌이 시작되면서 농민이 토지를 몰수하기 시작하자, 군벌의 반발이 폭발했다.

---

120 · Mao zedong, report on an investigation of the peasant movement in Hunan[호남농민운동보고서], Collected Works V. 1, Foreign Languages Press Peking, 1965, p. 27

121 · Mao zedong, report on an investigation of the peasant movement in Hunan[호남농민운동보고서], ibid, p.28

장교들의 압력을 받던 북벌군 사령관 장개석이 선수를 쳤다. 그는 1927년 4월에 상해 노동자를 학살하면서, 국민당 좌파 지도부에 대항하여 쿠데타를 일으켰다. 공산당에 호의적이었던 왕정위가 이끌던 국민당 좌파는 장개석의 쿠데타 앞에서 결국 타협하고 말았다.

공산당은 분열했다. 여전히 국공합작을 주장하면서 노동자, 농민의 분노를 진정시키려 했던 진독수 체제는 무너졌다. 이대조는 북경 군벌(오패부)에 의해 처형당했다. 러시아에서 유학했던 구추백이 중국 공산당의 지도권을 장악했다. 급진적 노동자, 농민 혁명을 지지하던 공산당 좌파는 봉기를 선택했다. 그것은 코민테른의 의지이기도 했다. 그들은 군벌이 지배하는 주요 도시(남창, 광주, 장사 등)를 공격했다. 각 도시에 러시아의 소비에트를 본받아 소비에트를 건설했다.

공산당의 봉기는 성급했다. 성공한 도시 소비에트조차 얼마 견디지 못했다. 도시 공격은 대부분 실패로 돌아갔다. 1917년 전쟁으로 군대가 붕괴한 러시아와 달리 중국은 군벌의 군대가 여전히 힘을 발휘했기 때문이다.

### 3) 정강산으로

마오쩌둥 역시 초기에는 구추백의 봉기노선을 지지했다. 마오쩌둥은 그의 고향인 호남의 수도 장사에서 봉기했으나 패배했다. 마오쩌둥은 다시 봉기를 준비하던 중 체포되어 처형 직전에 탈출했다. 그는 늪지에 숨어 간신히 목숨을 구했으며 맨발로 걸어 도주했다. 그는 남은 군대를 수습했다. 공산당 중앙본부에서는 여전히 장사를 다시 공격하라고 지시했다. 마오쩌둥은 남은 군대를 이끌고 정강산으로 들어갔다. 구추백이 지도하던 당 중앙은 도주의 책임을 물어 마오쩌둥의 당직을 박탈했다.

마오쩌둥이 어떻게 해서 정강산으로 들어간 것인지에 관해서는 학자마다 다르게 이해한다. 혹자는 이미 이때 마오쩌둥이 농촌 게릴라전을 구상했다고 한다. 혹자는 그저 남아 있는 부대의 생존을 위해 산으로 들어갔다고 한다. 그 어느 것이든 정강산에 들어간 이후 마오쩌둥은 전혀 새로운 길에 도달했다.

정강산에서 마오쩌둥이 활동하는 과정을 보자. 초기에는 도시 봉기에서 패주한 공산당의 남은 군대가 정강산으로 모여들었다. 1928년 4월에는 주덕의 군대가, 그해 12월에는 팽덕회의 군대가 들어왔다. 마오쩌둥은 군대를 재편성했다. 그는 군대를 민주화하여 혁명군대로 만들었다. 그는 토지혁명을 수행하여 군대를 농민의 군대로 재탄생했다.

많은 군대가 들어오자 정강산은 너무 협소했다. 여기서 마오쩌둥은 결단을 내렸다. 그는 위험을 무릅쓰고 다시 평지로 나섰다. 그는 1929년 겨울 정강산 서쪽 주장강을 건너 서금으로 건너갔다. 이곳에는 넓은 들이 있고 무엇보다도 몇 백만 규모의 농민이 있었다. 그는 이곳에 근거지를 마련하고 소비에트를 건설했다. 1931년 11월 7일, 러시아 혁명 기념일에 서금에서 전 중국의 소비에트 대표들이 모여 제1차 중화 소비에트 전국대회가 열렸다. 도시 봉기에서 패배한 공산당이 이렇게 새롭게 부활했다.


### 4) 산이냐 대중이냐?

많은 사람은 마오쩌둥이 정강산에 들어갔다는 사실을 강조한다. 나는 생각이 좀 다르다. 정강산은 가보지 않아서 어쩐지 모르지만, 높은 산일 테니 일단 도피하여 상황을 수습하는 데는 적절할 것이다. 하지만 여기에는 혁명의 생명인 대중이 없다. 두메산골에 처박힌다는 것은 자기 목숨을 구하기는 쉬우나, 혁명을 끌어낼 가능성은 상실할 것이다. 마오쩌둥이 정강산에 머무르기만 했다면 임꺽정의 산채처럼 고립된 후 언젠가는 토벌되고 말았을 것이다.

정강산보다 근거지라는 개념에 더 주목해야 하지 않을까? 혁명을 위해 마오쩌둥은 다시 대중이 사는 곳으로 나왔다. 산을 버리고 들판으로 나온다면 군벌의 군사적 공격을 받지 않을까? 그렇다. 마오쩌둥이 위험을 무릅쓰고도 서금으로 나간 것은 달리 생각할 수 없다. 혁명에는 대중이 있어야 하기 때문이다. 마오쩌둥이 무턱대고 대중을 찾아간 것은 아니었다. 그에게는 자기를 지킬 비법이 있었다. 그 비법은 무엇인가?

우선 유격전이다. 마오쩌둥이 평지로 나가자, 장개석의 군대가 근거지로 쳐들어왔다. 장개석은 1930년 4월부터 1931년 7월까지 무려 3차례에 걸쳐서 서금 중앙 소비에트를 포위하고 토벌전을 전개했다. 마오쩌둥은 유격전을 전개하면서 장개석의 군대를 막고 소비에트를 지켜냈다.

그의 유격전이 탁월했기에 마오쩌둥이 승리할 수 있었을까? 물론 그런 점이 있다. 하지만 그것은 군사적인 단기적인 관점이다. 더 중요한 것은 정치적 장기적인 관점이다. 이런 관점에서 본다면 승리의 원인은 근거지에 있었다. 유격전도 근거지가 있었기에 가능했다. 근거지란 곧 대중이 있는 곳이다.

농민 대중이 있으면 아무 곳에서라도 근거지가 세워지는가? 여기서 마오쩌둥의 유명한 논문을 참조해야 한다. 『적색 정권의 존재 이유에 관하여』라는 논문이다. 그는 군벌체제 아래서 소비에트 근거지가 존재할 수 있는 이유는 군벌체제의 모순 때문이라 말한다.

군벌은 분산되어 있었다. 각기 중국의 일부를 지배하면서 제국주의 열강의 지원을 받았다. 군벌은 각기 중심도시를 장악했으나 서로 대립하면서 시시때때로 내전을 벌였다. 제국주의 열강의 이해가 대립하고 군벌의 이해가 서로 충돌했다. 마오쩌둥은 그 틈 속에, 서로의 지배력이 상대의 지배력에 의해 차단되는 곳에서 적색 소비에트가 가능했다고 말한다. 대표적으로 서금이 그렇다.

　레닌은 러시아 차르 체제 아래서 살았다. 그는 이런 조건에서 해외에 당 중앙을 건설하고 선으로 러시아 대중과 연결했다. 이 연결의 도구가 신문 '이스크라'였다. 마오쩌둥은 중국의 현실에서 혁명의 가능성을 찾아 군벌의 틈 사이를 뚫고 들어갔다. 이 틈, 즉 근거지에 살아있는 대중을 기초로 그는 유격전을 전개할 수 있었다.

# 6절 인자는 고향에서 추방되리라

## 1) 종자 개념

하나의 개념이 새로운 세계를 연다. 새로운 종자 개념이 나오면 그것으로부터 다양한 개념이 움튼다. 다양한 개념의 나무 가지 아래 새로운 세계의 공간이 열린다. 그것이 개념의 혁명이다.

혁명적 실천을 위한 종자 개념이 무엇인가? 그것은 당과 대중을 연결하는 개념이다. 지속하는 당 중심과 광범위한 대중, 서로 모순적인 두 요소를 연결하려는 시도, 각기 사회적 조건에 적합한 연결방식을 찾으려는 시도가 그 종자 개념이다. 그것이 레닌의 '혁명 정당론'이며 마오쩌둥의 '근거지 유격전론'이다. 이제 이 종자 개념으로부터 어떤 실천적 개념들이 움트는지 살펴보기로 하자. 다시 레닌으로 돌아가자.

## 2) 볼셰비키와 멘셰비키

레닌은 망명 이후 당과 대중을 연결하는 기관으로서 신문 즉 '이스크라'를 창간하고, 이를 씨줄과 날줄로 해서 혁명 정당을 창당했다. 1903년 스위스에서 러시아 사회민주당이 건설됐다. 그 뒤 레닌은 지칠 줄 모르는 힘으로 새로운 세계를 열어나갔다.

이 과정에서 레닌의 다양한 활동과 사유를 몇 마디 개념으로 요약한다는 것은 교각살우[矯角殺牛]의 잘못을 범할 수도 있다. 사정상 한두 가지 개념으로 정리하라고 하면 나는 두 가지를 말하고 싶다. 하나는 자주적 실천이라는 개념이고, 다른 하나는 연속혁명론(이 속에 노농동맹론, 소비에트론이 속한다)이다. 두 가지 개념 가운데 우선 자주적 실천론을 이해해 보자.

이스크라를 통해 건설된 러시아 사회민주당은 태어나면서부터 갈등 속에 시달렸다. 바로 볼셰비키와 멘셰비키의 대립이다. 볼셰비키의 대표 레닌과 멘셰비키의 대표 마르토프는 혁명 정당을 만들고자 '이스크라'에서 함께 활동했던 동지였다. 그들은 1903년 창당대회에서 당 규약을 둘러싸고 논쟁을 벌였다. "당 기구에 참여하는 자"만을 당원으로 할 것인가, 아니면 "당 기구의 지도를 받는 사람"이라면 당원이 될 수 있는 것인가 하는 논쟁이다. 전자는 직업 혁명가만이 당원이 될 수 있다는 주장이다. 후자는 일반 대중도 당원으로 될 수 있다는 주장이다.

창당 대회가 끝난 다음 레닌은 그가 창간한 '이스크라' 편집국에서 쫓겨나고 말았다. 레닌이 '이스크라'를 통해 구상했던 혁명 정당은 태어나지도 못한 채 유산했다. 새로운 개념은 구시대의 사유 습관 아래 무자비하게 진압됐다.

레닌은 이런 패배에도 쓰러지지 않고 혁명 정당을 세우기 위한 투쟁을 멈추지 않았다. 레닌은 그 뒤 볼셰비키만을 따로 모아, 신문('전진')과 중앙위원회를 만들고 따로 당 대회를 소집했다. 기존의 당을 장악한 멘셰비키 역시 독자적으로 신문('이스크라')과 중앙위원회와 당 대회를 열었으니, 볼셰비키와 멘셰비키는 한 지붕 아래 사는 두 개의 독립 정당이었다.

### 3) 레닌의 분노

레닌이 세우려는 혁명 정당의 본질은 어디에 있는가? 자주 사람들은 당 대회 규약에서 레닌의 주장을 기초로, 레닌은 효율성을 위한 중앙집권적 정당을 세우려 했다고 평가한다. 그렇게만 보기는 어려운 측면이 있다. 혁명 정당을 세우려는 레닌의 실제 투쟁을 보면 그런 의문이 들게 된다.

앞에서 말했듯이 당에서 쫓겨난 레닌은 독자적 볼셰비키파를 이끌었다. 레닌의 볼셰비키 위원(중간 간부)은 끈질긴 투사였다. 볼셰비키는 명령과 복종에 익숙했다. 러시아의 지하라는 간고한 조건 아래서 마치 기계화 사단처럼 느리지만, 확고하게 움직였다. 1905년 러일전쟁 이후 러시아에서 혁명이 일어나자, 대중적 합법 공간이 열렸다. 이 공간 속에서 혁명의 열정에 사로잡힌 노동자, 학생 등 청년세대가 등장했다.

지하에서 활동해왔던 볼셰비키는 새로 열린 대중적 합법 공간으로 진출할 줄을 몰랐다. 볼셰비키는 청년세대를, 그들의 과감하고 대담한 행동을 불신했으며, 여전히 과거의 활동 방식, 지하에서 꼼지락거리는 운동방식을 되풀이했다. 볼셰비키는 새로운 노동자, 학생 등 청년세대를 당으로 끌어들이지 못했다.

레닌은 분노했다. 이 분노는 자신을 지지하는 볼셰비키 위원을 향한 것이었다. 그는 볼셰비키 위원이 반대해도 당의 문호를 열었다. 그는 청년세대를 받아들이고 노동자 출신의 새로운 세대를 수용했다. 그는 당원의 구성 비율을 '2(지식인) 대 8(노동자)'로 확정하기도 했다.

또 보자. 1909년에 이르면 볼셰비키 내부에 다시 갈등이 생겨났다. 1905년 러시아 혁명이 일어나자 차르는 인민을 무마하기 위해 지극히 왜곡된 의회 즉 두마를 소집하기로 했다. 두마는 신분별로 투표했다. 예를 들면 지주가 200명당 1명의 대표를 뽑는다면 노동자는 5만 명당 1명을 뽑았다. 1907년에는 비율이 더욱 악화한 두마 선거법이 통과됐다.

당연히 볼셰비키 가운데 선거 보이콧 운동이 벌어졌다. 심지어 개인적으로 참여해 당선된 의원조차 사임하고 돌아와야 한다는 소환 운동, 최후통첩 운동이 벌어졌다. 이 운동을 주도했던 대표자가 초창기 충실한 볼셰비키 세대였던 보그다노프였다.

레닌은 읍참마속[泣斬馬謖]의 마음으로 보그다노프를 비롯한 소환파, 보이콧파를 당에서 제거했다. 이때 레닌은 그가 존경했던 작가 고리끼조차 제명했다. 레닌은 보그다노프를 제명하면서 이들의 문제점은 경험에 기초한 유물론 즉 속류 유물론에 있다고 비판하기도 했다. 철학이 제명의 명분으로 사용됐다.

나중에 레닌은 보그다노프적인 경향을 가진 사람들, 자신의 순수성을 지키기 위해 대중의 열린 공간으로 들어가 대중성을 획득하기를 꺼리는 사람들을 '좌익 소아병자'라는 표현으로 비판했다.

### 4) 행동을 위한 정당

이상과 같은 레닌의 당내 투쟁(멘셰비키와의 투쟁뿐만 아니라 볼셰비키 내부에서의 투쟁)을 보면 비로소 레닌의 혁명 정당의 개념이 무엇을 의미하는지가 가슴으로 다가온다. 그것은 엘리트의 정당이 아니었다. 지적인 우수성보다 더 중요한 것은 행동하는 능력이었다. 그럴듯한 말보다 행동을, 수동적인 기다림보다는 적극적인 행위를, 자기를 지키려는 소극성보다는 대중 속으로 들어가려는 적극성을, 규범과 규율보다는 열린 공간에서의 폭발적 열정을 레닌이 지지했다.

레닌의 시대, 이런 행동의 특징을 설명할 말이 부족했다. 그는 이것을 '자발적인 규율'이라고 말하기도 했다. 오늘날 우리는 그것이 어떤 말인지 잘 안다. 그 말은 '자주성'이라는 말이다. 하지만 레닌의 시대, 레닌은 이를 표현할 수 없었다. 레닌은 실천을 통해 가르치기로 했다. 그 때문에 그는 멘셰비키를 비판했고, 볼셰비키 위원을 비판했으며, 보그다노프를 비판했다.

혁명 정당. 행동을 위한 정당, 자주성의 정당 개념을 토대로 레닌은 러시아에서 사회주의 혁명의 가능성을 찾았다. 러시아는 자본주의라도 후진적인 자본주의이다. 이런 사회에서 사회주의혁명이 가능한 것인가? 그것이 가능하다는 것을 논증하는 이론이 곧 연속혁명론, 노농동맹론, 혁명의 국제동맹이라 한다. 이 점은 다음에 살펴보기로 하자.

# 7절 노농동맹론

## 1) 러시아 현실

레닌은 신문 '이스크라'를 통하여 당과 대중, 해외와 국내를 연계하려 했다. 그 매개자가 곧 볼셰비키 위원이다. 레닌은 볼셰비키가 적극적으로 활동하는 자주적 인간이기를 기대했다.

국외 망명에서 1917년 4월 러시아로 돌아오기까지 레닌은 또 하나의 이론을 전개했다. 그것은 러시아 사회에 적절한 혁명 전략을 세우는 이론이었다. 그 결론은 '연속혁명'이라는 개념이다. 연속혁명이란 민주주의 혁명과 사회주의 혁명, 부르주아 혁명과 노동자의 혁명을 연속적으로 압축한다는 것이다.

마르크스는 서유럽에서와같이 이미 자본주의 체제가 정착한 사회에서 혁명 전략을 세웠다. 마르크스는 민주주의가 사회주의 혁명을 선전하고 조직하는 데 유리하다 믿었다. 그는 언제가 혁명이 출현할 것을 기대했다.

아직 구체적인 방법은 제시하지 않았다.

러시아의 현실은 달랐다. 러시아는 도시에서는 대공장이 발전하여 아류 제국주의화하고 있으나, 광범위한 농촌에서는 여전히 봉건적인 장원이 지배하고 있었다. 노동자는 소수였을 뿐이며 농민이 인구 대부분을 차지했다. 사회 곳곳에 봉건 체제와 관습이 남아 있었다. 차르의 전제정치와 귀족의 특권, 종교의 착취, 사회적 불평등이 만연했다.

이런 사회에서는 곧바로 사회주의 혁명을 일으키는 것이 불가능했다. 러시아 마르크스주의자들은 대부분 단계론을 지지했다. 볼셰비키도 멘셰비키도 마찬가지였다. 일단 부르주아 혁명으로 나갔다가, 이어서 사회주의 혁명으로 나간다는 주장이다. 문제는 그 과정이었다.

멘셰비키는 러시아에서 1차 부르주아 혁명이 일어나면 임시정부가 세워질 텐데, 노동자는 임시정부를 부르주아 정치가에게 맡기고 비판적인 거리를 취해야 한다고 주장했다.


## 2) 적극적 혁명론

레닌은 매사에 적극적 행동을 주장했기에 이런 멘셰비키의 주장을 받아들일 수 없었다. 그에게 이런 주장은 사회주의 혁명이 오기까지 손 놓고 기다리자는 주장으로 들렸다. 즉 수동적 대기주의이다. 그런 사이 러시아의 취약한 부르주아는 봉건 귀족 및 차르와 타협하여 혁명을 반동으로 전복시킬 것이다.

레닌은 적극 행동주의자였다. 민주주의 혁명의 조건을 철저하게 그리고 적극적으로 이용한다면 곧바로 사회주의 혁명으로 이행할 수 있다고 보았다. 레닌은 비록 부르주아 혁명이라도 프롤레타리아가 주도할 수도 있을 것으로 생각했다. 프롤레타리아가 주도하면 민주주의 혁명을 더욱

더 철저하게 수행하면서 이를 사회주의 혁명에 유리한 조건으로 적극적으로 발전시킬 수 있을 것이다. 이것이 레닌의 연속혁명론이다. 어떻게 하면 러시아에서 프롤레타리아가 주도하는 민주주의 혁명을 일으킬 수 있겠는가? 레닌은 이 불가능한 과제를 노농동맹, 국제혁명의 개념으로 풀어나갔다.

### 3) 노농동맹

러시아에는 노동자가 있었다. 노동자에 대한 부르주아의 착취는 차르의 비호 아래 이뤄지므로, 노동자는 차르를 증오한다. 노동자는 철저한 민주주의 혁명을 원한다. 그러나 러시아에서 노동자는 소수에 불과했다. 다행히 러시아에는 농민 대중이 있다. 농민은 봉건제의 가혹한 착취 아래 있으니 지주를 타도하고 토지를 획득하기를 갈망한다. 농민은 차르를 타도하는 혁명의 길을 택할 것이다. 농민 역시 부르주아 혁명을 원한다.

레닌의 결론은 곧 노농동맹이 주도하는 부르주아 혁명이다. 여기서 동맹이란 말이 중요하다. 이는 일시적인 제휴가 아니라는 말이다. 노농동맹이란 말 속에는 농민에 대한 레닌의 우려와 기대가 동시에 담겨 있다.

당시 마르크스주의자는 대부분 농민이 토지를 획득한 이후에는 보수화될 것을 우려했다. 그것은 프랑스 혁명에서 증명된 역사적 사실이었다. 토지를 분배받은 농민은 혁명이라는 모험의 길에서 떨어져 나갔고 나폴레옹 몰락 이후 왕정복고의 온상이 됐다.

레닌 역시 농민이 토지분배 이후에 보수화될 수도 있다고 보았다. 레닌은 동시에 농민에게 기대했다. 그는 집단화로 농업 생산력이 비약적으로 발전할 것으로 믿었다. 이를 농민에게 충분히 계몽한다면 농민도 기꺼이 사회주의 혁명에 나서지 않을까?

연속혁명과 노농동맹, 이 두 가지는 동전의 양면이며 서로 떼어놓을 수 없는 것이다. 레닌은 당과 대중을 적극적 활동을 통해 연결하려 했던 것과 마찬가지로 적극적인 활동으로 부르주아 혁명과 사회주의 혁명을 곧바로 연결하려 했다.

노농동맹론 못지않게 중요한 것은 소비에트 민주주의론이다. 노동자, 농민이 주도하는 혁명, 압축적으로 사회주의로 진화하는 혁명을 위해서는 철저한 민주주의 국가가 출현해야 한다. 유럽에서 등장한 서구적 민주주의는 그런 철저한 민주주의에 미치지 못한다. 레닌은 그 대안으로 러시아 혁명 중에 출현한 소비에트를 기초로 한 민주주의 체제를 구상했다. 소비에트 민주주의는 노동자, 농민의 국가를 안정적으로 재생산할 것이다. 소비에트 민주주의가 지역 대표라기보다 계급계층을 대표하는 방식으로 구성되어 있기 때문이다.


## 4) 식민지 민족해방 운동

레닌의 노농동맹론, 소비에트론은 러시아 혁명에서 매우 중요한 역할을 수행했다. 1917년 2월 러시아 혁명이 일어나자, 당시 임시정부(초기 자유주의자가 담당하다 곧 무너지고, 인민주의자인 사회혁명당의 케렌스키가 임정 수반이 된다)는 농민의 요구를 묵살했다. 헌법상의 국가가 성립하면 그때 보자는 것이었다. 그러자 농민의 혁명적 열정이 폭발했다. 농민은 토지를 몰수했고 토지 상환금이나 지대를 강요하는 지주를 추방했다.

레닌은 농민에 대한 사회주의적 정책을 갖고 있었다. 토지국유화였다. 농민의 혁명적 봉기를 보는 순간 그는 자신의 정책, 즉 토지 국유화를 내버리고, 모든 토지는 경작하는 농민의 것이라고 선언했다. 이를 통해 노농동맹이 확고하게 됐다. 1917년 11월 7일 러시아 혁명이 성공하게 된 결정적 이유는 레닌이 농민과 동맹을 맺었던 데 있다.

레닌의 노농동맹론은 식민지해방 투쟁에서도 아주 중요한 의미를 지닌다. 레닌은 식민지 사회에서도 노농동맹을 통해 민족해방 투쟁을 전개할 수 있다고 보았다. 레닌은 자본주의 사회 속에서 노동자의 사회주의 운동과 식민지 사회에서 민족해방 투쟁을 결합하여 국제적인 반제투쟁을 전개하자고 호소했다.

레닌은 혁명이 일어나자 중국 등에 걸쳐 있는 구 러시아의 권리를 모두 포기했다. 아시아의 민족주의자는 레닌의 이런 선언에 한 줄기 빛을 발견했다. 이때부터 아시아의 민족주의자들은 사회주의를 받아들이기 시작했다.

# 8절 도시에서 농촌으로

## 1) 마오쩌둥의 고투

마르크스는 봉건사회에서 곧바로 사회주의로 이행할 수 없다고 봤다. 마르크스의 달걀을 처음 깨뜨린 사람이 레닌이었다. 그는 러시아 사회에서 역사의 압축적 발전 가능성을 모색했다. 그 이론이 앞에서 설명했던 연속혁명론이었다. 연속혁명을 가능하게 하는 조건이 노농동맹이다. 노동자의 단결력과 농민의 열정, 소수 노동자의 전위적 투쟁과 농민 대중의 자발성을 결합하려 했다. 중국의 마오쩌둥 역시 농민의 혁명적 열정을 믿었다. 그 역시 노농동맹론을 따랐다. 그러나 중국은 러시아가 아니었다. 같은 노농동맹론이 다르게 적용됐다.

러시아 1917년의 역사 과정을 보면 도시에서 노동자를 중심으로 부르주아혁명이 먼저 일어났다. 권력 중심의 공백기를 틈타 농촌에서 농민의 봉기가 일어났다. 즉 도시가 선도하고 혁명은 도시에서 농촌으로 신속하게 파급됐다. 일종의 전격전이다.

중국의 경우 도시에서 부르주아 혁명을 일으킬 세력이 없었다. 자본주의적 발전이 거의 없었기 때문이다. 소수의 노동자와 소수의 지식인뿐이었다. 구추백, 이립삼 등이 시도했던 도시 봉기가 실패한 사실이 그것을 증명한다. 마오쩌둥은 농촌 근거지에서 러시아식 소비에트 체제를 세웠다. 그는 이런 농촌 근거지를 바탕으로 도시를 포위하려 했다. 즉 농촌의 부르주아혁명을 도시로 전파하는 것이다. 마오쩌둥은 이런 포위는 지구전을 통해 이뤄질 것으로 생각했다. 도시냐, 농촌이냐, 전격전이냐 지구전이냐, 이것이 레닌과 마오쩌둥의 차이이다.

도시냐 농촌이냐, 지구전이냐 전격전이냐, 이것은 전술적 차이이다. 더 근본적인 전략은 노농동맹론이다. 이 점에서는 적어도 만리장정에 이르기까지 레닌과 마오쩌둥은 같았다. 만리장정을 거치면서 마오쩌둥은 레닌의 노농동맹 전략을 벗어났다. 이제 마오쩌둥이 마침내 제 발로 중국의 현실 위에 서게 되는 과정을 살펴보자.


## 2) 만리장정의 시작

마오쩌둥의 노력으로 1931년 11월 7일 서금 근거지에서 중화 소비에트 전국대회가 개최됐다. 일부러 러시아혁명 기념일을 택했다고 한다. 그 뒤 마오쩌둥은 3차례 걸친 장개석 군벌 연합군의 포위전에서 승리하자, 도시 봉기에 전념했던 중국공산당의 태도도 변화했다.

구추백의 도시 봉기는 이미 실패했다. 이립삼으로 당의 권력이 넘어가면서 농촌의 소비에트 근거지에서 전격적으로 도시로 진출하려는 시도도 실패했다. 1931년 이립삼에 이어 28인의 소련 유학파(왕명, 박고)가 등장했지만, 그들은 마오쩌둥이 제시한 지구전을 수용했다. 소련 유학파는 이제 근거지를 지켜야 한다는 강박관념에 사로잡혔다. 유학파는 마오쩌둥이 주장한 유격전을 버리고 진지전을 옹호했다. 권력투쟁에서 마오쩌둥을 추방한 유학파는 1933년 4차 포위전에서는 승리를 거두었으나, 이듬해 여름 5차 포위전을 견딜 수 없었다. 서금 근거지는 파국에 처했다. 1934년 10월 25일 마침내 탈출이 시작됐고 그게 장정의 시작이었다.

### 3) 어디로 갈 것인가?

사람들은 강서 중화 소비에트의 몰락을 주로 전술적인 차원에서 이해한다. 진지전이란 전술이 문제였다는 말이다. 마오쩌둥의 유격전을 선택해야 했다고 주장한다. 그런 주장은 일부 진리이다. 하지만 전술은 전술이 아닐까? 마오쩌둥이 권력을 잡고, 유격전을 전개했더라도 서금 근거지를 지켜낼 수 없었지 않을까?

군벌들의 상호 대립이 농촌 근거지가 가능한 조건이기 때문이다. 장개석은 이 시기 모든 군벌을 넘어선 절대 군벌의 지위로 상승했다. 강서 소비에트를 포위하려고 수십만 군벌 연합군이 모였다는 것 자체가 장개석의 지위, 절대 군벌의 출현을 바로 보여준다. 군벌이 대립하는 틈은 사라졌다. 그 틈이 근거지의 조건이었다. 이제 근거지가 존재할 틈이 없다. 이런 조건이라면 진지전은 물론이고 유격전도 불가능했다. 근거지의 가능성 자체가 사라진 것이기 때문이다.

혁명의 가능성을 위한 새로운 근거지가 요구됐다. 단순히 장소를 말하는 것이 아니다. 근거지를 가능하게 하는 새로운 개념을 찾아야 했다. 만리장정을 떠난 마오쩌둥이 미리 그걸 알고 떠나갔다고도 말할 수도 있지만, 그건 역사에 대한 소급적인 설명에 가깝다. 만리장정을 떠난 중국 홍군의 궤적을 보면 마치 함정에 빠진 멧돼지가 생존을 위해 발버둥 치는 것처럼 보인다. 홍군은 장개석의 포위를 뚫기 위해 중국 남부의 두메산골로 이리저리 방향도 모른 채 떠돌았다. 그런 만리장정 가운데 마오쩌둥은 마침내 새로운 가능성을 찾게 됐다. 그게 무엇일까? 이제 마오쩌둥의 만리장정을 따라가 보자.

### 4) 북상항일[北上抗日]

만리장정 가운데 사람들이 주로 주목하는 것은 장정을 떠난 석 달 뒤(1934년 1월15일) 개최된 준의 회의이다. 마오쩌둥은 이 회의에서 진지전을 주장했던 당 지도부(박고, 주은래, 오토 브라운)를 제치고 권력의 중심(홍군 총정치위원)으로 돌아왔다. 마오쩌둥의 권력 장악은 미래를 위한 지렛대가 됐지만, 아직 그 미래는 보이지 않았다.

만리장정 가운데 결정적인 전환점은 오히려 북상항일의 결정이 내려진 1934년 9월 22일의 회의에 있었다. 그때 홍군은 루딩교를 통해 금사강을 건너, 대설산을 넘어 마침내 감숙성 지역에 도착했다. 마오쩌둥의 1방면군은 거기서 사천 근거지에서 활동해 왔던 장국도의 4방면군을 만났다. 처음에 두 부대는 북으로 올라갔다. 눈앞에 있는 죽음의 늪(대초원)을 끼고 좌우로 갈라져 행군했다. 늪을 건너 두 부대는 다시 만났다. 그리고 9월 22일 확대간부회의가 열렸다.

이때 누구나 지쳤다고 한다. 죽음의 늪에서의 경험이 너무나 가혹했기 때문이다. 장국도는 마오쩌둥에게 기왕에 활동했던 사천 근거지로 돌아가자고 했다. 장국도가 왜 돌아가려 했는지는 확실하지 않다. 아마 생존 때문이 아닐까? 적어도 과거의 근거지에는 먹고 살 수는 있기 때문이다.

마오쩌둥은 단호하게 선언했다. 소위 북상항일 선언이다. 그가 이전부터 북상항일을 고려했다고 말할 수 있지만, 어떻든 북상항일이 확고하게 결정된 것은 이때로 보인다. 마오쩌둥이 북상항일에 적합한 지역으로 선택한 곳은 섬서 북쪽 연안이다. 그는 회의 전 1934년 7월 15일 작성한 문건에서 이렇게 선언했다.

> "우리는 국민당 강도 군대와 셀 수 없는 피의 전투 끝에 마련된 반제 혁명 근거지를 결코 포기하지 않겠다. 그러나 소비에트 정부는 중국 인민이 일본 제국주의의 손에 파괴되는 것을 앉아서 보고만 있을 수는 결코 없다. 소비에트 정부와 노농 홍군은 어떤 어려움도 두려워하지 않으며 최대의 결의를 가지고 일제와 싸우기 위해서 북쪽을 향해[북상항일을 위해] 전위 파견대를 보낼 것이다. 이 파견대는 우리가 제시하는 세 가지 조건을 수용하는 어떤 군대와 만나게 된다면, 우리 노농 홍군의 주요 부대는 전위 파견대를 따라서 중국의 모든 군대와 연합하여 일제에 대항하여 공동으로 투쟁할 것이다."[122]

### 5) 북상항일의 의미

항일이란 목표가 없었다면 장국도의 주장처럼 차라리 사천 지방으로 돌아갔을 수도 있었을 것이다. 지도를 보면 그래도 거기에는 먹고 살 거리가 좀 있는 것으로 보인다. 연안 지역은 척박한 땅이라고 한다. 먹고 살 만한 땅이 아니라는 말이다.

그런데 왜 마오쩌둥은 연안을 택했을까? 여기서 근거지 개념을 다시 생각해 보자. 대체 근거지란 무엇일까? 근거지란 곧 자기를 지킬 조건이 있는 곳이겠다. 그러면서 동시에 물고기가 사는 물인 대중이 있어야 한다. 근거지란 장소의 의미가 아니다. 근거지란 대중을 어떻게 획득하는가

---

122   Mao zedong, Proclamation on the Northward March of the Chinese Workers and peasants's Red Armay to Fifght Against Japan(1934, 7, 10), Collected Works V.4, p. 273

의 문제이다.

일제가 중국을 본격적으로 침략해 오는 시기에 마오쩌둥은 새로운 대중을 발견했다. 그것이 민족 통일전선이다. 민족 통일전선은 노농동맹의 확장이다. 민족 통일전선 속에는 소작농과 고농에 더하여 애국 지주가 들어간다. 민족부르주아도 포함된다. 마오쩌둥은 자기를 지키면서도 거대한 대중 즉 민족 통일전선을 불러일으킬 곳을 찾았던 거다. 그것이 바로 연안이다. 연안은 태항산맥 하나를 넘으면 곧바로 북경으로 이어지니, 일제가 쳐들어오는 정면에 마주 서 있는 곳이다. 태항산맥을 넘어 북경을 향해 항일투쟁을 전개할 수 있다. 그러면서도 태항산맥이라는 보호벽을 통해 자기를 지킬 수 있었다.

당과 대중의 만남이라는 혁명의 ABC를 마오쩌둥은 북상항일이라는 개념으로 파악했다. 실제로 마오쩌둥은 연안에 이르러 새로운 전략을 세우기 시작한다. 그게 2차 국공합작이며, 민족 통일전선론이었다.

# 9절 민족 통일전선

## 1) 민족 통일전선론

앞에서 설명했듯이 마오쩌둥의 만리장정은 세계사적인 의미를 지녔다. 마오쩌둥은 만리장정 도중 섬서에서 장국도를 따라 되돌아가지 않고, 연안으로 북상항일의 길을 택했다. 그는 대중이 있는 새로운 근거지를 발견했다. 그게 민족 통일전선이다.

마르크스주의의 역사는 레닌의 노농동맹론에서 마오쩌둥의 민족 통일전선론으로 나갔다. 마오쩌둥의 민족 통일전선론은 만리장정의 산물이었다. 마오쩌둥의 만리장정은 국제 마르크스주의 운동에 거꾸로 영향을 미쳤다. 레닌 사후 코민테른에서 내부 갈등이 벌어졌다. 요컨대 민족주의자와 연대를 계속하느냐 마느냐 하는 문제였다.

이 갈등의 발단은 중국에서 국공합작과 연관된다. 1927년 4월 장개석의 상해 쿠데타 이후 마르크스주의자들은 민족주의자의 배반에 치를 떨었다. 더구나 1929년 서구에서 대공황이 발생하자 마르크스주의자들은 곧 사회주의 혁명이 일어날 것으로 기대했다. 코민테른에서는 수정주의자를 배제하고, 민족주의자와 결별하자는 주장이 우세하게 됐다. 이 때문에 코민테른의 지도를 받던 중국의 공산당도 여러 가지 오류를 범했다.

마오쩌둥의 농촌 근거지 전략의 성공은 점차 국제 마르크스주의자들의 지지를 받게 됐다. 스탈린 역시 초기의 혼란을 넘어서서 마오쩌둥의 투쟁을 지지했다. 스탈린의 비호 덕분에 마오쩌둥은 구추백, 이립삼, 왕명과 박고의 계속된 압박 가운데서도 살아남았다. 거꾸로 마오쩌둥의 승리는 코민테른 내에서 스탈린의 주도권을 강화했다. 나는 이것을 마오쩌둥과 스탈린의 동맹이라 규정하고 싶다.

1935년 코민테른 7차 대회에서 스탈린-디미트로프의 통일전선론이 승리하게 된다. 유럽에서 반파쇼 인민의 단결(인민전선론)과 식민지에서 민족주의자와의 연대(통일전선론)가 확인됐다. 유럽에서 히틀러가 독일에서 정권을 잡는 정세가 이런 전략 변화의 계기가 됐다. 마오쩌둥의 농촌 근거지 전략의 성공과 마오쩌둥과 스탈린의 동맹이 그런 전략 변화에 이바지했던 측면 또한 무시할 수 없을 것이다.


## 2) 주요 모순

마오쩌둥의 민족 통일전선론은 만리장정을 통해 깨달은 것이다. 민족 통일전선론에 기초해서 마오쩌둥은 국민당에 대해 내전을 중단하고, 단결해 항일투쟁을 하자고 제안했다. 마오쩌둥의 2차 좌우합작론에 대해 중국 공산당원이 처음에 아연실색했을 것은 충분히 짐작할 수 있다. 장개석의 포위를 뚫기 위해 목숨을 걸었던 수많은 동지를 생각하면서 당내에서 반대여론이 들끓었겠다. 이 반대여론을 잠재우기 위해 마오쩌둥은 철학을 제시한다. 그게 '모순론'이다. 원래는 연안에서 마오쩌둥이 당 정치학교에서 강의했던 내용이라 한다.

마오쩌둥이 마르크스주의 철학에 이바지한 바가 있다면 바로 이 모순론이다. 그는 기본 모순과 주요 모순을 구분한다. 시대가 바뀌면 기본 모순은 같더라도, 주요 모순이 바뀌니, 각 시대의 주 타격 방향은 이 주요 모순을 향하여 집중해야 한다는 주장이다. 철학적으로 이해하기 쉽지 않은 주장인데도 중국 공산당원은 쉽게 이해했던 모양이다. 그들은 만리장정을 겪으면서 몸으로 합작의 필요성을 깨달았다. 중국 전역의 항일 여론도 영향을 미쳤다. 결국 마오쩌둥이 승리했고 2차 좌우합작은 군벌 장학량의 도움으로 성사됐다.


### 3) 2차 국공합작

마오쩌둥은 민족 통일전선을 위해 적극적으로 장개석과의 합작을 모색한다. 기회는 주어졌다. 중국 내 항일 여론은 장개석의 국민정부를 압박했다. 장개석은 요지부동이었다. 그는 연안에 고립된 중국 공산당을 토벌을 독촉하기 위해 장학량이 주둔한 서안으로 왔다. 서안은 연안 인근이다.

장학량은 만주의 군벌 장작림의 아들이다. 일제가 1931년 장작림을 폭살하고 9.18사변으로 동북 만주를 장악한 이후, 장학량은 울분에 차 있었다. 들끓는 여론을 배경으로 그는 장개석을 감금하고 내전 중지, 일체 항일이라는 요구를 강요했다. 이를 소위 병간[兵諫]이라 한다.

장개석은 여론을 마침내 받아들였다. 이를 계기로 중국공산당은 다시 국민당과 합작했다. 과거 1차 합작이 국민당 내로 공산당이 들어가는 것이었다. 이제는 국민당의 지도를 받더라도, 공산당이 독자적으로 활동할 수 있었다. 중국 공산당의 군대는 장개석 군대의 팔로군으로 되고 연안의 소비에트 정부는 변경 특별정부로 인정받았다.

이런 변화만이 중요한 것이 아니다. 더 중요한 것은 연안 소비에트 내부에서의 변화다. 이 내부적 변화를 설명하는 이론이 마오쩌둥의 '신민주주의론'이다.

### 4) 신민주주의

레닌은 부르주아 민주주의에 대립하여 소비에트 민주주의를 제시했다. 그 특징은 한마디로 코뮌 대표제이다. 형식보다 내용이 중요하다. 레닌은 소비에트 민주주의가 대변하는 세력을 노동자, 농민으로 제한했다. 소위 노농동맹에 기초한 거다.

마오쩌둥은 항일을 위해 노농동맹에서 민족 통일전선으로 전환했다. 그는 노동자, 소작농에 더하여 애국 지주, 민족부르주아와 연대하려 했다. 이를 위해 그는 토지몰수라는 농촌혁명을 중단했다. 소지주, 애국 지주의 저항을 무마하기 위해 소작료 3·7제 획득으로 투쟁을 완화했다. 민족부르주아의 활동을 위해 산업 국유화를 주요산업에 한정했다.

이에 따라 정부의 형태도 변화할 수밖에 없었다. 그게 인민 민주주의 정부이다. 한마디로 소비에트의 코뮌 대표제를 포기하고 서구 부르주아 민주주의의 지역 대표제를 다시 도입한 것이다. 동시에 마오쩌둥은 부르주아 민주주의의 한계를 보완하기 위해 정치협상을 제도적으로 설치했다. 즉 다양한 계급, 계층을 대변하는 정당, 단체가 협상해서, 공동의 투쟁 목표를 세우고, 인구 비례에 따라서 대의원의 수를 나누고, 공동으로 입후보한다는 제도다. 우리가 흔히 아는 선거연합과 유사한 것이라 보면 될 것이다.

마르크스는 사회주의 혁명의 개념과 대중적 합법 노선을 제시했다. 레닌은 혁명 정당론과 노농동맹론을 제시했다. 마오쩌둥은 근거지론과 통일전선론을 제시했다. 레닌은 마르크스의 실천을 넘어서 더 발전시켰다. 마오쩌둥은 마르크스와 레닌의 실천을 계통 발생적으로 학습하고 이것을 다시 넘어섰다. 이렇게 마르크스주의는 발전해왔다. 각기 자신의 사회에 적절한 정치적 투쟁전략을 세웠다.

이런 차이에도 불구하고 마르크스와 레닌, 마오쩌둥은 공통성을 유지하고 있다. 그것은 당과 대중을 어떻게 연결하는가이다. 혁명 정당은 자신을 지킬 수 있어야 한다. 또한 대중이 없이는 혁명은 불가능하다. 모순적인 두 개념을 어떻게 연결하는가, 자기의 현실에 맞게 어떻게 연결하는가가 혁명의 알파요 오메가이다.

# 3부 유물론과 주체 사상

"인간은 유적 존재이다. 그것은 인간이 실천에서나 이론에서나 유 즉 자기 자신의 유뿐만 아니라 사물의 유를 그의 대상으로 삼기 때문이다...그뿐만 아니라 인간이 자기 자신을 현재 활동하는 유로 간주하기 때문이며, 자기 자신을 보편적이며 바로 그래서 자유로운 존재로 간주하기 때문이다."(마르크스,『경제학 철학 수고』)

파리 코뮌 도중 인민은 파리 대주교를 처형했다.
파리 코뮌의 선언문은 학교와 결혼을 종교에서
분리했다. 이로써 유물론 시대가 도래했다.

# 6장 유물론과 종교

## -종교를 믿을까 과학을 따를까?-

**문:** 마르크스주의는 종교의 역할을 너무 과소평가하는 것이 아닐까요? 종교는 많은 진리를 계시하지 않았던가요?

**답:** 마르크스주의는 종교보다는 과학이 더 합리적이라 봅니다. 그 이유 가운데 핵심은 종교는 닫혀 있고 과학은 열려 있기 때문입니다. 즉 종교는 자기가 오류라는 것을 인정할 수 없어요. 신의 계시이니까요. 과학은 오류의 가능성을 인정하고 새로운 진리를 발견하기 위해 노력하죠. 결국 과학이 진리의 획득 면에서 앞서가게 됩니다.

# 1절 철학논쟁

## 1) 서론

지금부터는 세계관에 관련된 문제를 살펴보자. 이 분야를 역사, 정치 철학의 분야와 구별해서 흔히 순수 철학의 분야라 한다. 여기에는 존재론과 인식론 그리고 인간론이 포함된다. 말만 들어도 난해할 것 같다는 짐작이 들 것이다. 역사, 정치 철학에 관련된 문제는 우리가 살아가는 현실이 있으니 설명하기가 어느 정도 쉬웠다. 존재론, 인식론, 인간론 등은 순수한 개념의 전쟁터이다. 이해하기도 어렵겠지만 설명하기는 더 어렵다.

이제부터 하려는 철학 이야기는 마르크스 철학과 주체 사상의 관계를 축으로 삼는다. 두 철학의 관계 문제는 실천적으로도 중요하지만, 이론적으로도 중요하다. 이 관계 속에 순수 철학, 세계관의 모든 핵심 논제들이 함축되어 있다. 두 철학의 관계를 이야기의 축으로 삼으면 순수 철학의 문제들을 설명하기 쉽다.

생각해 보면 한때 두 철학의 관계 문제가 태풍의 핵으로 부상한 적이 있었다. 80년대 후반, 소위 철학 논쟁의 시대에서였다. 이 논쟁을 '철학의 근본문제 논쟁'[123]이라 한다. 그때 열기는 정말 뜨거웠다. 수많은 문건이 연이어 쏟아졌고 그중에는 공개적으로 출판된 책도 있다. 생각난 김에 이리저리 당시 책들을 찾아보았다. 그 중 대표적인 저서라면 『주체사상 비판 1』(이진경 저, 벼리, 1989)과 『한국 사회변혁과 철학 논쟁』(김창호 편저, 사계절, 1989)이다.

그때 논쟁은 뜨거웠지만, 유감스럽게도 뭔가 핵심을 건드리지는 못했다. 이상하게도 논쟁은 서로 말꼬리 잡기로 전개됐고, 원전의 뜻을 이해하기보다는 원전과 비교해 문자적 차이를 밝히는 원전 고증 논쟁으로 그쳤다. 예를 들자면 마르크스는 '유물론과 관념론'이라는 존재론적 문제를 철학의 근본문제로 보는데, 주체 사상은 철학의 근본문제가 인간론의 문제, 사람과 세계의 관계 문제로 전환했다고 한다. 이런 주장은 마르크스의 주장과 다른 게 아니냐? 그러므로 주체 사상은 마르크스 철학과 다르다. 뭐 이런 식이다.

지금 보면 좀 우습다. 어느 것이 철학의 근본문제였는지가 그렇게 중요한 문제였을까? 철학자는 항상 자기 문제가 철학에서 제일 중요하다고 생각한다. 고대의 아리스토텔레스는 형이상학을 제일철학이라 했고, 훗셀(하이덱거의 스승이다)은 현상학적 인식론을 제일철학이라 했다. 이런 말은 자기의 문제의식을 강조하는 차원에서 나온 이야기일 뿐이다. 중요한 것은 실질적인 내용이다.

---

123  그 외 철학 논쟁으로 역사의 고유성을 논하는 '역사법칙 논쟁'도 있었다.

지금부터 실질적 내용과 관련하여 주체 사상과 마르크스 철학을 비교해 보고자 한다. 순수 철학 가운데 존재론에서 인식론은 건너뛰고 인간론으로 넘어가려 한다. 인식론까지 다룬다면 갈 길이 너무 멀기 때문이다.

## 2) 세계관의 의미

존재론은 세계관을 의미한다. 즉 세계를 보는 근본적 관점이다. 세계관이란 무엇이며, 어떤 역할을 하는가? 세계관이 과학(자연과학)과 어떤 연관이 있는지를 생각해 보자. 그것이 세계관의 의미를 이해하는 쉬운 길일 것이다.

일반적으로 과학은 세계에 관한 지식이다. 과학은 어떻게 이 지식을 얻는가? 그것은 특정한 과학 방법론을 통해 얻는다. 왜 과학은 이런 특정한 방법론을 사용해야 하는가? 이런 물음이 제기되면 그 근거, 또는 토대가 캐물어 진다. 그런 토대, 근거가 세계관 즉 세계에 관한 일정한 모델이다.

예를 들어 연금술의 세계를 보자. 그것은 사물이 서로 공명하는 세계이다. 은행은 위에 좋다. 은행은 흙색이고, 위도 신체의 바닥에 해당한다. 둘 사이에는 공명이 존재한다. 마찬가지로 붉은 열매는 심장에 도움이 된다. 공명의 세계를 따라가려면 상상력이 필수적이다. 세계가 공명하므로 상상력이란 방법론이 채택된다. 연금술은 상상력을 실천하는 가운데 쌓인 지식이다.

근대 자연과학은 특정한 방법론에 기초한다. 경험, 가설, 실험, 설명, 예측 등 근대 자연과학의 방법은 인간 지식의 새로운 가능성을 열었다. 왜 이런 방법론을 선택해야 하는가? 근대 자연과학의 방법론은 특정한 세계관을 근거로 나온다. 그것이 바로 유물론적 세계관이다.

예를 들어 보자. 자연과학은 인과의 틀로 세계를 파악한다. 인과의 틀은 신을 부정하는 것이며 세계의 필연성을 인정하는 것이다. 신이 개입하면 세상이 오직 우연뿐이다. 신을 부정하는 것이 유물론이다. 유물론만이 자연과학의 인과의 틀을 긍정한다. 자연과학의 다른 모든 틀에 대해서도 마찬가지로 생각할 수 있다.

이 자리에서 일일이 검토하지는 않겠지만, 어떤 세계관도 자연과학의 방법론의 충분한 근거가 되지 못한다. 오직 마르크스의 철학, 존재론, 세계관만이 자연과학의 방법론의 근거가 된다. 심지어 경험론자, 실증주의자들도 대부분 자연과학을 주관적 경험 현상을 설명하는 이론으로서만 받아들이고 그 세계 넘어 과학이 알 수 없는 세계, 신의 세계가 있다고 본다. 칸트의 이원론적 세계관도 마찬가지이다. 이원론은 부분적으로 자연과학을 긍정하지만, 이를 인간이면 누구나 보편적으로 인정하는 현상계 정도로만 이해한다. 그 역시 현상계 넘어 사물 자체의 알 수 없는 세계가 존재한다고 본다.

마르크스의 철학은 특정한 자연과학적 지식의 근거는 아니다. 마르크스의 세계관으로부터 아인슈타인의 물리학이 도출되거나 막스 플랑크의 양자역학이 도출되는 것은 아니다. 특정 과학적 지식은 과학자가 과학의 방법론에 기초해 얻는 지식이다. 과학의 방법론은 그런 특정 이론을 판단하는 진위의 시금석을 제공한다. 마르크스의 철학은 특정한 지식이 아니라 자연과학의 일반적인 방법론, 판단의 시금석 자체를 옹호할 뿐이다. 자연과학의 방법론을 옹호하기 위해 그 근거나 토대로 그려진 세계관, 세계의 상이 마르크스의 철학이다.

# 2절 과학과 종교

## 1) 종교와 과학

마르크스의 철학은 한마디로 변증법적 유물론이다. 유물론 가운데 변증법적이라는 말이다. 변증법적 유물론이란 여러 유물론 중의 하나라는 뜻은 아니다. 실상은 더 과감하다. 즉 유물론이 제대로 되려면 변증법적일 수밖에 없다는 주장이다. 변증법적 유물론 외에 다른 유물론은 유물론으로서 자격도 인정해 주지 않는다. 다른 유물론은 은폐된 관념론에 불과하다고 보니 상당히 강한 주장이라 하겠다. 변증법적 유물론은 자기를 늘 '유물론'으로 표현한다. 자기가 왜 유일한 유물론인가는 나중에 변증법을 다룰 때 설명될 것이다. 우선 유물론을 가지고 이야기해 보자.

마르크스의 철학, 유일한 유물론, (변증법적) 유물론은 전체적으로 자연과학의 방법론을 옹호하는 세계관이다. 우스개소리지만, 자연과학과 유물론의 관계를 실제로 보면, 철학자는 약간 기분 나쁘다. 대개 자연과학자는 유물론이 자연과학을 연모하는 것을 짝사랑으로 아니면 심지어 스토킹으로 받아들이는 것 같다. 거기에 까닭이 있다.

위대한 자연과학자 가운데에는 종교를 가진 사람이 많다. 그런 사람은 신의 흔적을 찾아 자연을 연구하다가 위대한 발견을 이루었다. 빛에 관한 연구를 보자, 20세기 현대과학은 빛의 연구 때문에 발전했다고 해도 과언은 아니다. 왜 빛을 연구했을까? 그건 간단하다. 빛을 오래 전부터 신의 흔적으로 간주했기 때문이다. 커다란 창문으로 유명한 고딕 성당은 신의 빛을 가득 받아들이려는 열망에서 시작됐다. 이 지상에 신이 존재한다는 흔적을 찾기 위해 과학자들은 빛을 연구했다. 이것을 보면 종교가 때로 과학을 발전시키는 동기를 부여하기도 한다. 이런 자연과학자는 변증법적 유물론이 자신을 지지한다고 나서면, 기분이 어떨까? 찜찜할 것은 분명하다.

그러나 과학자의 연구 동기가 종교적이라도 과학의 성과는 종교적 과학자의 의도를 배반했다. 종교적 과학자는 자연에서 신을 발견하기보다 오히려 자연에서 신비, 기적, 신의 흔적을 제거하는데 이바지했다. 종교적 과학자는 무의식적으로 유물론을 지지한 셈이 된다. 유일한 유물론이 변증법적 유물론이니, 종교적 과학자가 자기도 모르는 사이에 변증법적 유물론을 지지했다니, 역설적이라 하지 않을 수 없다.

## 2) 유물론의 정의

철학과 자연과학의 관계는 이 정도로 하고 이제 본격적으로 변증법적 유물론의 의미를 이해하는 데로 넘어가 보자. 이 가운데 변증법은 또 나중으로 돌리고, 우선 유물론부터 시작해 보자.

유물론의 정의는 여러 차원에서 이루어졌다. 많은 사람은 유물론이란,

"인간이란 물질적 욕망을 추구하는 존재라"는 의미에서 받아들인다. 이건 인간론 차원의 정의이다. 또 마르크스주의 철학 개론에서는 레닌의 유물론 정의가 일반적으로 받아들여진다. 즉 유물론은 "의식 밖에 실재가 존재한다"라는 주장이다. 이런 주장은 인식론 차원에서 규정된 정의이다. 인간론의 차원, 인식론의 차원에서의 정의는 더 근본적으로 존재론적 차원의 정의를 전제로 한다. 그렇다면 존재론적 차원에서는 어떻게 규정되는가?

이 문제는 쉽게 이렇게 답할 수 있다. 물질에서 관념이 나올 수 있는가? 나올 수 있다고 한다면 유물론이다. 나올 수 없다고 본다면 관념론이다. 간단하지 않은가? 섣부르게 판단하기 어렵다. 이게 그렇게 쉬운 문제는 아니다. 많은 논란거리가 있기 때문이다.


### 3) 관념이란?

관념이 물질에서 나올 수 있는가? 관념론자는 관념이야말로 지상에 남은 최후의 신의 거점으로 보고, 여기서 최후 결전을 치르자는 식으로 저항한다. 거의 결사 항전, 전원 옥쇄의 각오이다. 생각해보면 관념은 물질과 성질이 너무 다르기에 물질로부터 관념이 나온다는 것은 마치 무로부터 유가 나온다는 주장처럼 이해하기 어렵다. 관념의 성질을 생각해 보자.

관념은 무게가 없다. 사람들은 흔히 생각 때문에 머리가 무겁다고 말하기도 하지만, 그들의 머리를 저울에 달아 보더라도 보통 사람보다 저울추가 더 나갈 것 같지는 않다. 또 관념은 장소도 없다. 어떤 사람의 마음속에 사랑하는 두 사람의 관념이 동시에 존재한다고 하자. 행복하게도 두 관념이 서로 한 장소를 차지하기 위해 질투하고 싸우는 것은 아니다. 실제 두 사람이 이걸 알면 둘 다 끝이겠다. 관념은 그래도 다른 물질들처럼 시간적인 좌표를 갖지 않는가? 기억에 속하는 관념에 시간의 꼬리표가 붙어 있는 것은 사실이지만, 그렇지 않은 관념도 많다. 내가 외우고 있는 구구단은 50년대 내가 초등학교 다니던 시절의 구구단이 아니다. 나는 영원한 법칙으로서 구구단을 외운다.

무게도, 장소도, 시간도 없는 이것을 사람들은 왜, 하필이면 통틀어서 '관념'이라 부르는 걸까? 거기에는 어떤 공통적인 특징이 있기 때문이다.

생명체 특히 동물에 이르면 외부 세계를 지각하는 능력이 발전한다. 인간이 가진 '의식'의 능력도 생물의 지각 능력이 발전한 것이다. 하지만 인간의 의식과 동물의 지각은 결정적인 차이가 있다. 소는 도축장에 끌려갈 때 눈물을 흘린다고 한다. 소는 슬퍼하는 것인가? 즉 슬픔을 의식하는 것인가? 소의 눈물은 아마 위험 상황에서 나오는 무조건 반사일 것이다. 반면 인간인 나는 때로 슬픔을 의식하지 못하는 경우도 있지만, 대개 경우는 슬프다는 것을 의식한다.

관념이란 의식의 산물이다. 관념은 독일어로 'Vor[전]'-'Stellung [세워져 있음]'이라 한다. 한자어로 '관념'도 '마음[念]을 본다[觀]'라는 뜻이다. 말 그대로 내 앞에 무엇인가가 나타난다는 말이다. 이때 그것은 실제로 나타나는 것이 아니라 마음에 나타난다는 말이다. 관념이 관념이라 불리는 이유는 그것이 마치 스크린에 비친 이미지처럼 마음의 스크린에 떠오르기 때문이다.

먼저 우리는 실제 사물에 대해 지각한다. 그런 다음 그 지각을 마음속에서 지각한다. 그것이 관념이므로 관념은 지각의 지각이고, 의식의 의식이며, 자기 의식적인 것, 자각적인 것으로 규정된다. 관념은 이차적 지각이다.

### 4) 컴퓨터와의 사랑

인간이 관념을 가지게 되면서, 인간에게는 다른 동물에게서 찾아볼 수 없는 많은 신비한 능력이 나타난다. 인간의 언어 능력, 세계에 대한 능동적 인식(지각, 판단 등 사유), 감정의 능력과 자유로운 의지, 공동체 구성 능력(사랑) 등 다른 동물에서 발견되지 않는 많은 능력이 관념의 능력으로부터 설명된다. 인간의 신비한 능력은 관념이 없다면 설명되지 않는다. 이 점을 여기서 일일이 설명하기 곤란하다. 생략하기로 하지만, 관념이 무척이나 신비한 능력을 갖춘다는 점만은 잊지 말자. 관념에서 신의 흔적을 찾는 것도 그런 신비 때문이다.

지금까지 관념의 독특성을 설명했다. 앞의 문제로 돌아가 보자. 이렇게 신비한 능력을 지닌 관념이 물질에서 나온다는 것이 쉽게 이해되는가? 관념론자는 말한다. 아무래도 불가능하다.

유물론자는 진지하게 한 걸음 앞으로 나오면서 이렇게 설명한다. 과거 생명은 관념만큼이나 신비한 것이었다. 그 때문에 생명도 얼마전까지 신의 흔적이었다. 오늘날 물질적으로 생명을 만들어낼 지경에 이르렀다. 그것은 물론 아주 단순한, 기초적인 것에 지나지 않는다. 진짜 복잡한 생명을 만들어낼 만큼 아직 과학이 발전하지는 않았다. 사람들은 언젠가는 그런 생명체가 과학적으로 만들어질 것이라 믿는다. 적어도 생명이 물질로부터 만들어진다는 것을 부정하기는 쉽지 않다.

그렇다면 언젠가는 물질로부터 의식을 지닌 존재가 생길 수도 있지 않을까? 그런 가능성을 완전히 부정하는 것은 어렵지 않을까? 과학은 어느새 컴퓨터를 만들어내고 있다. 현재 인간의 기초적인 행동 능력조차 컴퓨터로 생산하고 있다. 얼마 전 알파고가 나와 세계 바둑의 고수들을 절절매게 만들었을 때, 사람들은 머지않아 인류의 꿈이 완성될 것으로 생각한다.

물질이 사유(지각, 판단)의 능력을 만들어냈기 때문이다.

관념론자의 저항은 완강하게 계속된다. 과연 알파고가 만들어낸 것이 인간이 지닌 사유 능력과 같은 것인지는 문제이다. 인간의 사유는 능동적이다. 알파고는 입력한 대로 단순히 계산할 뿐이다. 자기가 계산한 결과를 자신이 다시 입력해서 재차 계산한다는 점이 알파고의 장점이다. 하지만 이것이 능동적 사유는 아니다.

설혹 그것이 인간의 사유능력과 같은 것이라도 알파고가 인간의 의식처럼 관념을 가지는 것인가는 더더욱 문제가 된다. 단순한 지각, 판단 등 사유 능력(이는 원숭이 같은 동물에게도 가능한 것이다)과 관념을 갖는다는 것은 천지간의 차이처럼 차원이 다른 것이기 때문이다. 전자가 일차적 지각이라면 후자는 지각의 지각, 이차적 지각이다. 현재로서는 관념을 물질로부터 생산할 수 있다고 보기는 쉽지 않다.

앞으로는 그게 가능할 것인가? 컴퓨터 과학이 더 발전하면 인간처럼 관념을 갖는 존재가 생산될 것인가? 유물론자는 가능하다 믿는다. 관념론자는 쫓기는 처지에서도 코웃음친다. 유물론자는 지금까지 과학의 성과를 보며 우쭐거리지만, 스스로 약간 자신을 잃는다. 현재 유물론과 관념론의 처지가 이렇다. 이게 관념론과 유물론의 현주소이다. 이 논쟁은 이제 영화나 소설의 주요 주제가 됐다.

### 5) 종교인

관념론자는 천차만별이다. 과학을 인정하는 수준도 다양하다. 과학을 현상계로 인정하는 실증주의나 칸트적인 이원론자도 있고 아예 과학을 부정하는 관념론자도 있다. 과학을 부정하는 것도 천차 만별의 수준이다. 생태 철학이나 실존 철학은 과학 자체를 부정하지 않고, 현재의 과학 방법론을 부정할 뿐이다. 이들은 모두 어중간한 관념론자에 속한다.

어중간한 관념론자는 마음과 행동이 다르다. 그들은 마음으로는 자연과학을 인정하지 않는다. 몸으로, 행동으로는 자연과학을 인정하면서 살아간다. 자연과학은 현상적이고 부분적인 진리에 불과하지만, 그 너머 진짜 세계는 모른다고 주장할 뿐이다. 대개 이런 어중간한 관념론자는 불가지론자이다.

반면 종교인은 자연과학을 철저하게 믿지 않으며 진짜 세계는 종교적으로 계시[啓示]된다고 믿는다. 종교인 가운데는 다양한 형태가 있다. 자연신으로부터 이신론[理神論: Deism], 다신론에서 일신론, 인격신에서 성령론 등 다양하다. 하지만 공통된 것은 진짜 진리는 신으로부터 계시된다는 입장이다. 이들은 자연과학적 진리에 대해 격렬하게 저항한다.

결국 싸움은 항상 한편에서 자신이 유일하다고 믿는 유물론자 즉 변증법적 유물론자와 다른 편에서 가장 치열한 관념론자 즉 종교 사이에 벌어진다. '반은 유물론 반은 관념론, 몸은 유물론 마음은 관념론, 현상은 유물론 실재는 관념론'이라는 철학은 두 편의 싸움을 멀찌감치 구경할 뿐이다. 이런 철학은 일단 제쳐놓자. 왜냐하면 그런 철학은 생각이야 어떻든 몸과 삶은 유물론, 과학을 따르기 때문이다. 중요한 것은 몸과 삶이다.

그러면 이제 종교적 세계관과 변증법적 유물론자의 대결을 감상해보자. 앞에서 언급했지만, 감정도 관념이 있으므로 가능하다. 감정은 낮은 단계의 의식이기 때문이다. 만일 컴퓨터가 관념을 생산할 수 있다면 감정을 지닌 컴퓨터가 만들어질 것이다. 컴퓨터가 감정을 생산한다면 머지않아 관념도 만들 수 있다. 사랑하고 분노하고 슬퍼하고 절망하는 컴퓨터가 나온다면 기분 좋은 세상이 아닐까? 그런 세상이 오면 난 차라리 컴퓨터를 사랑하겠다는 사람도 많을 것이다. 어느 시인이 "컴퓨터와 씹하고 싶다"라는 시를 썼는데, 맥락은 다르지만, 좋은 세상일 것이다.

하지만 그런 세상이 절대 오지 않는다는 확신을 가진 사람도 있다. 종교적 세계관을 가진 사람이다. 종교인은 인간의 관념적 능력만은 물질에서 나오는 것이 아니라고 생각한다. 종교인은 그런 컴퓨터가 나오더라도 그것은 인간의 의식이 아니라고 확신한다. 인간의 의식, 관념, 정신은 신이 불어넣어 준 신의 입김이다. 여러분들은 어느 편인가?

# 3절 종교적 믿음

## 1) 나를 보내지 마!

컴퓨터와 사랑하는 것이 가능할까? 유물론자라면 "언젠가는!" 하고 미소지을 것이다. 반면 종교적 세계관을 가진 사람은 "내 손에 장을 지져라!" 하고 벌컥 화를 낼 것이다. 어느 편을 선택할 것인가?

영화나 소설은 자주 감정을 가진 안드로이드를 소재로 삼는다. 아마 그 효시가 된 영화가 '블레이드 러너'가 아니었을까? 그 이후로도 이런 작품이 죽 이어졌다. 그 가운데 영국계 일본인인 가즈오 이시구로(2017년 노벨상)의 소설 '나를 보내지 마!(Never let me go!)'도 있다. 이 작품도 영화화됐다. 이 소설은 인간의 장기이식을 위해 태어난 복제 클론의 비애를 그린다. 복제 클론은 물질로부터 나온 안드로이드와는 차이가 있다. 내가 보기에 복제 클론의 인간으로서 자격을 문제 삼을 수 없지만, 사람들은 복제 클론도 대개 안드로이드의 한 유형으로 격하한다.

복제 클론이든 안드로이드든, 문제는 같다. 이런 존재도 인간으로서 자격과 권리를 지닐 수 있는가? 인간 자신을 위해(예를 들어 장기이식이나 물질적 생산을 위해) 그런 복제 클론, 안드로이드를 노예화하고 살해할 권리가 우리에게 있는가?

유물론적인 관점에서 본다면, 관념을 가진 존재, 감정을 느끼고 사랑을 느끼는 존재는 그게 복제 클론이든 안드로이드든 이미 인간이다. 조금도 손색이 없는 인간이고 어떻게 보면 인간도 복제 클론이나 안드로이드의 일종이다. 복제 클론과 안드로이드를 살해하거나 노예화한다는 것은 유물론적 관점에서 인정할 수 없다.

종교적 세계관에서는 복제 클론이나 안드로이드는 인간이 만든 물질에 불과하다. 아무리 관념을 가지고 감정을 느끼고 사랑을 느끼더라도, 그것은 신이 부여한 영혼과는 수준이나 차원을 달리한다. 그러니 인간과 자격이나 권리에서 차이를 지닐 수밖에 없다. 복제 클론은 노예로 삼아도 무방하며, 안드로이드는 인간에 의해 살해될 수 있다. 기껏 대우해도 애완용 동물 수준일 것이다.


### 2) 과학도 믿음이다

어떤 종교를 믿는 것은 지식에 기초하기보다 믿음에 기초하며, 체험에 의존하는 경우보다 오히려 결단에 의존한다. 신을 체험하거나 신의 존재에 확신을 가지고 종교를 믿는 사람이 과연 얼마나 될까? 종교의 결단은 삶의 결단이며 그런 결단으로부터 과거와는 전혀 다른 새로운 삶이 펼쳐지기도 한다.

종교만 그런 게 아니라 과학도 마찬가지이다. 물질과 관념 사이에 심연이 아직도 사라지지 않은 한, 과학을 믿고 유물론을 택하는 것도 종교적 결단만큼이나 엄청난 결단이 아닐 수 없다. 과학이 종교적 믿음과 같은 믿음이라는 사실, 그러므로 똑같은 결단이라는 사실은 약간 역설적이다.

종교든 과학이든, 관념론이든 유물론이든 하나의 결단에 따른 선택이라면 각자 자기 좋은 대로 선택하면 된다는 말인가? 삶의 결단이니, 물론 그렇다. 자기의 선택은 자신이 책임져야 한다. 이 선택은 누구도 도와주지 않으니 고독한 실존의 결단이다. 각자의 선택을 존중하지 않을 수 없다.

그렇더라도 어느 세계관을 선택하는가에 대한 근거를 최대한 합리적으로 따져볼 수는 있다. 하나밖에 없는 인생인데 아무렇게나 살아도 되는 것은 아니다. 종교, 관념론을 결단하는 사람과 과학, 유물론을 결단하는 사람의 각기 논변을 들어보자. 이런 논변은 결정적 근거가 되지는 못하며 다만 최종 선택을 도와주는 정도일 뿐이다. 그래도 결단 앞에 주저하는 사람에게 이런 논변은 지푸라기라도 던져줄 것이다.


### 3) 종교적 논변

종교적 세계관, 신의 존재를 옹호하는 논변으로 우선 철학적 논변이 있다. 이 논변은 중세 이래 스콜라 철학이 개발해 왔다. 신은 세계의 시초이며 전체라거나 자연의 조화를 가능하게 하는 배후라거나 하는 논변이다. 그런 논변은 여기서 거론하지 않겠다. 칸트가 『순수이성비판』에서 그런 논변은 일반적으로 이율배반에 빠진다는 것을 논증한 이래 그런 논변은 별로 신뢰받지 못한다.

철학적인 논변과 달리 대중적인 논변도 있다. 그것은 기적과 신비, 은총을 통한 논증일 것이다. 기적, 신비라는 말은 잘 이해할 것이다. '은총'라는 말의 뜻은 이렇다. 나는 무언가를 얻었다. 그것은 결코 합리적 이유에서 주어진 것 같지는 않다. 그것은 신의 은총이며, 난 그 앞에 엎드려 감사한다는 뜻이다.

과연 기적, 신비, 은총이라는 것이 있는가? 기적이나 신비, 그리고 은총이 정말 기적이고 신비이고 은총이라는 것을 입증하는 것은 불가능하다. 그것이 신비고 기적이고 은총이라면 자연과학적으로 설명되지 않는다는 말이다. 현재로는 설명되지 않더라도 앞으로 자연과학이 어떻게 발전할지 아무도 모르니, 자연과학으로 설명되지 않는다는 것은 수만 년 앞으로 가보아야 안다. 그 많은 세월이 지나가기 전에는 자연과학으로 설명되지 않는다는 것을 입증하기 어렵다.


### 4) 직접 체험

종교적 세계관이 이 정도의 반박으로 낙담하지 않을 것이다. 아직도 종교를 옹호하는 두 가지 강력한 논변이 있다. 그것은 직접 체험과 도덕적 논변이다.

직접 체험이란 신을 직접 만났다는 주장이다. 성경에 바울이 신을 만나는 체험이 기술되어 있다. 동학의 창시자 최제우 선생도 신의 체험을 서술한다. 흥미롭게도 두 분의 체험이 상당히 유사하다. 두 분은 그때 몸이 떨리는 체험을 했고 신의 말씀을 들었다. 그 말씀은 도덕적 행동의 지침이 되는 말씀이다. 두 분 다 신의 모습을 형상으로 그려내지는 않았다. 신의 형상이 있다면 불꽃과 같은 무형상의 형상이다.

신을 만난 체험에 유사성이 존재한다면, 신의 체험에 어떤 객관성이 있는 것이 아닐까? 그럴지도 모른다. 그러나 그런 체험이 신의 체험이 아니라 고도의 정신적 체험일지도 모른다. 이런 체험을 헤겔은 "인간 정신의 자기 소외"라는 개념으로 설명했다.

난 지금은 유물론자이지만, 단 한 번 신이 존재하지 않을까 하는 느낌이 든 적이 있었다. 군대에서 고생할 때다. 정확히 언젠가는 기억나지 않지만, 갑자기 무언가 두렵다는 느낌이 들었다. 어떤 누구한테 대한 것이 아니다. 막연한 두려움이었다. 몸이 떨리거나 말씀을 들은 것은 아니다. 마치 입안에 흐르는 싸한 향기처럼 그런 두려운 느낌이 나를 사로잡았다. 그저 두렵다는 느낌이었다.

그 순간 이런 느낌이 발전하면 그것이 신에 대한 체험이 아닐까 하고 생각했다. 그러고는 그만이었다. 그 뒤 다시는 그런 느낌을 받은 적이 없다. 지금 생각해 보면 그때 군대에서 사병으로서 오직 살아남아야 한다는 각오 외에는 아무것도 없이 운동장에서, 내무반에서 차이고 밟히고 이리저리 뒹굴 때였다. 그때 심정이 환상적으로 그런 느낌을 만들어낸 것이 아닐까? 헤겔이 어려운 말로 '정신의 자기 소외'라고 했던 것도 그런 의미로 보면 쉽게 이해할 수 있을 것이다.

대개 절망이 극도에 도달한 사회에서 메시아적인 기대감이 등장한다. 새로운 종교가 창시되는 것도 이때다. 이때 유사한 소외의 체험이 존재하는 것이 아닐까?


### 5) 파스칼 논변

종교적 믿음을 옹호하는 논변으로 흥미로운 것 중의 하나가 파스칼의 확률론이다. 만일 신이 없다면 신을 믿어 두어도 별 손해나는 것은 없다. 만일 신이 있다면 신을 믿지 않는 사람은 유황 지옥에 떨어질 것이니 어마어마한 손해가 된다. 이렇게 이익을 계산해 보면 신을 믿는 것이 행복의 확률에서 유리하다.

파스칼의 논변이 흥미롭기는 하지만, 계산적 이성에 따라 신을 믿는 사람을 하나님께서는 별로 좋아하지는 않으실 것 같다. 사후에 하나님 앞에

가서 "내 돈 내놓으시오" 하면서 청구서를 내미는 이기적 신자를 하나님인들 좋아하겠는가? 하나님은 자기의 행복을 위해 신을 믿겠다는 파스칼을 분명 지옥으로 떨어뜨렸을 것이다.

# 4절 열린 종교와 닫힌 종교

## 1) 새로운 세상

앞에서 종교적 세계관을 지지하는 논변을 들어보았다. 철학적 논변, 기적과 신비 및 은총의 논변, 직접 체험의 논변, 파스칼의 확률론 등이다. 마지막으로 가장 강력한 힘을 가진 사회, 도덕적 논변을 들어보자. 종교는 참으로 무시 못 할 두 가지 장점이 있다. 하나는 새로운 세상을 연다는 것이다. 다른 하나는 인간의 도덕성을 함양시킨다는 것이다.

종교가 새로운 세상을 열어왔다는 것은 틀림없는 사실이다. 기독교는 자유의 종교이면서, 노예 해방의 시대를 열었다. 로마 시대, 스파르타쿠스의 노예 반란을 생각해 보라. 중요한 것은 이 시대 스파르타쿠스가 대대적인 반란을 일으킬 만큼 노예 해방의 기대가 고조했다는 점이다. 이 시대 로마 노예에게 새로운 복음으로 기독교가 출현했다. 기독교는 자유를 인정하는 복음이다. 로마인 특히 노예가 기독교를 신앙한 것은 주로 노예해방이라는 새로운 복음 때문이다.


## 2) 동학사상

이번에는 동학사상을 생각해 보자. 봉건 조선조 세상은 불평등했다. 양반은 각종 특권을 차지했다. 양반 중에도 남녀 차별, 지역 차별과 서얼 차별이 있었다. 양민은 말이 양민이지 인격적으로나 신체적으로 봉건적 제약을 받았다. 군역과 각종 부역, 가혹한 공물 등은 모두 양민이 짊어져야 했다. 노예와 천민은 거의 마소와 같은 대접을 받았으니, 임꺽정의 난, 홍경래 난, 차별에 반대한 수많은 민란이 그것을 증명한다.

이 시기, 최제우 선생은 인간이 하늘이라는 주장으로 새로운 도덕과 세상을 열었다. 그 세상에는 아이도 며느리도, 노예도 천민도, 남자도 여자도, 모두 하늘로 대접받는 세상이다. 만민이 평등하다는 동학의 사상은 전봉준 장군을 통해 봉건 조선에 저항하는 거대한 투쟁의 물결을 일으켰다. 조선조 봉건 관료들은 다가오는 세상을 막기 위해 일제의 군대를 부르고 결국 나라를 일제에 넘겼다. 그것도 잠시, 거대한 민족해방 운동이 일어나 간고한 투쟁 끝에 동학의 평등한 세상을 이루었다. 동학의 사상이 위대한 것은 다가오는 새로운 세상을 이미 예감하고 있었기 때문이 아닌가? 동학혁명은 실패했어도 동학사상은 마침내 승리했다.

종교의 역사적 역할을 생각하면 종교가 가진 힘에 대해 새삼 놀라게 된다. 종교는 다가오는 세상을 예감하는 능력이 있다. 여기에 종교적 영웅의 위대함이 있다.


## 3) 마르크스의 무신론

무엇이든 항상 자신의 장점이 곧 단점이 된다. 나의 적은 나를 부수려는 적이 아니라, 나의 내부에 있는 교만이다. 이건 종교도 마찬가지이다.

종교적인 영웅은 과학적 인식 이전에 새로운 세상을 예감한다. 안타깝게도 종교는 이런 예감을 신의 말씀으로 절대화하니, 한번 고정되고 확립된 이상 그것은 변화할 수가 없다. 세상은 끊임없이 변화한다. 시대가 또 지나가면 과거 새로운 도덕이 지금은 억압적인 도덕이 된다. 과거의 예감은 지금은 편견이 된다. 새로운 세상을 예감하는 종교는 열린 종교이다. 과거의 세상을 교조화하는 종교는 닫힌 종교이다.

닫힌 종교에서 기존 사회가 절대화, 교조화되면, 자신은 자기를 극복하지 못한다. 이를 극복하기 위해서는 또 하나의 종교 혁명이 일어나, 새로운 절대화가 일어나야 한다. 그렇게 되면 세상은 종교전쟁에 빠지게 된다. 중세 이후 근대로 이행하면서 구교와 신교 사이의 피비린내 나는 종교전쟁을 생각해 보라

종교가 억압적이고 닫힌 종교가 됐을 때 새로운 시대를 갈망하는 지식인의 눈으로 보면 종교는 어떻게 보일까? 그런 지식인의 심정을 마르크스로부터 짐작할 수 있다. 마르크스가 종교적 세계관을 버리고, 단호하게 유물론적 입장을 택한 이유는 무엇일까? 그의 시대로 돌아가 보자.

독일은 16세기까지는 영국, 프랑스와 나란히 발전했다. 루터의 종교개혁은 그런 발전을 전제한다. 그런데 30년 전쟁(1618~1648)은 독일을 황폐화했다. 이 전쟁의 끝에 신교와 구교는 서로 타협했다(베스트팔렌 조약). 그 타협 방식이 웃기는 것이다. 베스트팔렌 조약은 종교의 자유를 봉건 제후에게 부여했다. 신민은 봉건 제후가 결정한 종교를 따라야 했다. 그 이후 독일의 봉건 제후는 신교국이든, 구교국이든 종교를 통치의 수단으로 삼았다.

종교가 제후의 결정에 의존하는 한, 종교는 인민에게 봉건 제후를 위

해 설교하는 수단으로 전락한다. 종교는 봉건 제후를 하나님의 대리자, 하나님의 수단으로 선포했다. 거꾸로 봉건제에 대한 인민의 모든 저항은 종교에 대한 저항이 될 수밖에 없었다. 봉건 제후를 공격하려면 종교의 관문을 통과해야 하기 때문이다.

이를 이해하기 위해 굳이 그때로 거슬러 올라갈 필요도 없다. 우리 주변에도 흔히 발견할 수 있는 사실이기 때문이다. 오늘날 반공 보수의 핵심 지지기반이 기독교이다. 사람들이 반공 보수의 모습을 보면서 기독교를 '개독교'로 비하하기도 하는 것을 보면, 당시 마르크스와 같은 젊은 청년들의 감정이 어떠했을 것인지 짐작된다. "종교는 아편"이라는 마르크스의 주장은 이런 역사를 배경으로 이해해야 한다. 나는 기독교를 비하하거나, 종교가 아편이라는 주장을 절대로 받아들이지 않는다. 그러나 그런 말을 하는 심정은 이해할 만하다.

### 4) 율법주의

종교는 또한 사회의 도덕적 능력을 함양한다. 도덕이란 사회가 유지되기 위한 필수적 조건이다. 도덕이 시대에 따라 변화하는 것은 사실이지만, 어떤 도덕도 없는 사회는 생각하기 힘들다.

인간은 욕망의 지배를 받고 있으니 도덕이 사회적으로 통용되기 위해서는 욕망을 억제하고 도덕을 따르는 도덕적 의지, 자유로운 의지, 순수한 의지가 있어야 한다. 종교는 인간에게 욕망을 억제하면서 자유로운 의지를 기르는 힘을 제공한다. 나는 자주 무상의 봉사를 펴는 여러 종교인을 보는데, 그때면 유물론자보다 종교인이 낫다는 생각을 버릴 수 없다. 종교인이 세상과 이웃과 형제를 위해 베풀었던 그 엄청난 헌신과 봉사를 이 자리에서 굳이 기술하지 않아도 될 것이다. 누구나 인정하는 것이니 말이다.

나는 그들 앞에 항상 무릎 꿇어 마땅하다고 생각한다.

　이런 장점에도 불구하고, 종교가 어떤 식으로 사람들에게 도덕적 힘을 기르는가를 보면 절망적이다. 종교는 사람들에게 신의 축복과 처벌, 천당과 지옥(또는 기복 종교의 경우 지상에서의 행복과 불행)을 매개로 도덕적 힘을 기른다. 그것은 마치 법이 당근과 채찍을 휘둘러 법을 강요하는 것과 다를 바 없다. 법은 현세적 힘, 권력이지만, 종교는 주로 사후의 처벌과 축복을 말한다는 점에서만 차이가 있을 뿐이다.

　이런 식으로 도덕적 힘을 기를 수 있는가? 그것은 바울의 절망을 들어 보면 쉽게 이해된다. 바울은 "율법이 죄의 근원"이라 말한다. 이 말은 여러 가지로 해석할 수 있는 말이지만, 나는 바울은 율법의 내용이 아니라 율법이라는 형식을 문제 삼았다고 생각한다.

　율법의 형식은 사후의 처벌과 축복을 약속하는 것이다. 그것을 통해 하나님의 말씀을 지키게 하는 것이 율법주의이다. 아무리 율법의 내용이 좋더라도 과연 그런 방식이 옳은가? 바울은 율법주의적 방식에 대해 절망한 것이 아닌가? 율법주의는 인간의 욕망을 전제로 하기 때문이다. 율법주의는 하나의 욕망은 억압하지만, 다른 욕망은 장려하니 인간은 욕망을 벗어나는 자유의지, 순수의지를 기르지 못하게 된다. 율법주의는 오히려 욕망을 강화하니, 율법이 죄의 원천이다.


### 5) 열린 종교를 위해

　결론적으로 종교가 새로운 세상을 열고, 도덕을 함양한다는 점은 긍정적이다. 그러나 종교는 말씀을 절대화하면서 시대의 변화를 따르지 못한다. 더구나 종교는 율법적이다. 종교는 사후의 행복과 처벌을 약속함으로써 더욱더 욕심 많은 인간을 기를 뿐이다.

이 두 가지 문제 가운데 가장 큰 문제라면 전자이다. 종교가 새로운 사회 질서를 연다면 율법적인 태도는 일종의 방편설로 용인해도 무방하다. 종교가 과거의 사회를 절대화한다면 그것은 정말 미칠 만큼 답답할 것이다. 그런 종교라면 차라리 없는 게 낫겠다 싶다. 종교가 열린 마음이 되는 경우는 역사적으로 드물었다. 전체 역사에서 본다면 종교는 대개 닫힌 종교였다.

종교 아니면 과학이다. 그 두 가지 세계관밖에 없다. 앞에서 말했듯 실증주의, 이원론, 생태 철학, 실존 철학 등 어중간적인 세계관도 있다. 그건 심각하게 고려할 만한 것은 아니다. 종교의 대안으로 과학을 이제 생각해 보자.

# 5절 과학은 믿어도 될까?

## 1) 유물론과 과학

지금까지 종교적 세계관을 알아보았다. 적어도 열린 종교인 한, 종교의 역할은 긍정적이다. 종교가 지닌 독특한 예감과 탁월한 도덕적 능력 때문이다. 전체적으로 보면 종교가 닫힌 종교로 전락할 가능성이 크니, 종교에 대해 회의적이다.

변증법적 유물론으로 가보자. 이 세계관은 자연 과학의 방법론을 유일하게 적극적으로 지지한다. 자연 과학은 사유하는 컴퓨터 알파고를 만들었다. 하지만 관념을 만들어내기까지는 아직 아득하니, 과연 이 길이 맞는 길인지조차 불안하다. 과학의 길을 계속하는가는 결단에 달려 있다. 과학을 따르자는 결단도 하나의 결단이며 고독한 결단이다. 그것은 종교적 결단만큼이나 목숨을 건 결단이기도 하다. 종교를 믿은 합리적 이유를 찾아보았듯이 과학을 믿는 여러 이유를 찾아보자.

## 2) 실존 철학의 과학 비판

과학을 불신하는 철학 가운데 실증주의와 칸트적 이원론은 생략하자. 이런 철학적 세계관은 현상계에서는 과학을 인정한다. 실재는 불가지론적이지만, 그것은 마음에 속할 뿐이고 삶은 과학에 따라 산다. 1960~70년대에는 과학을 비판하는 철학이 시대정신이 됐다. 그런 철학은 과학으로 건설될 끔찍한 디스토피아[dystopia]를 제시하면서 과학을 공격했다. 그 가운데 두 가지만 언급하겠다. 하나는 실존 철학이고 다른 하나는 생태 철학이다. 이들은 공통으로 지금까지의 과학을 대체하는 대안 과학이 가능하다 믿는다.

대안 과학론의 대표 격은 실존 철학이 차지한다. 하이데거가 유명해진 것은 그의 철학보다 그가 과학의 미래를 회의적으로 진단했기 때문이다. 하이데거의 주장은 그의 스승 후설E. Husserl의 과학론에 근거한다. 하이데거의 주장은 후일 아도르노Adorno와 같은 비판 철학자, 포스트모더니즘 이론가 등의 과학 비판으로 이어진다. 그만큼 결정적인 비판이다.

실존 철학이나 하이데거가 과학을 어떻게 비판하는지, 그 근거를 들어보자. 실존 철학은 과학의 추상성을 비판했다. 과학은 사물의 고유한 질적인 세계를 추상하고 사물을 다만 보편적인 양(질량 등)의 세계로 환원했다. 그게 귀납적 자연법칙의 연원이다. 진짜 세계는 고유한 개별자의 세계, 질적이고 감성적인 세계이다. 이 세계는 풍요한 세계이다. 과학은 진짜 세계를 학살하고 세계를 추상화된, 이성적이고 건조한 세계 즉 가짜 세계로 전락했다.

50년대 말 이런 근거에서 과학의 미래를 우울하게 진단하는 디스토피아에 대한 상상이 만연했다. 핵전쟁으로 파멸될 것이라는 공포가 지배했다. 과학은 세계를 기계화하여 인간을 소외시킨다고 비난받았다. 무정부주의자인 조지 오웰의 『1984』는 그런 디스토피아의 대표적인 예일 것이다.

과학의 실천이 추상화, 분석의 과정에 기초하고 있을까? 추상화, 분석은 개별자를 설명하는 일반 원리를 발견하는 과정이다. 하지만 과학은 일반 원리를 발견하는 것으로 만족하지 않는다. 과학은 다시 일반 원리로부터 구체적인 개별자가 어떻게 나오는지를 설명하려 한다. 이 과정을 연역의 과정, 종합의 과정이라 한다. 과학은 이 두 가지 과정, 분석과 종합, 귀납과 연역으로 이루어져 있다.

과학이 분석과 종합, 귀납과 연역이라는 두 과정으로 이루인 것은 과학을 연구하는 사람이라면 누구나 쉽게 긍정할 것이다. 일반 원리를 귀납과 분석을 통해 찾아내는 것은 추상적 보편성에 속한다. 하지만 구체적 개별자를 구체적으로 종합하고 연역하는 것은 구체적 보편성에 속한다. 과학은 추상적 보편성만 추구하는 것이 아니라 구체적 보편성을 추구한다. 실존 철학은 과학을 비판할 때 과학의 방법론을 일방적으로만 이해하고 과학 전체를 부정한 것이니 일반화의 오류나, 허수아비를 공격한 오류를 범했다.

### 3) 생태 철학

또 한 가지 비판을 보자. 생태 철학은 지금까지 자연과학이 단순한 인과 과정만 참구한다고 비판한다. 자연과학은 직선적 인과, 우연을 배제한 결정론을 주장한다고 한다. 자연의 실제 모습은 그렇지 않다. 자연은 순환적인 인과(결과가 다시 원인이 되는 상호작용의 관계), 우연을 포함하는 복잡계이다.

생태 철학은 일리가 있지만, 그 역시 과학의 방법론을 잘못 이해한 것이다. 과학은 이미 일찍부터 상호작용, 순환적 인과나 우연을 포함하는 복잡계를 인정해 왔다. 예를 들어 열역학의 법칙을 보라. 열역학의 세계는 우연을 포함한 결정론적 체계이다. 심지어 상호 순환적 인과를 통해 등장하는 목적론적 운동도 과학은 인정해 왔다. 예를 들어 유도탄이 여기에 속한다.

생태 철학이 직선 인과, 우연을 배제한 결정론을 비판하는 것은 옳다. 그 대안은 자연을 생태과학적으로 즉 복잡하고 상호 연관 속에서 이해하는 것이다. 이미 자연과학은 그런 생태과학을 실천해 왔다. 그런데도 생태 철학은 과학을 일반적으로 부정한다. 생태 철학은 그 대안으로 자연 속으로 신적인 요소를 끌어들이려 한다. 그런 주장은 과학을 종교적 세계관으로의 대체하는 것이다. 생태과학은 환영한다. 그러나 생태 철학은 신비화이다.


### 4) 열린 과학

지금까지 과학적 지식이 과연 성공적이냐, 현재 과학적 지식과 다른 새로운 과학적 지식이 가능하지 않을까? 이런 의문에 대해 열린 자세를 가져야 할 것이다. 철학적으로 중요한 것은 특정 과학적 지식이 아니라 과학적 지식을 일반적으로 산출하는 과학의 가정, 연구방법, 실천전략이다. 아직 그런 방법론 자체가 근본적인 위기에 빠진 것으로 보이지는 않는다. 오히려 자연과학의 방법론 자체에 대한 오해가 만연할 뿐이다.

과학의 방법론을 지지하는 이유 가운데 가장 결정적인 이유는 지금까지 과학이 성공적이었기 때문이 아니다. 오히려 그것은 과학이 자기의 오류를 수정하는 열린 자세를 갖고 있기 때문이다. 이것이 종교와 과학의 결정적인 차이이다. 종교는 자신의 예감을 절대화한다. 반면 과학은 자신의 진리조차 회의의 가능성에 열어둔다. 과학이 오류를 수정하는 가능성은 과학의 실천을 보면 잘 이해할 수 있다. 과학은 상당히 복잡한 검증 장치를 가지고 있다. 가설의 연역이 올바른가? 실험 자료가 정확한가? 예측이 얼마나 성공하는가? 과학자 사회의 합의 과정을 거쳤는가? 등등이다. 과학은 다양한 오류 검증 장치를 통해 때로는 혁명적으로 때로는 점진적으로 발전해 왔다.

과학의 지식과 SNS의 지식을 비교해 보면 그 차이가 잘 이해될 것이다. SNS는 장점이 있다. 수많은 대중이 자신의 경험을 직접 보고하기 때문이다. 그 점에서 SNS는 과학 발전의 기초가 되는 경험의 보고이다. 그러나 SNS를 보면 당혹할 때가 많다. 개인이 주관적으로 어떤 주장을 펼치는 경우이다. 개인의 주장은 때로 대중의 눈을 현혹하는 주장이 될 때도 있다. 마치 기독교 목사가 신도를 끌어모으기 위해 다가오는 세상의 몰락(종말론 목사의 경우)과 적의 위험(반공 목사의 경우)을 파는 것과 마찬가지로 그런 주관적인 주장은 대부분 심리적 만족감을 주면서 번성한다. 대표적인 것이 자기 우월감의 과시 또는 논적에 대한 증오, 혐오 발언을 위해 과학적 사실이 이용될 때이다.

유감스럽게도 SNS에는 오류를 검증하는 장치가 없다. SNS도 토론이 있지 않은가? 하지만 그것은 토론이 아니라 대체로 심리적인 자기만족의 표현이나 은폐된 혐오 발언일 뿐이다. 결과적으로 SNS는 광신적인 '빠'들이 활개를 친다. 그들은 자신만이 옳다고 믿으며 '좋아요'를 누르는 페이스북 친구들과 더불어 서로 격려하면서 반대하는 페이스북 친구는 차단해 버리니 자기의 오류를 극복할 수 없다. '좋아요'에 둘러싸여 천상천하 유아독존식으로 자만에 빠진다

그런 것을 생각해 보면 과학이 가진 장점이 돋보인다. 과학은 나름대

로 오류를 수정하는 여러 복잡한 장치를 갖고 있다. 과학은 이를 통해 자기의 오류를 수정하니, 이런 점에서 과학은 열려 있다. 과학은 엄격한 오류 검증 장치를 통해 자기의 오류를 수정함으로써 진리에 다가갔다. 오류의 수정 가능성, 과학의 열린 자세 때문에 과학은 신뢰감을 준다. 그 때문에 과학을 정당화하는 유물론이 종교적 세계관보다 힘을 얻는다.

# 6절 존재론의 결론

## 1) 절대적 증거는 없다

존재론의 차원에서 유물론과 관념론의 관계에 대해 결론을 내리자. 관념론과 유물론, 두 철학적 세계관은 과학의 실천을 옹호하는가, 종교를 옹호하는가 때문에 갈라진다. 두 세계관 중 어느 것이 옳다는 절대적 증거는 아직 없다.

과학의 발전으로 종교적 세계관, 관념론은 점차 한 구석으로 쫓겨 갔다. 그렇다고 과학적 세계관, 유물론 역시 정상에 오른 것은 아니다. 아마 8부 능선 어디쯤에서 헤매고 있을 것이다. 현재로서는 그 어느 세계관을 택하는가는 삶의 결단에 의존한다.

최종적인 결단을 보조할 여러 합리적인 근거를 따져 볼 수 있을 것이다. 종교적 세계관은 닫혀 있고 과학적 세계관은 열려 있으니 열린 세계관을 택하는 것이 더 합리적이 아닐까? 이것이 나의 결론이었다.

처음, 이 글을 시작할 때 주요 관심은 마르크스의 철학과 주체 사상이 연관성이었다. 이런 관점에서 존재론적 문제 즉 유물론이냐 관념론이냐 하는 문제를 보자. 비로 말하자. 주체 사상이 유물론을 부정하는 어떤 흔적도 찾을 수 없었다. 적어도 유물론이냐, 아니냐에 관해서는 양자의 차이를 더 논쟁하는 것이 무의미한 것으로 본다. 분명하게 말하지만, 존재론에 관한 한 두 철학에 근본적 차이는 없다.

### 2) 포용적 태도

유물론에 관해 두 철학에 부분적인 차이는 있다. 서구 마르크스주의는 마르크스 이래로 종교에 대해 대단히 비판적이다. "종교는 아편이다"라는 마르크스의 말이 자주 인용되는 것도 그 때문이다. 반면 주체 사상의 경우 종교에 대해 비판적이면서도 이를 포용하려는 여러 흔적을 찾을 수 있다. 한두 가지 예만 들어보자.

1930년대 말 백두산 유격근거지에서의 일이다. 천도교 신자인 리창선을 유격대로 받아들이는 것과 관련해 논쟁이 벌어졌을 때였다. 한편에서 종교쟁이가 유격대를 하면 얼마나 잘하겠습니까, 종교는 아편이라구요 하고 말했다. 반면 김일성 주석은 그를 받아들이자고 주장했다. 그는 맑스의 명제 종교적 환상에 유혹당하는 것을 경계하라는 의미에서 한 말이지, 종교인 일반을 배척하라는 뜻은 아니라고 했다. 그는 애국적 종교인이라면 그가 어떤 사람이건 손을 잡아야 한다고까지 말했다. 실제 그가 조직한 조국광복회에서는 많은 종교인이 참가했다.

이와 같은 주장 속에 드러나는 포용적인 태도를 유물론적인 입장에서 어떻게 이해할 수 있는가? 이런 포용적 태도는 앞에서 설명한 것과 같이 종교가 가진 장점과 단점을 동시에 균형적으로 이해함으로써만 설명될 수 있지 않을까?

기독교는 사랑의 종교이다. 이때 사랑이란 곧 대가를 기대하지 않는 능동적 의지이다. 그것은 유교도 마찬가지이다. 유교는 한편으로 인[仁]을 강조한다. 나는 유교적 '인'이 타인에 대해 자연스럽게 공감하는 능력[sympathy]이라고 이해한다. 이런 순수한 도덕적 가치 때문에 기독교와 유교는 시대의 억압과 차별을 뛰어넘을 가능성을 지니고 있다. 이런 가능성을 살릴 수 있지 않을까?

종교는 자주 이 도덕을 지배자를 옹호하는 도덕으로 변형한다. 또 한 종교는 이를 신의 계시로 절대화하면서 사후의 처벌과 보상으로 강요한다. 이런 종교의 한계는 비판하면서도 종교가 제시하는 근본적인 가치관은 수용할 수 있지 않을까? 왜냐하면 그것은 유물론적으로 보아도 올바른 도덕이기 때문이다.

여기서 한 걸음 더 나가서 종교를 믿는 대부분 사람이 가난하고 소외당하는 인민이라는 점을 생각해보자. 인민이 종교적 믿음을 갖게 된 것은 그들의 사회적인 조건 때문이 아닐까? 앞에서 언급했지만, 나도 군대에 있을 때 종교적 믿음에 빠질 뻔했다. 종교적 믿음은 그런 조건의 산물이다. 헤겔은 이를 '정신의 자기소외'라고 설명했다.

인민의 믿음이 이럴진대, 현실의 사회적 조건을 그대로 둔 채 종교적 믿음은 아편이라니 하면서 설득한들 무슨 의미가 있을 것인가? 차라리 종교적 믿음으로 가게 한 그 아픔에 공감하는 것이 우선이 아닐까? 그런 아픔을 공감한다면 그 믿음을 이해할 것이다. 인민과 함께 신의 존재를 믿자는 것이 아니라 인민의 아픔을 함께 느끼자는 것이다. 그런 다음 그들의 사회적 조건을 바꿀 수 있는 새로운 사회의 전망을 그들에게 설득하는 것이 적절한 길이 아닐까?

### 3) 유물론과 변증법

유물론은 물질에서 의식이 나온다는 주장이다. 의식은 물질과 그 성질이 너무나도 판이하기에 물질에서 의식이 나온다는 주장을 쉽게 믿기 힘들다. 유물론이 정당하려면 물질에서 의식이 나올 수 있다는 가능성을 제시해야 한다.

많은 유물론은 그런 가능성을 제시하지 못했다. 유일하게 변증법적 유물론만이 그런 가능성을 제시했다. 변증법은 유일하게 물질에서 의식이 나오는 가능성을 합리적으로 설명해 준다. 그러므로 변증법이 없다면 유물론은 쓰러지게 된다. 변증법적 유물론은 유일한 유물론이다. 이제 변증법을 이해하는 데로 넘어가 보자.

보천보 전투에서 조선인민해방군의 승리를 알리는 당시 언론 기사, 이로
부터 역사는 자주성의 실현임이 확인됐다.

# 7장 변증법과 주체 사관

## -생물의 진화와 역사 발전의 차이는? -

**문:** 변증법이 무엇인지 모호합니다. 유물론은 왜 변증법이 필요하나요?

**답:** 유물론은 물질에서 의식이 나온다는 주장입니다. 유물론이 가능하려면 물질에서 생물이, 생물에서 의식이 나올 수 있어야 합니다. 그걸 설명해 주는 논리가 변증법의 모순론이죠. 다른 어떤 이론도 그 과정을 합리적으로 설명해 주지 못했습니다.

또한 변증법은 역사의 발전법칙이 자연법칙과 다른 차이를 설명해줍니다. 변증법은 각 물질 층위에서 물질의 운동 법칙이 고유하다고 주장합니다. 물체 영역에서의 법칙, 분자의 화학적 법칙, 생물 층위에서의 법칙이 모두 다르죠. 인간 역사 층위에서 운동법칙은 또 다르죠. 역사법칙은 횡적으로는 계급투쟁의 과정을 거치며 종적으로는 자주성이 실현되는 과정입니다.

# 1절 변증법의 전승

## 1) 변증법

앞에서 마르크스의 유물론에 관해 살펴보았다. 마르크스의 세계관은 변증법적 유물론이다. 이제 변증법을 이해할 차례이다.

80년대 초 레닌의 책 『철학 노트』를 읽으며 변증법만 안다면 천하를 들어 올릴 수 있다고 믿었다. 헤겔의 저서 『(대)논리학』[124]을 펴놓고, 한 줄 읽고 잠에 빠지고 한 절 읽고 술 한 잔 먹고 했던 것이 기억난다. 그러고도

---

124   이 책의 원래 이름은 독어로 『Wissenschaft der Logik』이다. 번역하면 '논리의 학문'이다. 보통 논리학 책은 영어로 'Logic'이라고 말한다. 굳이 'Wissenschaft' 즉 학문이라는 말을 덧붙인 것에 묘미가 있다. '논리에 관한 탐구'로 번역해야 의미가 살아날 것이다. 하지만 일반적으로 '논리학'으로 번역하며, 『철학 강요[Enzyklopädie]』의 1부 논리학과 구분해서 후자를 '(소)논리학', 전자를 '(대)논리학'이라 한다. 소, 대는 그저 부피, 설명의 양적인 문제로 그치지 않고 내용상 차이가 상당하다.

오리무중이었다. 수많은 해설서도 무의미했다.

그러던 나의 눈을 번쩍 뜨게 만든 저서가 있다. 그것은 마르크스의 『자본론』이었다. 『자본론』 1권의 상품 화폐론은 헤겔의 『대논리학』의 1권과 너무나도 닮았다. 나는 마르크스의 상품-화폐 관계를 통해 거꾸로 헤겔의 논리학을 읽을 수 있었다. 헤겔의 변증법이 아니라 마르크스의 눈으로 본 변증법을 살펴보기로 하자.

## 2) 대화의 논리

변증법[dialetic]은 원래 대화[dialogue]의 방법이다. 상대의 주장에서 모순을 발견해서 상대의 주장을 논파하는 방법이다. 이 방법은 소크라테스가 토론할 때 사용한 방법이다. 그는 항상 타인에게 먼저 어떤 것(예를 들어 정의니, 사랑이니 하는 것)에 관한 정의를 내려보라 한다. 타인이 그 정의를 내리면 소크라테스는 타인의 정의에서 모순된 결론을 끌어내서 타인을 논박하곤 했다.

수학에서는 이것을 귀류법이라 한다. 내가 어릴 때 '루트 2가 무리수라는 것을 증명하라'라는 문제를 푼 적이 있다. 그때는 풀었는데 지금은 풀지 못하지만, 그 방법이 귀류법이라는 것만은 아직도 기억한다. 그 귀류법이 변증법이다.

이런 변증법은 인식론의 차원에서 전개된 변증법이다. 여기서는 인식론적 변증법은 생략하고[125] 존재론적 차원에서 즉 세계관의 차원에서만 문

---

125 진리 인식의 길로서 변증법에 관한 한 나의 책 『청년이 묻고 철학자가 답하다』의 관련 부분을 참조하기 바란다. 약간 여유가 있으면 헤겔의 『정신현상학』 「서문」을 해설한 나의 책 『영혼의 길을 모순에게 묻다』을 보기 바란다.

제 삼기로 하자.

### 3) 엥겔스의 자연 변증법

변증법은 열역학의 법칙이나 아인슈타인의 상대성의 법칙과 같은 자연법칙의 수준에 있지 않다. 변증법은 자연과학의 법칙을 설명하는 근본 가정 즉 세계관이니 자연법칙보다 한 단계 높은 수준에서 성립한다. 변증법을 존재 세계의 논리 즉 세계관으로 끌어들인 사람은 철학자 헤겔이다.

후일 엥겔스는 『자연 변증법』(1883)이란 책에서 헤겔의 변증법을 일반인이 이해하기 쉽게 정리하여 몇 가지 법칙으로 정리했다. 그 법칙이 지금까지 마르크스주의 철학 개론 책에 소개된 변증법의 법칙이다. 그 법칙은 정리하자면 다음과 같다.

- 모순의 법칙
- 양질 전환의 법칙
- 부정의 부정 법칙

엥겔스는 이런 법칙들이 어떤 방식으로 도출되는지는 설명하지 않았다. 엥겔스의 변증법의 법칙을 자주 '통속화'라고 하는 것은 그가 이 법칙을 여러 가지 예를 통해서만 설명했기 때문이다. 그 덕분에 일반인은 변증법을 쉽게 이해할 수 있게 됐다. 그러나 이런 예들이 그런 법칙의 근거가 되는 것은 아니다. 철학적으로 보면 엥겔스가 제시한 법칙의 유래가 무엇인지 의심스럽다.

### 4) 헤겔의 변증법

헤겔을 아는 사람은 금방 그 유래를 알 수 있다. 엥겔스가 제시한 법칙은 그가 자연을 연구해서 나온 것은 아니다. 이 법칙은 헤겔의 『(대)논리학』이라는 책에서 유래한 것이다.

헤겔의 『논리학』은 전체 3부(1, 2부가 1권, 3부가 2권)로 구성되어 있다. 1부는 말하자면 물질 세계 가운데 단순 물체의 층위를 다룬다. 그 운동 법칙이 '양질전환'의 법칙이다. 역학 법칙이 예가 된다. 양이 증감하면 새로운 질의 출현이 일어난다는 뜻이다. 2부는 본질론이다. 2부는 화학의 대상이 되는 분자(또는 복합체)의 층위를 다룬다고 보면 적절하지 않을까 한다. 이 층위에서 운동법칙은 '부정의 부정[Negation der Negation]'의 법칙이라 한다. 화학적 작용이 예가 된다. 3부는 개념론이다. 3부의 세계는 생물 층위나 역사 층위를 다룬다고 본다. 여기서 운동은 '발전[Entwicklung] 법칙'으로 설명된다. 발전은 이미 어떤 가능성이 실현되는 목적론적 과정이다.

헤겔의 『논리학』을 안다면, 엥겔스가 자연변증법으로 정식화한 것은 헤겔의 『대논리학』에서 특히 1부와 2부에서 뽑아낸 것이라는 점을 쉽게 이해할 수 있을 것이다.

### 5) 왜 변증법이 필요한가?

변증법을 설명하기 전에 먼저 알아야 할 것이 있다. 즉 변증법을 이해해야 하는 이유이다. 유물론만으로 세계를 충분하게 설명할 수 있지 않을까? 굳이 유물론이 변증법적 유물론이어야 할 이유가 무엇인가? 두 가지 이유가 있는데, 첫 번째 이유는 여기서 설명하고 두 번째 이유는 역사의 발전법칙을 설명할 때 제시하기로 하자.

첫 번째 가장 큰 이유는 유물론의 가능성 때문이다. 유물론이란 앞에서 말했듯이 물질로부터 의식이 발생한다는 주장이다. 그 주장 자체는 유물론이다. 그런데 어떻게 물질로부터 의식이 발생할 수 있는가, 그 가능성을 설명하는데 필요한 것이 변증법이다. 변증법 외에 다른 어떤 세계관도 이 가능성을 설명하지는 못한다.

자연을 보자. 물질에서 의식이 단숨에 발생한 것이 아니다. 알다시피 자연은 진화했고 오랜 진화의 끝에 의식이 생겼다. 자연의 진화 과정을 보면 가장 먼저 눈에 뜨이는 사실은 자연이 층위를 이루고 있다는 사실이다. 크게 본다면 단순 물체(소립자)의 층위, 복합 물체(분자)의 층위, 다시 생물의 층위가 존재한다. 자연의 진화는 하나의 물질적 층위에서 새로운 물질적 층위가 생긴 것이다.

개개의 층위에서 물질의 성질과 운동에 관해서는 이미 자연과학적으로 설명되었다. 단순 물체의 운동은 역학의 법칙을 따른다. 복합 물체의 운동은 화학의 법칙이 지배한다. 생물계는 생물체의 진화법칙이 존재한다. 하지만 하나의 물질의 층위에서 다른 물질적 층위가 발생하는 과정에 관한 설명은 없다. 어떻게 하나의 물질 층위로부터 성질이 다르고 다른 방식으로 운동하는 다른 물질의 층위가 생겨나는가?

다행히 자연과학은 지금까지 연구를 통해 그런 발생 과정 대한 지식을 넓혀왔다. 그 결과가 물리화학과 분자생물학이다. 그 때문에 우리는 물질적 층위가 진화하는 과정에 대해 어렴풋하게나마 어느 정도 이해할 수 있다. 이런 과정을 일반화하면 변증법이란 논리가 출현한다. 이 논리를 헤겔이 밝혔고 마르크스와 엥겔스가 수용했다.

이제 우리는 왜 변증법이 필요한지 말할 수 있다. 만일 물질적 층위의 진화 과정이 변증법적이라면, 이를 확장하여 생물체의 층위에서 같은 방식으로 의식의 층위인 인간 존재가 발생했다고 설명할 수 있다. 이를 통해 물질로부터 의식이 발생한다는 유물론을 설명할 수 있다. 변증법은 유물론의 가능성을 보여준다고 할 수 있다.

지금까지 다양한 유물론은 이런 물질적 층위의 발생 과정을 설명하려 시도했으나, 어느 것도 성공하지 못했다. 그런 유물론은 일관된 유물론이 될 수 없다. 지금까지는 물질적 층위의 발생 과정을 설명하는 유일한 이론이 변증법이다. 그렇다면 변증법이 대체 어떤 과정이기에 물질적 층위의 발생을 설명할 수 있다는 말인가?

# 2절 촛불의 비유

## 1) 촛불의 비유

앞에서 엥겔스의 변증법의 법칙이 어디서 나왔는지를 보았다. 그것은 헤겔에게서 빌어왔다. 이제 변증법을 설명할 차례이다. 그 핵심은 모순 개념에 있다.

모순은 '대립의 통일'이라는 개념이다. 논리학에서 '모순 명제'라 할 때 모순의 의미와 다른 의미이다. 존재론에서 모순 개념을 이해하려면 헤라클레이토스로까지 올라가야 한다. 헤라클레이토스는 "세계의 원초[原初: arche]는 불이다"라는 주장으로 유명하다. 여기서 불은 하나의 비유이다. 촛불을 보자. 약간의 상상력이 필요하다. 촛불에는 상승하는 힘과 하강하는 힘이 서로 맞서 있다. 그런 가운데 균형을 이루면서 촛불이라는 독특한 형상을 만들어낸다. 만물도 촛불처럼 생성하고 소멸하는 두 힘이 맞서서 균형을 이루는 가운데 나오는 것이 아닐까?

동양철학에서는 태극의 문양이 자연을 이해하는 비유로 자주 쓰인다. 태극은 음과 양이 파동을 이룬 모습 즉 서로 맞서서 균형을 이룬 모습이다. 음이나 양이니 하는 것은 어떤 물질이 아니라 물질적인 기운 즉 힘이다. 양을 상승하는 힘, 음을 하강하는 힘으로 본다면 태극이 곧 불을 비유한 것이다.

## 2) 생명체의 개념

아리스토텔레스는 헤라클레이토스의 촛불 비유를 끌어들여 플라톤의 이원론을 극복하고자 했다. 알다시피 플라톤은 미리 존재하는 사물의 형상을 미리 존재하는 물질과 결합하여 사물이 나온다고 말한다. 이 두 가지를 결합하기 위해서는 제3의 존재자 즉 세계의 데미우르고스[Demiurgos; 창조자, 제작자]가 필요하다. 플라톤의 세계관은 설계도에 따라 집을 짓는 건축가가 세상을 보는 눈이다. 또는 나무로 형상을 깎아내는 목수의 눈이기도 하다. 플라톤적인 세계관은 항상 자연 속으로 신을 끌어들인다. 건축가, 목수가 물체의 데미우르고스라면 신은 자신의 섭리를 이 세상에 실현하는 우주의 데미우르고스이다.[126]

반면 아리스토텔레스는 처음으로 생명체를 철학으로 끌어들였다. 아리스토텔레스의 세계관은 생물을 기르는 농부나 어부의 세계관이다. 아리스토텔레스는 생명 개념을 이해하기 위해 헤라클레이토스의 불의 비유

---

126 데리다는 플라톤의 철학은 태양의 비유를 기초로 한다고 본다. 플라톤은 그의 저서 『공화국』에서 동굴 밖에서 안으로 비치는 태양을 거론한다. 플라톤에게는 형상이 곧 태양이다. 태양의 빛을 받아 만물이 생기고 자라나듯, 형상은 만물을 생기고 자라나게 하는 기초가 된다. 헤라클레이토스의 촛불 비유와 플라톤의 태양 비유는 철학을 이끄는 두 중심 비유이다.

를 부활한다.

생명체란 여러 구성요소(예를 들어 기관, 사지 등)가 조직되어 하나의 개체를 형성한다. 구성 요소는 생명체를 부분으로 해체하는 하강의 힘을 가진다. 반면 개체는 개체로서 지속하려면 구성 요소를 하나로 통일하는 상승의 힘을 가져야 한다. 그 결과 생명체 속에서 한편으로 구성 요소가 끊임없이 대체된다. 이것이 생명체의 신진대사이다. 다른 한편으로 생명체는 개체로서 전체 요소의 통일성을 계속 유지한다. 이 통일성을 곧 생명체의 동일성, 개체성 또는 정체성[identity]이다. 개체[individiun]란 곧 불가분적인 통일체를 의미한다. 동일성, 개체성, 정체성은 고정된 것이 아니다. 그것은 생명체의 신진대사 과정을 통해서 끊임없이 재생산되는 것이다. 그것은 반복적으로 출현한다는 점에서는 보편적이지만, 단지 단일한 개체로서 존재한다는 점에서는 구체적이다.[127]

아리스토텔레스는 모든 사물을 생명체를 모델로 해석한다. 무기물이나 우주조차 하나의 생명체다. 생명체는 자신의 동일성(개체성)을 얼마나 지속해서 재생산하는가에 따라서 단계적으로 구별된다. 물체는 동일성이 약하다. 쉽게 말해 오래가지 못해 해체되고 만다. 인간은 대를 이어서 수백 년에 걸쳐 영속적인 동일성을 유지한다. 우주는 영원히 자기를 반복하는 존재이다.

플라톤의 철학은 물질, 형상의 이원론이다. 아리스토텔레스를 통해 물

---

127  철학적으로 여기서 보편에 대립하는 개별자와 시간 속에서 아이덴티티를 유지하는 개체성은 다른 것이다. 개별자에 대립하는 보편을 추상적 보편성이라 하고, 지속해서 유지되는 아이덴티티를 구체적 보편성이라 한다. 양자를 구별하지 못함으로써 철학적인 혼란이 발생해 왔다.

질로부터 형상이 출현하는 과정을 이해하게 됐다. 그 결과 철학은 물질 일원론으로 돌아왔다. 유물론이 시작된 것은 원자론자에서부터였지만, 아리스토텔레스는 유물론이 가로막힌 벽을 무너뜨려 유물론의 가능성을 열어주었다.

### 3) 우연 속의 필연

촛불의 비유로 본 세계를 좀 더 자세히 들여다보자. 세계는 두 차원에서 볼 수 있다. 겉모습 또는 거시적인 모습이 그 하나요, 속모습 또는 미시적인 모습이 또 하나이다.

거시적으로 전체를 보자면, 촛불은 고요하고 불변하는 것으로 보인다. 이런 불변성이 로고스[logos]이며 필연적인 법칙이다. 그러나 그 내부를 들여다보면 그 속에서는 끊임없이 상승하고 하강하는 변화가 이루어진다. 상승과 하강은 상호작용하며, 순환한다. 즉 하나의 소용돌이이다. 내부는 우연과 맹목적인 충돌로 이루어져 있다.

생성과 소멸, 불변과 가변, 고요함과 소용돌이, 필연과 우연이 겉과 속의 모습으로 즉 이중적인 모습으로 존재하는 것이 세계의 운동하는 모습이다.

예를 들자면 열역학의 세계를 보자. 열 분자의 움직임은 계산할 도리가 없다. 개별 열 분자는 서로 맹목적으로 충돌한다. 그 과정은 전적으로 우연하다. 전체적으로는 열과 압력 사이에 일정한 법칙이 성립한다. 그것이 열역학의 법칙이다. 또 생물 진화론을 보자. 생물체의 생존경쟁은 우연적인 과정이다. 그 가운데 자연에 적합한 것만이 살아남는다. 미시적으로는 우연이 지배하지만 거시적으로는 환경적응의 법칙이 성립한다.

변증법, 모순론이란 세계를 순환적 인과 관계, 상호작용으로 이해하는 세계관이다. 또는 생명의 운동으로, 불의 비유로 세계를 이해하는 방식이다. 순환, 상호작용의 개념은 자연의 물질적 층위를 설명하는 데도 핵심적인 개념이 된다.

# 3절 화폐 물신론

## 1) 상품 화폐론

앞에서 모순 개념에 관해 설명했다. 그것은 세계를 촛불의 비유를 통해 이해하는 것을 의미한다. 그것은 자연에서 순환적인 상호작용을 강조한다. 모순, 상승과 하강, 순환, 상호작용의 개념을 이해하는데 마르크스의 『자본론』 1권의 상품 화폐 관계는 결정적인 도움을 준다.

『자본론』에서 상품 화폐 관계를 보자. 최초의 화폐는 상품 중의 하나였다. 예를 들어 조개나 쌀이다. 이런 화폐는 유통에서 여러 곤란에 부딪힌다. 점차 유통에 적합한 상품으로 즉 금이나 은으로 대체된다. 마침내 그 자체로서는 아무런 가치가 없는 종이가 화폐로 사용된다. 가치가 없는 종이가 화폐로 사용된다니 이상하다. 마르크스는 이런 의문을 논리적으로 설명한다.

상품에는 두 요소가 있다. 사용가치와 교환가치이다. 사용가치란 상품이 인간 또는 소비자에게 지니는 가치이다. 사용가치란 인간의 어떤 욕망을 만족시켜 주는 것이다. 하나의 상품 A가 다른 상품 B와 교환될 때 그 매개가 되는 것이 교환가치이다. 모든 상품은 교환가치를 갖는다. 두 상품은 교환가치에 비례하여 교환된다.

상품 사이에 교환이 발전한다고 해 보자. A가 B로 교환되고, B는 다시 C로 교환된다. 또는 A와 C, 그리고 C와 D가 교환될 수 있다. 이런 식은 교환이 중첩적으로 일어나는 과정이다. 아직 교환을 위한 고정된 매개가 없다. 교환 관계가 더 발전하면 교환을 매개하는 상품이 하나로 고정된다. 예를 들어 A라 하자. 그러면 A를 중심으로 B, C, D...가 교환되면서 A는 보편적 교환의 매개가 된다. 보편적 교환의 매체가 화폐이다.

화폐를 상품과 비교해 보자. 상품에서는 사용가치가 실제(표면)이며 교환가치는 가능성(이면)에 불과하다. 반면 화폐는 교환가치가 실제(표면)이며 사용가치는 교환가치를 담지하는 토대(가능성, 이면)에 불과하다. 상품과 화폐가 거울에 비치듯 서로 역전된 모습을 확인할 수 있다.

이 과정에서 우선 주목해야 할 것이 있다. 교환이 단순히 중첩된 것이 아니라 교환이 보편화했다는 사실이다. 중첩 관계를 직선적 계열로 표시한다면 보편적 교환은 중심에 화폐를 두고 주변과 중심의 교환이 반복되는 순환으로 이루어진다.

## 2) 상품 화폐 관계의 모순

보편적 교환의 체계는 상품과 화폐로 이루어진다. 화폐가 순환적인 교환의 중심점에 있다. 상품과 화폐의 순환적 교환 관계는 생명체의 모습과 비교할 수 있다. 각 기관이 상품이라면 두뇌가 화폐가 된다.

생명체에서 기관은 해체하는 힘을 지니고 개체의 동일성은 통일하는 힘을 갖는다. 마찬가지다. 한편으로 화폐는 상품의 교환을 보편적으로 가능하게 해준다. 다른 한편으로 개별 상품은 교환을 벗어나는 해체의 힘을 가졌다. 상품은 생산됐으나 아무도 사려 하지 않을 수 있기 때문이다. 이 경우 상품은 교환가치를 실현하지 못하고 교환으로부터 배제된다.

화폐를 통한 상품의 교환 가능성과 교환 불가능성, 이것이 자본주의 모순의 출발점이다. 이런 이중적 관계는 자본주의가 발전하면서 더욱더 확대하고 심화한다. 이런 이중성은 자본과 노동의 교환에서도 출현하며, 생산재 생산 자본과 소비재 생산 자본 사이(재생산 구조)에서도 출현한다. 마침내 자본주의 경제에서 호황기와 불황기라는 순환 주기가 등장한다.

### 3) 광합성의 예

모순, 순환, 상호작용의 개념은 자연 곳곳에서 발견된다. 예를 들어 생명체의 기본운동인 광합성을 보자. 이것은 분자의 층위에서 생명체의 층위가 출현하는 과정을 보여준다. 상세한 설명은 생략하고 대략 설명하기로 하자.

$$CO_2 + H_2O + 빛 \rightarrow O_2 + (CH_2O) :$$

위의 식은 탄소와 물과 빛이 만나서 산소와 포도당이 만들어진다는 뜻이다. 이 식은 투입과 산출만 간단하게 보여 준다. 이 중간 과정을 상세하게 보면 엽록소가 매개된다. 이는 아래의 도식에서 잘 나타나 있다.

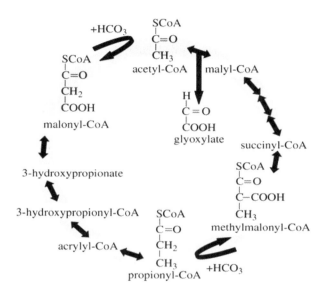

이 도식을 보면 마치 엽록소가 화폐이고 이것이 상품인 탄소와 산소, 수소를 매개하는 것으로 보인다. 탄소와 산소, 산소가 엽록소를 통해 이렇게 보편적 순환의 관계를 맺으면 광합성이란 생명과정이 출현한다. 이 것은 분자 화합물에서 생명체라는 새로운 물질의 층이 발생하는 과정을 보여준다.

### 4) 의식적 존재의 출현

여기까지는 대체로 자연과학이 지금까지 밝혀낸 사실에 속한다. 물리 화학과 분자생물학은 물질적 층위의 발생 과정을 보여주었다. 이런 과정을 일반화하면 그것이 모순 개념이다. 그 모순 개념은 이미 설명했듯이 상승과 하강이라는 대립적인 힘이 상호작용하는 순환이다.

여기서부터 사유의 모험을 시도해 보자. 지금까지 자연의 층위는 주로 소립자, 분자, 생명체였다. 자연의 진화 과정 끝에서 새로운 물질적 층위가 발생했다. 그것이 바로 의식을 가진 생명체 곧 인간의 층이다. 생명체 가운데 의식적 존재가 출현하는 것도 모순, 순환, 상호작용의 과정으로 설명할 수 있다.

신경이란 사지를 하나로 통일시키는 조직이다. 이런 신경이 다시 보편적 순환의 관계로 결합하여 뇌가 형성되지 않을까? 척추나 소뇌 정도는 신경의 복합체 정도가 된다. 신경이 이제 일종의 순환적으로 조직되면, 그게 두뇌(신피질)이고, 여기서 의식이 출현하지 않을까?

모순 개념을 통해 단순한 물질적 층위로부터 생물의 층위를 설명하고 이로부터 의식적 존재의 층위까지 설명할 수 있었다. 이것은 유물론의 결정적 승리에 속한다.

과거 뉴턴의 역학이 출현하면서 신은 물체에서 추방되어 생물의 세계로 추방됐다. 다윈은 생물 세계에서 신을 다시 추방했다. 아직도 신이 거주하는 의식적 존재의 영역이 남았다. 변증법은 의식의 출현조차도 내재적인 방식으로, 신의 개입을 가정함이 없이 설명할 수 있었다. 마침내 신은 지구상의 어디에서도 존재하지 못하게 됐다. 유물론의 결정적인 승리는 아직 이론적 가설의 수준이다. 실제 실험적인 성공은 이루지 못했다. 하지만 생물의 발생 실험이 성공했듯이 의식적 존재의 영역에서도 곧 실험이 성공하지 않을까?

# 4절 자연의 누적적 계단

## 1) 자연의 누적적 계단

지금까지 모순, 순환, 상호작용 개념을 설명했다. 이 개념은 헤라클레토스의 촛불 비유, 아리스토텔레스의 생명체 개념 등을 기초로 한다. 이런 개념을 통해 마르크스는 상품에서 화폐의 발생을 설명했다.

모순 개념을 통해 자연과학은 물질적 층위가 발생하는 과정 즉 소립자(단순 물체) 층위에서 분자(복합 물체) 층위가 나오고, 분자 층위에서 생명체 층위가 나오는 과정을 설명했다. 마찬가지로 모순 개념을 통해 새로운 물질적 층위인 의식적 존재 즉 인간의 발생을 설명할 수 있었다. 이상을 통해 변증법이 왜 필요한지 이해했을 것이다. 그게 첫 번째 필요성이다.

이제 두 번째 필요성을 이해해 보자. 여기서 중요한 사실을 하나 발견한다. 그것은 자연의 물질적 층위는 누적적 계단을 이룬다는 사실이다. 즉 소립자의 순환으로 분자가 나오고, 분자의 순환으로부터 생명체가 나온다. 이 발생 과정은 마치 단위에 단을 쌓고, 제곱에 제곱을 가하는 방식으로 이루어진다. 일종의 복리계산을 생각하면 쉽게 이해되리라. 이를 개념화하자면 누적적 계단이라 할 수 있다.

자연의 물질적 층위가 누적적 계단을 이룬다는 사실은 중요한 의미를 내포하고 있다. 물질적 층위가 누적적 계단을 통해 점차 고도화하면서, 한편으로 각 물질적 층위에 고유한 물질적 법칙이 성립한다. 다시 말해 단순물체에 역학의 법칙이 성립한다면, 복합 물질의 층위에는 화학의 법칙이 지배한다. 생물의 층위에서는 생물 진화의 법칙이 작용한다. 그런데 다른 한편으로 각 물질적 층위에서 작용하는 운동법칙을 서로 비교해보면 그 사이에는 일정한 경향성이 나타난다.

그 경향성에 대한 설명은 나중으로 돌리고, 왜 이런 경향성을 이야기하는가부터 말해 보자. 의식적 존재인 인간 때문이다. 인간은 고유한 질적인 차이를 가지고 있다. 인간은 사회적 존재이다. 인간 사회는 다른 물질적 층위에서 나타나지 않던 고유한 운동법칙을 가진다. 그게 역사의 발전법칙이다. 그렇다면 역사의 발전법칙은 어떤 성격을 지니고 있는가? 그것은 다른 물질의 운동법칙 특히 생물의 진화 법칙과 어떻게 다른가?

이런 문제를 해결하는 데서 자연 법칙의 경향성은 매우 중요한 의미를 갖는다. 우리는 이런 경향성의 발전 끝에 인간 사회의 발전법칙을 위치시킬 수 있기 때문이다. 간단히 말해 역사의 발전법칙을 이해하기 위해 변증법이 꼭 필요한 것이다. 이것이 변증법이 필요한 두 번째 이유이다.

## 2) 운동법칙의 진화
자연속에 나타나는 운동법칙의 경향성을 좀 더 상세하게 설명해 보자.

이미 엥겔스의 변증법적 법칙, 헤겔의 『논리학』에 대한 소개에서 설명했듯이 물질의 층위에 따라 운동법칙은 변화했다. 이런 법칙들은 단순히 차이만 지닌 것은 아니다. 그 속에는 일정한 경향성이 존재한다.

가장 밑의 층인 단순 물체(또는 소립자)의 층위를 보자. 역학의 법칙이 이 영역에서 대표적인 법칙이다. 단순 물체의 세계에서 힘과 운동의 관계를 규정하는 법칙이 뉴턴의 역학 법칙이다. 즉 물체는 외부에서 힘이 가해졌을 때 그 힘만큼 가속운동을 하게 된다.

이런 역학 법칙을 일반화하면 양질 전환의 법칙이 나온다. 즉 힘이 양적인 것이라면 가속운동에서 속도의 변화가 질적인 것에 해당한다. 양적인 변화는 연속적이다. 반면 질적인 변화는 단절적이다. 이런 변화를 이행, 양질 전환의 법칙이라 한다. 역학의 세계에서 힘과 가속운동은 전적으로 외부적인 관계이다. 그것을 기계적이라 한다. 또한 이 층위에서 운동법칙은 항상 어느 경우에나 필연적으로 적용된다.

그 다음 층인 분자(또는 복합체)의 층위에서는 운동을 보자. 여기서 분자를 이루는 원자들의 결합과 분해가 일어난다. 결합과 분해 즉 화학적 작용은 원자가 서로의 전자를 교환하면서 또는 회수하면서 일어나게 된다. 분자의 화학적 작용을 보면 왜 이 층위에서 운동법칙이 상호 침투의 법칙이며 부정의 부정인지 잘 드러난다.

상호 침투란 어떤 것의 일부가 그것과 대립하는 것 속으로 이미 들어가 있다는 뜻이다. A는 B 즉 -A 속으로, B는 A에 들어가 있다. 두 가지는 마치 고리처럼 얽혀 있다. 이런 경우 A가 B를 부정하면 그것은 이미 B 속에 들어 있는 자기의 부정이 되며, 거꾸로 A가 자기를 부정하면 그것은 이미 자기 속에 들어와 있는 B의 부정이 되므로 자기로 돌아온다. 이를 부정의 부정 법칙이라 한다. 이런 관계를 빛의 반사에 비추어 반영 또는 반성의 관계라 한다.

분자의 층위에서 화학적 작용은 단순한 기계적 운동과 구분된다. 기계적 운동에서 힘은 물체에 외부적이었다. 하지만 화학적 작용에서는 서로가 부분적으로 침투해 있으니 그 관계는 외부적일 수가 없다. 화학적 결합에서 두 원자의 관계는 외부적이면서 동시에 내부적이다. 역학 법칙은 전적으로 외부적 관계를 이루므로 그 관계가 필연적이다. 반면 화학적 작용에서는 부분적으로 내부적 관계가 개입하게 되니 그만큼 우연성이 강화한다. 화학적 작용은 우연성을 제어하지 못하면 원하는 결과를 얻을 수 없다.


### 3) 생명체의 운동법칙

이제 생명체의 층위로 가 보자. 생명체에서 분자 층위에서의 결합보다 더욱 발전된 결합이 등장한다. 즉 생명체는 그 요소들이 상호작용 또는 순환의 방식으로 결합한다. 예를 들어 두뇌와 사지의 관계를 생각해 보자. 그것은 꼭 상품과 화폐의 관계와 같다.

그 때문에 생명체에서 목적론적 운동이 출현하게 된다. 생명체는 변화된 환경에도 불구하고 자기를 조절하여 일관된 목적을 추구한다. 목적론적 운동이란 가능성을 실현하는 운동이다. 목적 운동을 발전이라 한다.

지금까지 이야기를 종합해 보자. 단순한 물체, 분자 그리고 생명체로 자연의 층위가 발전한다. 자연은 누적적으로 계단을 쌓으면서 발전하는데, 각 계단마다 고유한 운동법칙이 존재한다. 이 각 층위의 운동법칙을 비교해보면 기계적 운동에서 목적론적 운동으로, 필연적 운동에서 우연성이 점차 강화한다. 이런 우연성이 심화되면 자유가 출현한다. 이상을 통해 볼 때 자연의 법칙은 자유로운 운동이라는 방향으로 경향적으로 진화한다고 말할 수 있다.

자연의 운동법칙에서 경향성을 파악하려 한 것은 자연 진화의 끝에 출현하는 의식적 존재인 인간의 역사 발전법칙을 이해하기 위한 것이다. 자연의 운동법칙이 자유로운 운동을 향한 경향성을 갖는다면, 역사법칙은 어떤 특성을 지니는 것일까? 생물의 발전법칙과 구별되는 역사의 발전법칙은 무엇인가?

# 5절 역사의 발전

## 1) 생물과 역사

자연의 법칙에서 어떤 경향성이 있다고 말했다. 이런 경향성으로부터 생물의 발전법칙이 나온다. 그렇다면 의식적 존재의 운동 즉 역사의 운동 법칙은 어떤 것인가? 역사도 발전한다고 하는데, 그것은 생물의 발전법칙과 동일한 것일까? 그 차이는 무엇인가? 변증법은 역사법칙의 고유성을 드러내준다. 자연 법칙의 경향성에 비추어 볼 때 역사법칙은 생물 발전법칙과 달리 능동적이고 자유로운 운동이어야 한다.

우리는 역사법칙이 지닌 능동성과 자유를 마르크스의 역사관이 등장하는 과정을 통해서 이해할 수 있다. 마르크스의 역사관의 출발점은 자연 개조라는 개념에 있다. 생물은 자신의 목적을 환경에 적응하면서 실현한다. 생물의 발전은 환경에 따라 극히 제한된다. 반면 인간은 자신의 목적을 환경을 조절하면서 능동적으로 실현한다. 그것이 곧 자연 개조이다. 이 점은 마르크스의 초기 저서인 『경제학 철학 수고』에 잘 표현되어 있다.

> "의식적인 생명 활동은 인간을 동물적인 생명 활동으로부터 구별한다. .. 대
> 상적 세계를 실천적으로 산출하는 것, 즉 비유기적 자연을 개조하는 것은 바
> 로 인간이 의식적인 유적 존재라는 것을 확증하는 행위이다."[128]

생물의 발전은 환경에 적응하면서 일어난다. 반면 인간 역사의 발전은
환경을 능동적으로 개조한다. 그만큼 인간 역사의 운동법칙에서는 자유의
경향성이 발전한 것이라 할 수 있다.

환경을 능동적으로 개조하는 과정은 자의적인 것은 아니다. 인간은 자
기 마음대로 환경을 개조할 수는 없다. 환경의 개조는 고유한 과정을 따라
야 한다. 그런 방식은 도구라는 개념을 통해서 이해할 수 있다. 도구는 자
연의 힘 가운데 하나이다. 그러면서도 도구는 자연의 힘에 대립한다. 도구
란 결국 자연이 자기를 부정하는 것을 의미한다. 이런 도구가 있기에 인간
은 자연 속에 인간의 목적을 실현할 수 있다.

마찬가지로 인간이 자연을 개조하는 것은 자연 속에 자연의 일부가 자
신에 대립하여 나타날 때 가능하다. 자연의 자기 부정이 등장하기 전에 인
간은 마음대로 자연을 개조할 수는 없다. 따라서 자연 개조에는 두 가지
요인이 존재한다. 한 가지는 자연 속에서 자기를 부정하는 힘이 등장하는
것이다. 이것은 자연적, 객관적 요인이다. 다른 한 가지는 인간이 그런 힘
을 이용해 자기의 목적을 실현하는 것이다. 이것은 인간적, 능동적 요인
이다. 자연 개조는 두 요인 즉 자연과 인간 사이의 상호작용을 통해서만

---

128 · 마르크스, 『경제학 철학 수고』, 김태경 역, 이론과 실천, 61쪽

가능하다.

마르크스의 역사법칙은 원래 자연 개조라는 개념에서 나오는 것이다. 마르크스의 역사법칙은 두 가지 측면 사이의 상호작용을 통해서 이해해야 마땅하다. 하지만 이런 상호작용을 이해하기까지 약간의 시간이 지연됐다.

## 2) 마르크스의 역사법칙

여기서 마르크스의 역사법칙에 관한 논쟁의 역사를 검토해 보자. 마르크스의 역사법칙은 계몽주의 역사관을 비판하면서 등장했다. 이 역사관이 헤겔을 통해 독일 이데올로거들(바우어Bruno Bauer와 슈티르너Max Stirner, 모시스 헤스Moses Hess 등)에게 전달됐다. 계몽주의적 역사관은 역사의 발전이 인간의 능동적 활동에 의해 가능하다고 보았다. 즉 역사는 인간 이성의 실현이다. 독일 이데올로거는 헤겔을 따라 계몽주의자의 이성 개념을 정신이라는 개념으로 대신했다. 마르크스는 이런 계몽주의 역사관을 비판하면서 역사에서 자연적, 객관적 측면을 강조했다.

마르크스의 역사법칙은 간단히 이렇게 요약할 수 있다.[129] 역사 속에 정치 투쟁이 벌어진다. 그 정치 투쟁을 결정하는 것은 생산수단을 둘러싼 계급의 대립이다. 즉 역사는 계급투쟁의 역사이다. 생산수단을 둘러싼 계급 대립이 생산관계를 이룬다. 생산관계를 변화하는 원동력은 곧 생산력

---

129   마르크스가 경제 결정론자는 아니다. 마르크스는 역사 속에서 인간의 능동적 역할을 충분히 인정한다. 그런데 마르크스는 주로 관념론적 역사관과 투쟁하는 가운데 경제의 결정적 역할을 강조했다. 그 때문에 그의 역사론이 초기에는 경제 결정론으로 오해됐다. 점차 마르크스의 역사론에 내재한 인간의 능동적 역할이 레닌이나 마오쩌둥의 역사적 실천을 통해 적극적으로 밝혀지게 됐다.

이다.

마르크스의 역사 법칙의 기초는 생산력 개념이다. 생산력이란 도구를 의미하니, 곧 자연 속에서 자기를 부정하는 힘이다. 마르크스는 역사 속에서 자연적, 객관적 측면을 강조한 셈이다.

근대 이후 자본주의 사회에서 역사적 투쟁을 보면 대부분 생산수단을 둘러싸고 투쟁이 일어났다. 프랑스 혁명은 토지를 둘러싼 투쟁이었고, 1848년 2월혁명은 금융 자본과 산업 자본이 자기의 자본을 증식하려는 투쟁이었다. 마르크스의 역사법칙은 이런 경험적 사실을 통해 많은 지지를 얻었다.

그러나 앞에서도 말했듯이 인간 역사는 능동적 과정이다. 자연 개조가 자연적이고 객관적 측면이 있지만 인간의 능동적 역할 또한 간과할 수 없다. 마르크스는 역사법칙을 정식화하면서 생산관계가 생산력의 발전을 가능하게 하며, 상부구조가 물질적 토대에 영향을 준다는 역사의 능동적 측면을 간과하지 않았다. 그런데 마르크스의 역사관이 계몽주의 역사관을 비판하면서 등장하다 보니 마르크스는 초기에 자연적 객관적 측면을 강조하게 되었다. 이 때문에 마르크스는 생산력을 강조하는 경제 결정론으로 오인되었다. 이런 경제결정론적 관점에 대해 많은 비판이 제기되었다.

### 3) 중층 결정론

고대나 중세에도 생산수단을 둘러싼 계급투쟁이 벌어졌을까? 역사적 사실 속에서 계급투쟁을 찾기가 쉽지 않다. 예를 들어 고대에서 투쟁은 주로 부족 간의 투쟁이었다. 어떤 부족과는 연합해 함께 국가를 세우고 다른 부족을 노예로 복종시켰다. 전사들은 자기 민족, 부족의 사활을 걸고 투쟁했다. 고대에 노예가 반란을 일으키기도 했지만, 아주 간헐적인 것에 지나지 않았다.

　또 중세를 보자. 봉건제 시대, 거대한 농민 반란이 그치지 않았다. 고대보다는 확실히 계급투쟁이 노골화됐다. 그러나 반란을 일으킨 농민의 의식을 들여다보면, 그들의 투쟁은 토지라는 생산수단을 위한 것이라기보다 오히려 종교적인 투쟁(서양에서)이거나 반 관료귀족, 근왕 투쟁(동아시아)에 가까웠다.

　이런 역사적 사실을 볼 때 과연 근대와 달리 고대나 중세에까지 계급투쟁의 개념을 적용할 수 있는지 의문이 든다. 이 때문에 일찍부터 마르크스주의 내부에서도 이 의문을 해결하려는 시도가 등장했다.

　루카치, 그람시, 알튀세르 등 서구 마르크스주의자는 이중적인 방식의 결정론(혹은 중층 결정론)을 택해서 이 의문을 해결하려 했다. 이를 '상대적 자율성'이라 하기도 한다. 경제적 차원의 결정은 그 내부에서 상당한 자유의 공간을 남겨둔다. 이 내부의 자유의 공간을 결정하는 것은 그 정치나 종교의 차원이다. 즉 역사적 사회는 최종적으로 보면 경제가 결정하지만, 그 내부에서는 종교나 정치의 관념이 결정한다. 이중적 결정론은 쉽게 이해되지는 않는다. 하지만 프로이트가 의식의 배후에 무의식이 지배한다고 주장했던 것을 생각해보면 쉽게 이해될 것이다. 무의식적 결정이 경제적 차원에서의 결정에 해당한다면 의식의 결정은 정치나 종교 차원에서의 결정에 해당한다.


　4) 연속혁명론
　경제결정론은 역사에 대한 대기론을 낳는다. 생산관계가 계급투쟁의 기초라면, 생산력이 충분히 발전해서 새로운 생산관계를 요청하기 전에는 혁명은 불가능하다는 주장이다. 이런 입장에서는 역사의 발전을 기다릴 수밖에 없다.

　이런 대기론에 충격을 준 이론이 등장했다. 레닌은 후진 자본주의 국가인 러시아에서 역사의 발전 단계를 압축 내지 가속할 수 있다는(결코 도약, 우회는 아니다) 주장을 내세웠다. 소위 연속혁명이론이다.

　레닌은 혁명가 또는 혁명 집단이 역사 속에서 능동적으로 행동할 필요가 있다고 주장했다. 역사 속에 적극적으로 뛰어들어 정치적 권력을 장악하며 이를 통해 사회 발전을 압축하고 가속한다는 것이다.

　레닌이 이런 연속혁명론은 19세기 말, 중국과 한국 같은 아직 자본주의화 하지 않은 이행기 반봉건 사회에서 사회주의 혁명에도 적용됐다. 마오쩌둥의 농촌에서 도시로라는 테제, 항일 통일전선론은 모두 이런 레닌의 연속혁명론에 기초하여 역사의 발전을 압축 가속하기 위한 것이라 할 수 있다.

　앞에서 보았듯이 역사 속에서 계급투쟁과 단계를 인정하더라도, 사상과 의식의 역할이 인정된다. 또한 인민대중의 의지를 통해 역사의 압축과 가속화가 가능하다. 이를 간단하게 집약한다면 역사 속에서 인간의 능동성이라 볼 수 있다.

　결국 오랜 세월을 돌아오면서 초기 『경제학 철학 수고』에서 제시된 자연 개조의 상호작용이 회복되었다. 마르크스의 역사법칙은 생산력과 생산관계, 물질적 토대와 상부구조 사이 상호작용의 관계 또는 토대와 반작용의 관계로 확정되었다. 이를 통해 생물의 발전법칙과 달리 역사의 발전법칙이 지닌 고유성이 드러났다. 마르크스의 역사법칙에 관한 논쟁을 통해 변증법이 역사의 고유한 발전법칙을 이해하는 데 결정적으로 중요하다는 것도 확인됐다.

# 6절 주체 사관

## 1) 마르크스 역사관의 발전

지금까지 변증법의 의미에 관해 설명했다. 마지막으로 변증법에 관한 마르크스와 주체 사상의 차이를 설명해 보자.

앞에서 변증법은 의식적 존재의 발생과 역사의 발전법칙의 고유성을 설명한다고 했다. 주체 사상도 마르크스 철학과 마찬가지로 유물론을 택하고 이런 유물론의 가능성을 변증법을 통해 확보하려 한다. 주체 사상 역시 생물의 층위로부터 의식적 존재인 인간이 발생하는 과정을 모순, 순환, 상호작용으로 설명한다.

역사 법칙의 고유성에 관해서, 주체 사상은 변증법이 주장하는 자연 법칙의 경향성을 수용한다. 이런 경향성의 결과 역사는 자연과 인간, 생산력과 사상과 의지가 상호작용한다. 주체 사상은 인간의 능동성을 사상과 의지의 적극적인 역할이라고 말한다.

이렇게 능동성을 인정한 가운데서도 역사관 속에 두 가지 차이점이 눈에 띈다. 주체 사관은 마르크스 역사관과 달리 다음과 같은 두 가지 점을 특별하게 강조한다. 하나는 역사법칙의 표현을 목적론적인 표현으로 바꾼 것이다. 또 하나는 역사는 자주성의 실현이라고 주장한다.

### 2) 인과론과 목적론

주체 사관은 역사는 자주성의 실현이라고 주장한다. 우선 이 표현부터 검토해 보자. 이런 표현은 얼핏 보면 역사는 계급투쟁이라는 마르크스의 표현과 차이가 있는 것으로 보인다. 계급투쟁이란 말에는 인과적 질서가 강조된다. 생산력이 생산관계를, 경제적 토대가 다시 상부구조를 결정한다. 반면 자주성의 실현이라는 말은 어떤 목적이 현실에 실현되는 것이니, 목적론적이다. 그런 목적론적 표현은 '역사는 자유의 실현'이라는 헤겔의 표현과 유사하다. 그 때문에 주체 사관은 마르크스의 역사관으로부터 이탈이 아닌가 하는 논란도 벌어졌다.

이 문제는 의외로 간단하게 풀린다. 계급투쟁이라는 말은 일정한 시대 어떤 사회를 횡단하여 보는 공시적[共時: synchrony] 설명이다. 한 사회를 수직적으로 잘라보면 생산력과 생산관계, 토대와 상부구조의 수준을 발견한다. 마르크스 역사법칙은 그것들 사이의 인과적인 관계를 규정한다.

반면 자주성의 실현이란 시대를 종단하여 통시적[通時的: diachrony]으로 설명하는 것이다. 역사는 노예제, 봉건제, 자본주의를 거쳐 가면서 인민대중의 자주성이 더 풍부하게 실현됐다. 즉 역사는 자주성의 측면에서 목적론적으로 진보해왔다.

이 두 측면은 같은 역사를 서로 다른 관점에서 표현하는 것이다. 그러기에 역사의 계급투쟁을 강조한 마르크스도 역사는 인간(계급) 해방의 역사임을 강조했다. 또한 주체 사관도 계급투쟁을 간과하지 않는다. 이는 북쪽에서 나온 조선사의 연대표를 보면 알 수 있다. 조선사는 원시공동체 사회(선사), 고대 노예제 사회(고조선), 봉건제 사회(삼국에서 조선까지), 자본주의로의 이행기(1860년 이후)로 전개한다. 또 다음과 같은 구절에서도 확인할 수 있다.

> "노예제 사회에서 노예 대중은 노예소유자들의 완전소유물로, 봉건사회에서 농노들은 봉건 지주들의 불완전한 소유물로 되고....자본주의 제도하에서 임금노동자는 더욱 교활하고 파렴치한 자본주의적인 예속을 강요당하지만...."[130]

이런 구절에서 주체 사관은 계급해방의 역사를 분명하게 지적한다. 결국 표현의 차이는 설명하는 관점의 차이였을 뿐이다.

### 3) 계급해방과 민족해방

이제 자주성의 실현이라는 역사법칙의 내용을 보자. 주체 사관은 왜 마르크스처럼 계급해방이란 말을 사용하지 않고 '자주성의 실현'이라는 말을 사용했을까? 이유는 자주성이 계급해방이라는 개념보다 더 폭넓은 개념이기 때문이다. 자주성의 실현은 계급해방과 민족해방을 동시에 표현한다. 그것은 대내적으로 계급해방을 의미한다. 그것은 대외적으로 민족해방을 의미한다. 아래 구절을 보자.

> "피착취 피압박 계급이...계급투쟁을 벌이는 목적은 계급적 예속에서 벗어

---

130  태백 편집부, 『북한의 사상』, 태백, 1988, 68쪽

나 자주성을 실현하기 위한 데 있다. 피압박민족들이 ...민족해방운동을 벌이는 것도 ..자주권을 가진 민족으로서 자유롭게 살아나가기 위한 데 목적이 있다."[131]

주체 사관은 대내, 대외 두 측면을 동시에 또는 병렬적으로 표현하는데 그치지 않는다. 주체 사관은 대내적 계급투쟁과 대외적 민족투쟁이 상호 밀접하게 연관되어 있다는 사실을 표현한다. 두 가지 투쟁의 상호 관련성은 이미 마르크스주의 역사학자, 혁명가가 밝혀 왔다.

프랑스 대혁명은 유럽 신성동맹의 간섭 전쟁에 대항한 투쟁 속에서 내적으로 심화했다. 이런 과정을 통해 권력은 상층 부르주아파인 지롱드파로부터 하층 부르주아인 자코뱅으로 이행했다. 또 나폴레옹의 유럽 침략은 영국 자본가에 대항하여 프랑스 자본가가 유럽 시장을 확보하려는 노력과 연결되어 있다. 나아가 19세기 말 제국주의 침략은 국내의 모순을 식민지로 전가한다. 거꾸로 식민지 해방투쟁은 제국주의자의 권력을 해체할 것이다.

대내적인 투쟁과 대외적인 투쟁이 상호 관련되어 있다는 사실은 자본주의 시대에 그치는 것은 아니다. 양자의 상호 관련성은 고대나 중세에도 마찬가지로 적용된다. 고대국가를 보자. 이 시기 타민족에 대한 정복 전쟁은 끝이 없었다. 왜 정복 전쟁은 끝이 없었는가? 고대국가는 노예제 사회이므로 노예를 획득하기 위해서 전쟁은 그칠 수 없었다. 중세 국가(봉건제 사회)도 마찬가지였다. 봉건제에서 토지는 가장 중요한 생산수단이었다. 영주들은 더 비옥한 토지를 더 많이 장악하기 위해 수단 방법을 가리지 않

---

131 · 태백 편집부, 『북한의 사상』, 69쪽

았다. 정략혼인은 예사였고 지역 간 동맹과 전쟁은 그치지 않았다. 영주는 자주 자기를 종교의 보호자, 하나님이 대리인으로 위장했다. 하지만 그 투쟁의 진짜 목적은 토지였다.

자주성의 실현이라는 주장은 지금까지 역사 연구의 성과 전체를 반영한 것이다. 이런 연구는 대부분 주체 사관 이전에 이루어졌다. 마르크스 사관을 확장하여 계급투쟁에서 자주성의 실현으로 정식화한 것은 주체 사관이었다.

# 7절 사람을 중심으로

## 1) 역사의 주체

앞에서 설명했듯이 변증법적으로 보면 역사의 발전법칙은 능동적이다. 마르크스주의는 초기 경제결정론을 강조했으나 점차 능동성을 인정했다. 주체 사관은 이를 더욱 발전하여 역사는 자주성의 실현이라는 결론에 이르렀다.

변증법적 관점에서 역사의 발전 법칙에는 또 하나의 고유성이 존재한다. 생물의 경우 목적은 고정되어 있다. 그것은 자연적으로 태어날 때 가지고 있던 목적 즉 본능 그대로 유지한다. 인간은 자신의 목적을 실현하고, 그 실현된 목적을 토대로 새로운 목적을 형성한다. 인간의 목적은 누적적으로 심화하고 확대한다.

런 측면을 보통 주체의 자기 혁명의 과정이라 한다. 마르크스의 역사관은 주체의 자기 혁명 과정에 대하여 분명하게 언급하지 않았다. 반면 주체 사관에서 가장 핵심적인 것이 주체의 자기 혁명과정이다. 이런 점에서 주체 사관은 마르크스의 역사관이 미처 밝히지 못했던 것을 새로 밝혔다고 말할 수 있다. 이게 주체 사관의 독창성에 속한다.

주체 사관은 주체의 자기 혁명을 두 가지 측면에서 본다. 우선 역사 속에서 인간이 실현하려는 목적 즉 자주성의 내용이 시대에 따라 변화한다. 자주성의 내용만 변화하는 것이 아니다. 이 자주성을 실현하는 인간의 지위와 역할도 변화한다. 인간은 역사 속에서 자기 인식을 더욱 강화하면서 더욱 능동적으로 자신을 실현한다. 현실을 지배하는 자유의 능력은 더욱 확장하고 심화한다.

이처럼 목적도 변화하고, 지위(자기 인식)와 역할(능동성, 자유의 능력)도 변화한다. 이런 과정이 주체의 자기 혁명 과정이다. 역사의 발전과 동시에 주체도 발전한다. 역사는 이중적인 혁명을 거쳐 나간다. 하나는 현실을 개조하는 사회의 혁명이며 다른 하나는 자신을 개조하는 주체의 혁명이다. 자기가 변화하면서 세계를 변화하는 주체의 운동, 그것이 생물의 발전과 구별되는 고유한 역사의 발전이다.

역사 속에서 주체 자신도 발전하므로 역사는 직선적으로 나가는 것이 아니라 마치 가속도가 붙는 것처럼 움직여 나간다. 아인슈타인은 공간이 중력장 때문에 굽어 있다고 했다. 마찬가지로 주체 사관에서는 역사적 시간이 가속도적으로 굽어 있다고 말한다. 주체 사관이 이를 어떻게 설명하는가 보기로 하자.


## 2) 노예와 예속농

구체적으로 역사 자체를 들여다보자. 우선 노예제 시대를 보자. 노예의 경우 아직 자기 인식이 없다. 노예의 종교는 거의 부족 종교의 수준 즉 자연신(애니미즘과 토테미즘)의 수준을 벗어나지 못한다. 노예의 자기 인식이 없었으므로, 노예 반란은 즉흥적이었고, 쉽게 진압됐다. 내적으로 노예제의 한계가 고대국가가 무너지는 원인이었지만, 노예 반란으로 고대국가가 무너지지는 않았다. 고대 노예제는 외부 민족의 침입 때문에 무너졌을 뿐이다. 강대한 지중해 제국인 로마의 멸망이나 북방의 강자 고조선의 멸망을 생각해 보라. 승리한 민족은 노예제를 버리고 봉건제로 이행했다.

봉건적 예속농은 자기의 요구를 어렴풋하게나마 자각했다. 예속농의 자기 인식은 보편 종교의 형태로 출현했다. 세계 4대 종교가 모두 그 산물이다. 예속농은 중세 내내 반란을 통해 봉건 국가를 궁지에 몰아넣었다. 농민 반란은 계급투쟁이지만, 항상 종교 반란의 외피를 쓰고 있었다. 그 이유는 예속농의 인식이 어렴풋한 자각에 머물렀기 때문이다.

농민 반란은 때로 새로운 왕조를 세우기도 했지만, 그 왕조는 그 이전의 봉건제 사회를 계승했을 뿐이다. 중세 봉건제 사회가 무너진 것은 이런 농민 반란 때문이 아니다. 봉건 사회의 극복은 봉건제 사회의 주변 즉 도시에서 일어났다. 도시에서 새로운 부르주아 세력이 등장했다. 계몽적 사유가 발전하고, 자기의 이익을 지키려는 부르주아 의식이 성장하면서 마침내 혁명이 일어났다.


### 3) 이성의 간지

부르주아의 자기 인식은 자기 이익의 인식에 그친다. 부르주아는 자기 인식의 한계 때문에 그 자신은 단결된 힘을 발휘하지 못한다. 부르주아는 역사의 주인공이 되지 못한다. 부르주아는 역사의 영웅, 자기에게 봉사하는 지식인을 필요로 했다.

이 영웅, 지식인은 부르주아 외부에 출현해 부르주아를 단결시키고 역사를 전진시켰다. 부르주아적인 영웅의 대표자가 로베스피에르이며 또 나폴레옹이다. 헤겔은 '이성의 간지'라는 개념으로 이런 부르주아적 영웅의 비극을 묘사했다.

부르주아적 지식인, 영웅은 부르주아 개인과 마찬가지로 그저 자기 이익을 좇는다. 우연하게도 그의 자기 이익이 역사의 이성적 목적과 부합하면서 그는 역사의 영웅이 된다. 시대가 지나가 역사 이성이 변화하면서 지식인, 영웅의 자기 이익, 자기 인식과 충돌한다. 부르주아 지식인, 영웅은 자기의 시대가 이미 지나간 것을 모른 채 과거의 행위를 반복하다 몰락하고 만다. 로베스피에르와 나폴레옹이 그랬듯이 말이다. 그런 과정을 보면 그가 이성적 목적을 선택했다기보다, 거꾸로 역사 이성이 자기를 실현하기 위해 그를 선택했다가 다시 내버린 것처럼 보인다. 그것이 역사 이성의 교활한 간지이다.

인간이 완전한 자기 인식에 도달하는 것은 사회주의에 이르러서일 것이다. 이때 인민대중은 자신의 자주성을 자각할 것이다. 대중의 자기 인식은 자기를 단결하게 할 수 있다. 그런 단결은 자유를 실현하는 무한한 능력을 제공할 것이다. 이런 사회에 와서야 비로소 인민대중이 진정으로 역사의 주체가 된다.


### 4) 주체의 역사

이와 같은 역사의 사실을 보면 역사의 주체인 노예, 예속농, 부르주아 사이에 어떤 발전이 있다는 것을 이해할 수 있다. 앞에서 말했듯이 그들 사이에는 자주성의 내용 자체가 더욱 심화하고 확대한다. 동시에 무자각적인 노예에서 자기 이익을 자각한 부르주아까지, 역사의 주체 속에서 자기 인식이 심화한다. 또한 역사에서 주체의 힘에 관해서도 발전이 있다. 노예 반란은 역사에서 거의 무의미했다. 예속농의 농민 반란은 때로 중세 사회를 흔들기도 했지만, 사회 구조 자체를 바꾸지는 못했다. 노예와 예속농은 그저 그 사회를 흔드는 지진을 일으켰을 뿐, 역사의 주역이 되지는 못했다. 부르주아 사회에서 부르주아는 이제 역사의 주역이 됐다. 하지만 부르주아는 자기가 아니라 지식인 영웅의 지도, 지배 아래서 활약했을 뿐이다.

역사의 주체가 역사 과정에서 변화한다는 것, 주체가 변화하면서 역사도 변화한다는 것, 주체의 자기 인식과 주체의 자유의 능력도 변화한다는 것, 이런 사실은 주체 사관이 마르크스의 역사관에서 미처 밝히지 못했던 사실을 밝혀낸 것이다. 이 측면을 주체 사관에서 가장 고유한 측면이라 말할 수 있을 것이다.

역사의 변증법은 마치 영화와 같다. 영화를 생각해 보자. 영화 예술의 특징은 카메라가 움직인다는 것이다. 연극의 경우 카메라가 객석에 고정되어 있다. 영화의 경우 카메라는 들어가기도 하고 나가기도 하며, 빨리 지나가기도 하고 느리게 지나가기도 한다. 흔들리기도 하고 안정되기도 한다. 카메라의 움직임에 따라서 영화 스크린에 비치는 세상은 전혀 달라진다. 영화는 몽환적인 세계를 그리기도 하고 관객은 화면을 보면서 불안을 느끼기도 한다. 카메라를 따라 관찰자 자신이 이야기의 주인공이 되기도 한다.

역사의 운동이 곧 영화와 같다. 영화 속에 카메라가 움직이듯 역사에서도 주체가 움직인다. 주체 자신이 변화하므로, 각 시대에는 사물을 판단하는 모든 척도가 달라진다. 시공간적 느낌도 달라지고, 사람들의 관계도 달라진다. 이것이 '사람 중심의 역사관'이다.

재판정에 선 그들의 의연한 모습과 굳게 다문 입, 찌르는 눈빛이 눈에 띈다

# 8장 인간론의 재구성

## -자율성, 자발성, 자주성-

**문:** 마르크스주의는 인간을 사회적으로 규정되는, 욕망하는 존재라 봅니다. 너무 세속적 인간론이 아닐까요?

**답:** 그것이 마르크스주의의 한계입니다. 주체 사상에서 인간론을 새롭게 규정하면서 인간의 자주성을 강조합니다. 자주성이라는 개념은 역사의 목표이기도 하지만, 인간론의 차원에서도 중요합니다. 인간론 차원에서 자주성은 곧 자유의지의 한 형태입니다. 자유의지는 자율성, 자발성을 거쳐 최고 형태로 자주성에 이릅니다. 공통으로 욕망의 만족이 아니라, 행위 자체를 즐긴다는 의미입니다. 그 가운데 자율성, 자발성이 개인주의적이라면 자주성은 공동체 정신을 강조합니다.

# 1절 인간의 본성

## 1) 인간론으로

앞에서 마르크스의 유물론과 변증법, 그리고 역사관을 살펴보았다. 주체 사상은 근본적으로 변증법적 유물론적인 세계관을 토대로 한다. 주체 사상은 마르크스 사후 100여 년에 걸친 운동과 이론의 성과를 담고 있다. 주체 사상은 이를 체계화했고 이론적으로 새롭게 정식화했다. 대표적인 개념이 역사의 자주성, 주체의 자기 혁명이란 개념이다.

이제 세계관에서 마지막 문제인 인간론을 다룰 차례이다. 인간론에 들어가면 주체 사상은 많은 독창적 주장을 제시한다. 주체 사상은 가치론과 관련해 인간을 마르크스주의와 다르게 새롭게 규정한다. 마르크스주의가 가치가 사회적으로 결정되는 측면을 강조한다면, 주체 사상은 자주성의 실현이라는 측면을 강조한다. 나아가서 주체 사상은 마르크스주의에 결여된 도덕론을 새롭게 개척했다. 자주성 개념은 도덕론에서도 등장한다. 이와 연관해서 등장하는 심성(품성) 등의 말들은 그 이전 마르크스주의 문헌에서 발견하기 힘든 단어들이었다.

이상 간단하게 소개한 주체 인간론을 구체적으로 살펴보자. 이를 이해하기 위해서는 먼저 인간론을 다루는 논의의 틀을 이해해야 한다. 인간론이 논의되는 틀을 이해하지 못하면 사용된 범주를 혼동하면서 올바르게 이해하지 못하게 된다.

### 2) 가치론과 심성론

인간을 보는 개념 틀에서 핵심은 이론적 인식의 차원과 실천적 의지의 차원을 구분하는 것이다. 인식의 차원은 세계나 사회에 관한 객관적 인식에서 출발한다. 인식의 차원은 가치의 영역도 포함한다. 가치의 영역이란 곧 어떤 것이 바람직한가[desireable] 또는 가치[value: 도덕적 가치] 있는가를 다룬다. 가치는 개인의 수용 여부와 상관없이 객관적으로 판단된다. 이것을 가치론 또는 윤리학[moral theory][132]이라 규정한다.

실천의 차원은 인간이 가치 있는 것을 선택하고 실행하는 힘을 말한다. 여기에는 주관이 개입한다. 아무리 가치 있는 것이라도 내가 선택하고 실행하지 않으면 그만이다. 사람은 이상하게도 자기가 보기에도 무가치한 것을 자주 선택하고 실행하기도 한다. 선택과 실행에는 주관이 개입한다. 주관이 개입하는 정도에 따라서 욕망의 힘에서 시작하여 감정을 거쳐 자유의지로 끝나는 일련의 실천 개념이 출현한다. 실천을 다루는 영역이 도

---

132　'moral'은 라틴어 'mos'에서 나온다. 'mos'는 관습을 의미한다. 'ethics'는 그리스어 'ethos'에서 나온다. 'ethos'란 태도를 의미한다. 전자는 이론적 가치론에 해당하고 후자는 실천론, 도덕론에 해당된다.

덕론[또는 심성론: ethics]이다.

### 3) 계몽주의와 낭만주의

인간을 인식과 실천, 이렇게 두 차원으로 나누는 것에 익숙하지 않은 사람도 많을 것이다. 그러면 이런 문제를 생각해 보자. 가치 있다고 판단하면서도, 선택하거나 실행하지 않는 경우가 있느냐? 쉽게 말해 좋은 것인데도, 갖고 싶어 하지 않을 수 있는가?

서양철학에는 계몽주의 전통이 있다. 소크라테스부터 시작한다. 이 전통은 사람들이 가치 있다고 생각하면 누구나 그것을 선택하고 실행한다고 믿는다. 간단히 말해서 지행일치, 지덕일치의 사상이다. 계몽주의는 사회주의 운동에서도 등장했다. 그게 '브나로드(인민으로) 운동'이다. 그것은 대중에게 무엇이 가치 있는 것인지를 가르치려 했다. 가르치기만 하면 대중은 저절로 불의와 착취에 대항해 투쟁한다는 것이다.

계몽주의와 달리 두 차원이 다르다는 것은 여러 증거를 가지고 입증할 수 있다. 가장 대표적인 경우가 햄릿일 것이다. 햄릿은 그가 해야 할 바(가치 있는 것, 옳은 것)를 알고 있었다. 그러나 결정적인 순간에 이르면 그는 그것을 실행하지 못하고 만다. 또한 사악한 인간을 보라. 그는 자주 악한 것인 줄을 알면서도 그것을 추구하려 한다. 멀리 예를 들 것도 없이 우리나라 일베를 보면 쉽게 이해될 것이다.

이런 예를 들지 않더라도 많은 사람이 가치 있는 것과 그것을 선택하거나 실행하는 것이 다르다는 점에 동의할 것이다. 자기가 가치 있다고 생각하는 것을 실행하지 못한 경험이 있기 때문이다. 그 때문에 철학에서는 가치론, 윤리학 외에 따로 도덕론과 심성(품성)[133]론이 전개됐다.

심성론은 서양철학의 경우 낭만주의 계열의 철학이 주로 다루어 왔다. 낭만주의는 일찍부터 사악한 종교인, 아름다움에 미친 예술가, 우울한 몽상가, 정념에 빠진 사랑 등을 다루면서 인간의 욕망, 감정, 의지를 문제 삼았다. 동양 철학의 경우는 같은 유교라도 성리학은 계몽적이다. 반면 양명학은 낭만적이다.

---

133  도덕론은 실천 의지를 어떻게 기르는가 하는 교육론이다. 심성론은 마음의 구조를 사실적으로 다룬다. 하지만 교육론은 심성의 구조를 전제하고, 심성론도 사실 객관적이라기보다 도덕론에서 나오는 경우가 많다. 품성론은 인간의 가치를 도덕의 수준에 따라 평가하는 것이다.

## 2절 마르크스의 인간론

### 1) 욕망의 평가

가치론과 심성론 두 영역 가운데 먼저 무엇이 가치 있는가를 따지는 가치론으로 들어가 보자. 마르크스의 인간론 특히 가치론은 욕망 개념으로부터 시작한다. 그런 점에서 마르크스 인간론은 대체로 아리스토텔레스와 쾌락주의의 전통에 따른다.

인간은 다양한 욕망이 있다. 욕망을 충족시키는 방식도 다양하다. 욕망은 자연적 사실이다. 자연적 욕망이 그 자체로 가치 있는 것은 아니다. 욕망 가운데 가치 있는 것과 아닌 것을 구별할 필요가 있다. 그 구별의 기준이 문제가 된다.

그 기준을 가지고, 여러 학파가 나누어졌다. 아리스토텔레스는 욕망을 인간의 본질적 기능을 실현하는 정도에 따라 평가한다. 술도 적당히 마시면 몸에 이롭다. 그러니 선이다. 어떤 욕망이든 적당하게 추구하는 것 즉 중용이 선이다. 쾌락주의자들은 욕망 충족의 결과로 나타나는 쾌락을 가지고 가치를 평가했다. 질적으로 양적으로 어느 욕망이 얼마나 더 많은 쾌락을 주느냐가 선악 판단 기준이 된다. 이 논쟁에서 19세기 후반에 이르러 공리주의자가 승리했다. 공리주의에서는 최대 쾌락, 즉 더 많은 사람에게 쾌락을 주는 것이 선이다.

### 2) 마르크스의 인간론

마르크스의 인간론은 아리스토텔레스나 쾌락주의와 마찬가지로 자연적인 욕망으로부터 시작한다. 그러면서도 그들과 구별된다. 마르크스는 욕망론의 핵심은 욕망이 사회 계급적으로 결정된다는 주장이다. 인간론에 관한 대표적인 저서인 『독일 이데올로기』에 그는 포이어바흐를 비판하면서 이렇게 말한다.

> "하지만 그가 인간을 감성적 활동으로서가 아니라 단지 감성적 대상으로서만 파악하고 있다는 점은 차치하고서라도 여기서도 역시 이론에 머물러서 인간을 그에게 소여된 사회적 연관 속에서 또 현재의 모습대로 만들어낸 눈앞의 생활 조건 속에서 파악하지 않았기 때문에, 그는 결코 현실적으로 실존하고 활동하는 인간에 도달하지 못하고 인간이라는 추상물에 머물러서 현실적 개별적 육체적 인간을 다만 감각 속에서만 인정하는 데 그쳤다."[134]

여기서 언급되는 감각이란 지각의 한 방식, 오감에 의한 인식을 말하기보다 인간을 지배하는 감각적, 물질적 욕망을 지시하는 것이다. 그는 포이어바흐가 개인의 욕망을 긍정했지만, 이를 자연적으로만 이해했다고 비판

---

134　마르크스, 『독일 이데올로기』, 김대웅 역, 두레, 2015, 90쪽

한다. 개인의 욕망조차 '사회적 연관' 속에서 파악해야 한다는 것이다. 이러한 근거에서 그는 마침내 인간은 '사회적 관계의 총체'라고 규정했다.

욕망은 왜 사회적인가? 그것은 우선 욕망의 종류나 그 충족 방식이 사회적으로 결정된다는 의미이다. 부르주아의 욕망과 프롤레타리아의 욕망이 서로 다르고, 과거 귀족의 욕망이 오늘날 시민의 욕망과 다르다. 사회적 욕망론은 삶과 문화 및 예술을 분석하는데 적절했다. 실제 인간을 이해하려면 그가 처한 개인적인 환경, 나아가서 사회 계급적인 처지를 살펴보아야 한다.

욕망의 사회성이란 주장에는 더 중요한 내용이 들어 있다. 즉 인간은 다양한 욕망이 있는데, 그 가운데 계급적인 요구가 가장 중요하고 근본적이라는 내용이다. 계급적 요구란 곧 생산수단을 장악하고 유지하려는 욕망 즉 계급투쟁의 정치적 요구이다. 다른 모든 욕망은 이런 계급적, 정치적 요구의 실현에 종속하며, 그 영향을 받는다. 인간의 욕망이 사회적인 것도 그 결과라 할 수 있다.

욕망 사이의 종속 관계는 객관적인 의존 관계이다. 이것은 자유로운 선택의 문제가 아니다. 그것이 더 가치 있다는 주장이 아니다. 계급적 정치적 요구는 모든 인간을 이미 사실적으로 규정하고 있다. 계급적, 정치적 요구와 다른 욕망 사이의 관계는 인과 관계로 간주한다.


### 3) 마르크스의 가치론

마르크스의 욕망론은 인과적 결정 관계에 속한다. 그 때문에 일찍부터 마르크의 인간론에서는 자유의지가 개입하지 못하니, 가치론도 성립할 수 없다고 한다. 객관적인 사실에 가치를 따질 수 없기 때문이다. 그러나 마르크스의 사회적 욕망론 속에서도 일정한 정도 선택이 가능하므로 가치

판단이 가능하다. 마르크스 인간론에서 가치판단은 다음 두 가지에 한정된다고 볼 수 있다.

우선 계급적 정치적 요구는 인간의 욕망을 인과적으로 결정한다. 그래도 일시적으로 이탈하는 것은 가능하다. 사회적 욕망은 사회 계급적 처지가 무의식적으로, 장기적으로 영향을 미친다는 뜻이다. 표면적으로 단기적으로 본다면 인간은 주관적 자의에 따라서 다양한 욕망을 선택할 수도 있다. 그만큼 이를 선택하거나 거부할 자유가 있다.

하지만 이런 선택과 자유는 무의미하다. 계급적인 정치적 요구는 필연적인 것이다. 필연을 수용하는 것은 현실적이다. 반면 필연을 거부하는 것은 일시적 이탈에 불과하고, 공상에 그친다. 유사한 선택이 진리의 인식에도 생겨난다. 사실을 객관적으로 판단하는 것은 주관의 선택이다. 이때 진리가 발생한다. 진리를 선택하는 것은 현실적이지만 이때 선택의 자유는 무의미하다. 마찬가지로 사회적 필연을 선택하는 것은 자유이지만 무의미하다. 이런 자유가 무의미하므로, 가치를 따질 수 없다. 불가피한 것은 가치 판단의 밖에 있다.

모든 욕망이 사회적으로, 계급적 정치적 요구에 따라 결정되는 것은 아니다. 사회성이 미약한 욕망도 있다. 노동자라도 커피 대신 홍차를 마실 수 있고 이 집 대신 저 집으로 전세를 바꿀 수는 있다. 여기서 자유의 가능성이 성립한다. 다만 이런 자유는 제한적이다. 그러므로 여기서 생겨나는 가치판단 역시 제한적일 뿐이다. 커피보다 홍차가 그에게 더 가치가 있을 수 있다. 하지만 그런 가치는 매우 제한된 의미가 있을 뿐이다.

마르크스의 사회적 결정론은 인간의 자유와 가치 선택을 박탈하는 것은 아니지만, 그 의미를 매우 제한해 버린다. 그것은 사회성이 약한 욕망의 경우에나 가능한 것이다. 사회성이 강한 욕망에 관한 한 자유와 가치는 있더라도 무의미다.

　결론적으로 마르크스의 전체 철학에서 인간론 가운데 가치론은 발달하지 않았다. 마르크스 철학은 불가피한 것을 선택하라고 요구할 뿐이다. 공상이 아니라 과학에 따라 사는 것이 마르크주의의 인간론이다.

# 3절 마르크스 인간론의 재구성

## 1) 마르크스를 위한 변명

마르크스의 인간론은 사회적 결정론에 그치는 것일까? 마르크스가 욕망의 사회적 결정론을 강조한 것은 맞다. 그런 강조는 마르크스가 투쟁해야 했던 기존의 철학(종교, 문화) 때문에 생긴 편향이다.

기존의 철학, 종교, 문화는 인간에게 보편적인 가치가 있다고 주장했다. 그 보편적 가치는 역사를 넘어서 어느 시대나, 어느 사회에서나 인간이 추구하는 것이다. 그것은 아리스토텔레스처럼 이성적인 삶이 될 수도 있고 때로는 공리주의자처럼 최대 다수의 최대 쾌락일 수도 있다. 어느 것이든 역사를 넘어선 보편적인 것, 인간이 선택해야 하는 당위적인 가치이다. 마르크스는 이런 기존의 철학과 싸우다 보니 주로 사회적 결정론을 강조했다고 할 수 있다.

마르크스의 원전을 읽다 보면 그가 의외로 인간에 관해서, 인간의 자유나 가치의 문제에 대해 많은 단서를 남겼다는 것을 알 수 있다. 이런 단서는 그가 직접 언급했다기보다는 오히려 그의 역사철학 속에 내포된 것이다. 만일 마르크스가 남긴 이런 단서들을 재구성한다면 전혀 다른 마르크스의 인간론이 등장하지 않을까 한다.

## 2) 역사철학과 인간론

다시 마르크스의 역사철학으로 돌아가 보자. 그의 역사론은 한편으로 횡적인 결정 관계이다. 이것은 한 사회에서 생산력, 생산관계와 토대, 상부구조 사이의 결정 관계이다. 다른 한편으로 그의 역사론은 종적인 역사를 포함한다. 노예제, 봉건제, 자본주의 등으로 역사는 발전하면서 인간은 더욱 자유롭게 된다.

이 가운데 종적인 해방의 역사 속에서 마르크스의 가치론은 새롭게 재구성될 수 있다. 역사를 종적으로 본다면 선택의 범위를 더 넓힐 수 있기 때문이다. 특히 한 사회가 이행기에 처해 있을 때가 그렇다. 어느 시대나 역사는 이행기이니 굳이 이행기에 제한할 이유는 없다. 그래도 결정적인 이행기라면 선택의 허용 범위는 더욱 확장한다. 왜냐하면 이행기에서는 구시대의 필연과 새시대의 필연이 충돌하기 때문이다.

예를 들어 부르주아와 프롤레타리아가 대립하는 시대나, 제국주의 세력과 민족해방 세력이 대결하는 시대가 그렇다. 이런 시대 각 계급, 세력의 계급적 정치적 요구가 대립하니, 인간은 대립하는 요구 가운데 어떤 것을 선택할 자유를 갖게 된다. 계급적, 정치적 요구라는 가장 근본적이고 중요한 욕망 가운데서도 자유로운 선택이 가능한 것이다. 이미 앞에서 말했듯이 마르크스주의가 발전하면서 역사 속에서 인간에게는 능동적 역할, 사상과 의지의 역할을 더욱 강조하게 됐다.

이행기에 더 넓은 범위에서 자유로운 선택이 허용되며 또 인간의 능동적 역할도 발전한다. 이런 관점에서 마르크스의 가치론은 새롭게 규정될 수 있다. 구시대의 필연보다 새시대의 필연이 더 가치 있는 것이 된다. 왜냐하면 새로운 시대의 필연 즉 새로운 계급적 정치적 요구는 더 많은 인간을 더욱 철저하게 해방하기 때문이다. 즉 계급적 정치적 요구 가운데 인간 해방의 실현에 더욱 가까이 다가가는 것이 더 가치 있는 것이다. 가장 가치 있는 것은 곧 인간 해방이다.

유감스럽게도 마르크스는 기존의 관념론 철학과 싸우는 가운데 사회적 결정론을 주로 강조했다. 그러나 그는 역사 철학 속에서 새로운 인간론, 가치론에 관한 풍부한 단서를 남겼다.


### 3)『경제학 철학 수고』의 인간론

주체 사상의 인간론, 가치론으로 들어가기 전에, 마르크스의 저서 가운데 독특한 저서 하나를 소개해야 하겠다. 앞에서 말했듯이 마르크스의 인간론을 역사 철학 속에서 재구성하려 한다면, 마르크스의 초기 저서 즉 『경제학 철학 수고』라는 저서가 다시 주목된다.

이 수고는 마르크스가 1844년 지은 초기 저서이고 출판되지 않은 책이다. 이 책은 수고로 남아 있다가 그의 사후에 발견되어 1932년 발간됐다. 일부 마르크스주의자(프랑스 공산당의 이론가 알뛰쎄)는 이 저서를 아직 헤겔의 영향에서 벗어나지 못한 수준으로 간주한다. 반면 자유주의적인 마르크스주의자(루카치, 프랑크푸르트 학파)는 이 저서에 담긴 마르크스의 인간론에 주목한다. 그들은 이 저서에서 발견되는 단서를 통해 마르크스의 인간론에서 자유와 가치의 가능성을 보여주었다.

인간론과 관련해서 이 저서에서 발견되는 몇 구절을 이제 검토해 보자.

무엇보다도 소위 '유적[類的] 존재'라는 개념에 관한 구절이다. 약간 길지만, 거의 모두를 인용해 보자.

"인간은 유적 존재이다. 그것은 인간이 실천에서나 이론에서나 유 즉 자기 자신의 유뿐만 아니라 사물의 유를 그의 대상으로 삼기 때문이다...그뿐만 아니라 인간이 자기 자신을 현재 활동하는 유로 간주하기 때문이며, 자기 자신을 보편적이며 바로 그래서 자유로운 존재로 간주하기 때문이다."[135]

"그러나 생산적 생활이란 곧 유적 생활이다. 그것은 생명을 산출하는 생활이다. 종의 전체적 성격, 곧 종의 유적 성격은 생명 활동의 행위이다. 자유로운 의식을 갖고 있는 활동은 인간의 유로서의 성격이다."[136]

"인간은 의식적인 생명 활동을 갖고 있다. 인간이 직접 휩쓸려 들어가는 피규정성은 존재하지 않는다. 의식적 생명 활동은 인간의 동물적인 생명활동으로부터 직접 구별한다. 바로 이러한 구별에 의해서만 인간은 유적 존재로서 존재한다...대상 세계를 실천적으로 산출하는 것, 즉 비유기적 자연을 개조하는 것은 바로 인간이 의식적인 유적 존재를 확증하는 행위이다."[137]

"동물은 자기 자신을 생산한다. 반면 인간은 전체 자연을 재생산한다. 동물의 산물은 그의 물리적 신체에 직접 속하지만, 인간은 그의 산물을 자유롭게 마주 대한다. 동물은 그가 속한 종의 욕구나 그 척도에 따라 형성하지만, 인간

---

135  마르크스, 『경제학 철학 수고』, 김태경 역, 이론과 실천, 1987, 60쪽. 역자의 번역을 필요한 경우 필자가 변경했다.

136  마르크스, 『경제학 철학 수고』, 61쪽

137  마르크스, 『경제학 철학 수고』, 61쪽

은 모든 종의 척도에 따라서 생산할 줄 알며 더 나아가서 내재적 척도를 대상에 맞출 줄 안다. 인간은 미의 법칙에 따라 형성한다."[138]

## 4) 유적 생산

말이 상당히 어렵다. 헤겔 철학의 흔적이라 해도 과언은 아니다. 요약하면 이런 뜻이다. 인간은 생산(노동)한다. 생산은 자연에 대해 능동적이다. 생산하는 가운데 자기의 목적을 자연 속에 집어넣는다. 그것은 대상을 파괴하는 것이 아니라 대상을 가공한다. 이는 달리 말하자면 대상 자체의 감추어진 목적(사물의 유, 종의 척도, 내재적 척도)이 드러나게 하는 것이다. 즉 '미의 법칙' 따른 생산이다. 따라서 인간은 '사물의 유'를 위해 생산한다고 말해진다.

대상을 대상의 법칙에 따라 가공하므로, 대상은 파괴되지 않는다. 오히려 대상은 그 자신을 드러낸다. 마치 미켈란젤로가 자기는 돌 속에 숨어 있는 형상을 드러낼 뿐이라고 한 말과 같다. 대상이 자기를 보존하므로, 인간은 자기를 실현한 대상 속에서 자기를 눈으로 보니 그의 생산활동은 의식적(자기의식)이다.

나아가 마르크스는 인간은 '자기의 유'를 위해 활동한다고 말한다. 그것은 무엇을 의미하는 것일까? 인간은 혼자서 생산하는 것이 아니다. 타인가 협력해서 생산한다. 협력의 방식은 곧 협업 또는 분업이다. 인간은 자기를 위해 생산하는 것이 아니라 타인을 위해 또는 사회를 위해 생산한다. 각자는 자기가 생산한 것을 타자에게 양도하며 자기는 타자가 생산한 것을 통해 욕망을 충족한다. 이런 분업 또는 협업적 생산은 사회 전체의 생

---

138 마르크스, 『경제학 철학 수고』, 62쪽

산을 확대한다. 이런 타자를 위한, 사회를 위한 생산활동, 사회적 생산 속에서 개인의 활동은 사회 전체의 활동('보편적 존재')이며, 사회의 활동은 곧 개인을 매개로 한 활동이다. 마르크스는 이를 '자기 자신의 유'를 위한 활동, '유적 생산'이라 한다.

인간의 생산활동은 한편으로 자연의 내재적 목적을 드러내며 다른 한편으로 사회를 위해 생산한다. 개체적 활동은 그 자체가 유 즉 자연 전체와 사회 전체의 활동이다. 즉 개체의 활동은 보편적 존재인 유의 활동이라는 것이다. 이런 점에서 마르크스는 인간을 '활동하는 유'라고 규정한다.

마르크스는 인간의 유적 생산을 자유의 개념과 연결한다. 즉 유적 생산을 통해 인간은 자유를 얻는다고 한다. 즉 인간은 '자유로운 존재'이다. '자유'란 여기서 선택과 실행의 자유를 의미하기보다 자기를 실현한다는 의미에서 자유이다. 즉 자유는 실제 욕망의 충족을 통해 궁핍과 고통에서 벗어나는 행복과 쾌락의 느낌이다. 인간은 혼자서 자신이 필요한 것을 생산하는 경우에는 자신의 자연적 욕망조차 충족시킬 수 없다. 이 경우 인간은 불만과 불행 속에 있으며 자유의 느낌은 존재하지 않는다. 인간의 역사적으로 발전하는 다양한 욕망은 항상 사회적 생산, 유적 생산을 통해서만 충족될 수 있으니 자유는 사회적 생산을 통해 획득된다. 이때 비로소 인간은 행복과 쾌락 속에서 자신을 실현하는 자유를 만끽한다.


## 5) 인간의 소외

사회적 생산은 역사적으로 발전한다. 단순한 협업에서 사회 전체의 분업으로, 시장 교환으로 마침내 사회의 계획적인 생산으로 발전한다. 이 과정에서 인간은 자연의 내재적 목적을 더욱더 실현하며, 사회적 생산이 더욱더 확장한다. 이를 통해 인간의 자유도 더욱 확장한다.

역사의 과정은 그저 직선적으로 발전하는 과정이 아니다. 거기에는 인간의 소외가 있고 그것을 극복하는 과정이 있다. 인류사의 초기에 단순한 형태로 출현한 사회적 생산 속에서 인간은 소외된다. 소수에 의한 억압과 착취가 일어나기 때문이다. 소외를 극복하고 사회적 생산이 더욱 확대하고 발달한다. 이런 과정은 역사 속에서 점차 발전해 왔다.

인간 소외가 가장 철저하게 일어난 최종 국면이 자본주의 사회이다. 이 자본주의 사회에서 사회적 생산은 철저하게 왜곡된다. 여기서는 사회적 생산이 본격적으로 출현했으나, 이 심화하고 확장된 사회적 생산은 자본가의 사적인 소유 때문에 왜곡된다. 그 결과 사회적 생산은 사회 전체의 욕망을 충족하기 위한 것이 아니라 자본가가 자신이 지닌 자본의 증대를 위해 이용된다. 자본주의적 생산에서 노동자는 사회적 생산을 통해 오직 자신의 노동력의 교환가치 즉 임금만을 되돌려 받는다. 사회적 생산이 교환가치의 생산으로, 노동자의 사회적 욕망은 단순한 생존의 욕망으로 전락한다. 자본주의를 통해 자유가 실현될 문턱 앞에 다가왔지만, 오히려 대다수 노동자는 자유를 느끼지 못한다. 이것이 인간의 소외, 역사 속에서 가장 철저한 소외이다.

> ""소외된 노동은 인간에게 있어서 유적인 생활을 개인적 생활의 수단으로 만든다. …왜냐하면 첫째로 노동, 생명 활동, 생산적 생활 자체는 인간에게 오로지 욕망 곧 신체적 생존의 보존이라는 욕망을 충족시키기 위한 수단으로서만 나타나기 때문이다." [139]

소외의 극복은 인간의 착취와 억압의 극복을 의미한다. 이것은 사회적

---

139 · 마르크스, 『경제학 철학 수고』, 61쪽

생산 자체의 본래적 능력을 회복하는 것이다. 인간은 생존을 위해 노동하는 데서 다시 자연과 사회를 위해 생산하는 존재로 전환한다. 소외의 극복이라는 관점은 자유의 또 하나의 의미와 연관된다. 그 의미는 억압과 착취로부터의 해방이라는 의미이다. 이것은 단순히 외적 강제로부터 벗어나는 것이 아니라 유적인 생산의 본래적 의미를 회복하고 자유를 획득하는 것이니 해방은 곧 자유의 실현이다.

안타깝게도 마르크스가『경제학 철학 수고』에서 전개한 이런 사회적 생산과 자유의 관계는 망각됐다. 망각된 이유가 무엇일까? 그는 1846~7년『독일 이데올로기』이후 역사를 주로 횡적인 측면에서 설명했다. 관념론과의 투쟁에 몰두했기 때문이다. 그 결과 역사의 종적인 측면에서 가능한 사회적 생산의 발전, 자유의 증대가 간과되어 버렸다. 이런 관점은 100년 이후 다시 주체 사상에서 부활하게 된다. 그런 부활은 주체 사관이 역사를 종적인 측면에서 파악한 것과 상관된다고 본다.


## 6) 활동하는 유

마르크스의『경제학 철학 수고』는 망각됐다. 그 뿐만 아니라 '활동하는 유', '유적 존재'라는 개념 속에 잠재된 의미도 더는 탐구되지 않았다. 이런 잠재된 의미 가운데 하나가 자유롭게 선택하고 실행하는 의지로서 자유의지의 개념이다.

'활동하는 유'라는 개념을 다시 생각해 보자. '활동하는 유'라는 개념은 단순히 개체의 활동이 유(자연, 사회)를 위한 활동이라는 사실만 말하지 않는다. '활동하는 유'라는 개념에는 그 이상의 의미가 들어 있다. 개인이 유를 위해 활동하려면 개인 속에는 그 가능성이 전제되어 있어야 한다. 개인이 오직 자기의 욕망, 본능에 따라 행동한다면 그는 유를 위해 일할 능력이 없다. 동물이 그렇듯이 그는 자기의 생존만을 도모할 뿐이다.

그러므로 인간이 '활동하는 유'가 되려면 이미 그에게 욕망을 억제하고 유, 보편적인 것, 자연과 사회의 전체를 위해 활동하는 능력이 존재해야 한다. 그 능력이 무엇인가? 바로 가치 있는 것(앞에서 유적인 생산이 가치 있는 것이라고 말했다)을 선택하고 실행하는 능력, 곧 자유의지이다. 활동하는 유라는 개념은 인간이 자유로운 의지, 순수 의지를 가진 존재라는 것을 전제로 한다. 칸트는 "네가 해야(müssen) 하므로 할 수(können) 있다"고 말했다. 마찬가지이다. 인간은 사회적 생산을 통해 살아가야 한다. 그러므로 사회적 생산을 할 능력을 가진다. 그 능력이 곧 자유의지이다.

자유의지라는 함축된 의미는 유감스럽게도 더 발전되지 못했다. 자유의지의 개념은 주체 사상에서 자주성의 실천적 의미로 다시 부활한다.

# 4절 주체의 인간론

## 1) 사람이란?

마르크스의 인간론은 주로 사회적으로 결정되는 욕망 개념으로 이해됐다. 이런 인간론에서 가치론은 무의미하게 된다. 새로운 인간론을 위한 풍부한 단서가 그의 역사철학에서 그리고 그의 초기 수고에서 등장하지만, 이는 무시됐다. 이제 주체 사상의 인간론, 가치론을 보자.

우선 용어를 정리해 보자. 주체 사상에서는 인간을 굳이 사람이라 표현한다. 여기에 신비한 의미는 없다. 일상어에서 인간이라 표현하거나 사람이라 표현할 때 묘한 뉘앙스의 차이가 있다. 예를 들어 "그 사람, 참 좋은 사람이지!"라고 표현하면 자연스럽다. 하지만 "그 인간, 참 좋은 인간이지!"하면 왠지 어색하다. 항상 그런 것만은 아니다. "사람이 하늘이다", "인간이 하늘이다", 두 표현을 비교해 보아도 아무 차이를 느끼지 못한다. 이 글에서는 사람 대신 인간이라는 말을 주로 사용하고자 한다. 때로 사람이라는 표현이 자연스러울 때는 사람이란 표현을 사용하겠다.

그럼 주체 사상의 인간론을 보자. 주체 사상은 인간의 특성을 세 가지로 나눈다. 의식성, 창조성, 자주성이다. 많은 사람은 이 세 가지가 독립적 특성이라 생각한다. 오히려 세 가지 특성은 인간의 일반적 특성을 서로 다른 차원에서 서술한 것에 지나지 않는다.

사람은 자신의 자주성을 의식(자각)할 때도 있고, 의식하지 못할 때도 있다. 예를 들어 노예는 분명 자주적 인간이지만, 이를 자각하지 못한다. 전혀 없는 것은 아니다. 노예에게 자주성은 무의식적 차원인 자연신앙의 방식으로 나타난다. 창조성은 자주성을 자연과 사회 속에서 실현하는 방식을 의미한다. 인간은 세계나 사회를 새롭게 창조한다. 자연은 노동을 통해 새롭게 되고 사회는 혁명을 통해 새로운 사회로 된다. 과거의 자연과 사회는 새롭게 태어나니 이 과정이 곧 창조의 과정이다.


2) 의식성과 창조성

요약하자면 의식성이나 창조성은 자주성의 인식, 그 실현과 관련되니, 내용적 측면에서 본다면 핵심은 자주성이다.

인간의 특성 가운데 의식성이나 창조성은 이미 그동안 철학사의 발전에서 충분히 밝혀진 내용이다. 인간이 의식적 존재라는 것을 부정하는 철학은 아마 영미 행동주의 심리학 정도일 것이다. 문제는 의식이 무엇인가 하는 문제이다. 이 문제에 관해 서양철학사에서는 헤겔, 마르크스의 입장과 현상학, 실존 철학의 입장이 구분된다. 후자는 의식의 핵심을 지향성(소위 '의식=서치라이트' 이론)에 있다고 본다. 반면 전자는 의식의 핵심은 자각 또는 자기의식에서 찾는다. 여기서 상세한 논의는 생략하도록 하자. 주체 사상이 보는 의식의 핵심적 특징은 분명하게 제시되지 않았지만, 아무래도 헤겔, 마르크스의 입장을 따른 것으로 보지 않을 수 없다. 즉 자각, 자기의식이 곧 의식의 본질이다.

창조성이라는 특성도 철학에서 오래 논의됐다. 창조성의 핵심이 어디에 있는가도 논란거리이다. 칸트는 인간 창조성은 미적인 반성 능력에 있다고 본다. 자유로운 상상력이 그것이다. 반면 헤겔, 마르크스는 노동 개념을 통해 인간의 창조성을 설명한다. 노동 개념은 자연의 필연성을 극복하여 자연을 인간의 목적에 맞게 변화하는 과정이다. 인간은 자연 필연성의 저항을 도구의 힘을 통해 극복한다. 이 문제에 대해서도 상세한 논의는 생략한다. 주체 사상 역시 헤겔, 마르크스의 입장 즉 노동(가공, 개조, 혁명 등 여러 표현으로 변형된다)이 창조적 과정이라고 볼 것이다.

### 3) 자주성

인간론에 관해 주체 사상과 마르크스 철학 사이에 차이가 있다면 자주성 개념에서 발견된다. 주체 사상의 독창성은 인간론에서 발견되고 그 가운데서도 가장 핵심은 자주성 개념에 있다. 그렇다면 자주성이란 무엇인가? 자주성은 가치론 측면과 실천론의 측면에서 설명할 수 있다. 실천론에서 자주성이란 다음에 설명하기로 하고 우선 가치론의 측면에서 자주성 개념을 보자.

가치론의 측면에서 자주성은 자기의 실현, 욕망의 실현과 관계한다. 여기서 욕망이란 단순히 물질적 욕망만을 의미하지 않으며 사회적, 문화적, 정신적 욕망 전체를 의미한다. 욕망이 충족되면 그것은 자기실현이며 그것이 곧 자주성을 성취하는 것이다. 이때 그는 자유의 느낌이 든다. 이 자유는 행복의 느낌을 동반한다. 이런 자기실현, 욕망의 충족, 자유의 느낌이 곧 가치론의 차원에서 자주성의 의미가 된다. 현실적인 무능력이나 타인의 착취 속에서 인간은 자신의 욕망을 실현하지 못하니 불만과 불행의 느낌 속에 있다. 그는 구속을 느끼며 자주성을 성취하지 못한다.

역사는 인간 욕망의 실현을 향해 발전해 왔다. 욕망은 생산을 통해 실현되니, 이 과정에서 한편으로 사회적 생산이 발전했다. 사회적 생산이란 서로가 서로를 위해 생산하는 것이다. 나는 타인을 위해 타인은 나를 위해 생산하는 것, 그것이 사회적 생산이다. 사회적 생산은 생산력의 발전에 따라 다양한 형태로 실현됐다. 단순한 협업에서 교환관계, 자본주의적 시장, 사회주의적인 계획적 생산 등이다. 앞으로 사회적 생산은 더욱 고도로 발전할 것이다.

하지만 생산관계에서 착취나 억압이 나타나면서 사회적 생산은 소수를 위하여 이용된다. 착취나 억압이 사라지면 사회적 생산의 발전을 통해 더욱더 많은 사람의 욕망이 더욱더 철저하게 충족된다. 착취와 억압은 궁극적으로 두 가지 유형에 기초한다. 하나는 민족적 착취와 억압이며 다른 하나는 계급적 억압과 착취이다. 이 두 가지는 공존할 뿐만 아니라 상호 밀접하게 연관되어 있다. 소수의 착취와 억압이 사라지면 사회적 생산이 회복된다.

역사는 생산력이 발전하고 사회적 생산이 확장하고 심화하며, 억압과 착취로부터 해방되는 과정이다. 바로 이런 과정을 통해서 인간의 자주성이 실현된다.

가치론적인 측면에서 자주성 개념은 마르크스가 『경제철학수고』에서 주장했던 유적 존재 개념을 상기한다. 유적 존재란 자연의 유와 자기 자신의 유를 위해 생산하는 것이다. 이런 유적 존재는 소외에서 벗어나면서 자기를 회복한다. 마르크스는 이때 자유를 느낀다고 했다. 주체 사상에서는 이를 가치론적 차원에서의 자주성이라고 말한다.

### 4) 자주성과 가치

주체 사상은 자주성이 인간의 본성이며, 동시에 최고의 가치라고 전제한다. 인간의 자주성은 사회적 생산의 발전과 억압과 착취에서 해방되는 것을 통해 실현된다. 자주성은 역사적으로 발전했으며, 그것이 역사는 종적으로 그런 자주성의 실현을 향해 발전해 왔으니 그것이 가치 있는 것이다.

주체 사상에서 모든 것은 사회적 생산의 발전, 자주성의 실현에 얼마나 이바지하는가에 따라서 평가된다. 한 시대의 계급적, 정치적 요구도 자주성의 실현 정도에 따라서 객관적으로 평가될 수 있다. 민족과 민족의 관계도 이런 자주성의 본성에 따라 평가된다. 개인의 욕망도 이런 자주성을 실현하는데 이바지하는 것인가 아닌가에 따라 평가된다.

가치론의 측면에서 마르크스 철학과 주체 사상은 현격한 차이를 갖는다. 마르크스 철학에서 계급적 정치적 요구는 인간의 욕망을 필연적으로 결정한다. 개인의 자유로운 선택은 일시적 일탈, 공상에 불과하다. 그런 자유는 무의미하다. 마르크스 철학에서는 자유로운 선택이 가능한 것은 일상적인 사소한 영역에 제한된다. 결론적으로 마르크스 철학에서 자유가 제한적이니 가치 판단도 제한적이다.

반면 주체 사상은 역사를 종적으로 본다. 역사 속에서 특히 이행기에 다양한 계급적 정치적 요구가 갈등한다. 인간의 자기 인식과 인간 의지의 가능성, 자유로운 선택의 능력은 날이 갈수록 발전한다. 그러므로 주체 사상에서 가치론의 역할이 매우 크다. 주체 사상은 자주성이 최고의 가치, 객관적인 가치가 된다. 자주성의 가치란 사회적인 생산이 이루어지고 누구도 착취하거나 억압하지 않는 것을 의미한다. 이때 인간의 자주성이 실현되면서 인간은 행복과 자유의 느낌을 갖는다. 모든 것은 이런 객관적 가치의 기준에 따라 평가된다.

　마르크스의 가치론과 주체 사상의 가치론을 판단 진리론과 사태(존재) 진리론과 비교할 수 있다. 마르크스의 가치론은 진리가 판단에 있다는 판단 진리론에 상응하는 것이다. 공상에 빠지지 않고, 필연적인 것을 긍정하는 것이 올바른 판단이다. 반면 주체 사상의 가치론은 사태 진리론, 또는 존재 진리론에 상응한다. 즉 어떤 사물이나 사태가 다른 사물이나 사태보다 객관적으로 더 가치 있다는 관점이다. 인간에게 자유로운 선택의 가능성이 열려 있으니, 더 가치 있는 것을 선택하는 것이 올바른 판단이다.

# 5절 자주적 의지

## 1) 도덕론의 부재

지금까지 설명한 마르크스 철학은 대체로 서구 마르크스주의의 철학이다. 주체 사상은 서구 마르크스주의와 구별되는 동아시아 마르크스주의이다. 앞에서 살펴보았듯이 마르크스주의와 주체 사상은 대체로 유사하지만 인간론 특히 도덕론에 관해서는 상당한 차이가 드러난다.

(서구) 마르크스의 인간론은 대단히 합리적이다. 인간을 결정하는 것은 근본적으로 계급적, 정치적 요구가 된다. 개인적 욕망의 실현은 이런 사회적 요구가 실현되는가 아닌가에 달려 있다. 그런 의존관계는 장기적으로 무의식적으로 결정하는 힘을 미친다.

유감스럽게도 마르크스의 인간론에서 실천적 도덕론이 결여됐다. 마르크스주의가 대체로 계몽주의의 전통을 따르기 때문일 것이다. 계몽주의란 지덕 일체론, 지행 일치론이다. 즉 좋은 것(옳은 것, 필연)을 알면 사람은 따르기 마련이라고 생각한다. 계몽주의는 진짜로 좋은 것(옳은 것, 필연)이 무엇인가를 계몽하면 된다고 생각한다. 굳이 실천론을 전개할 필요는 없었다.

서구에서도 실천론이 없었던 것은 아니다. 앞에서 설명했듯이 낭만주의 계열의 철학은 실천론을 전개하는 데 상당히 이바지했다. 다만 마르크스주의는 대체로 계몽주의의 전통에 따랐다는 이야기이다.

## 2) 유학의 실천론

동아시아의 마르크스주의는 서구 마르크스주의와 이 점에서 구별된다. 이미 중국의 마오쩌둥에게서도 어느 정도 실천론에 대한 강조가 나타났다. 하지만 깊이 있게 이런 실천론을 전개한 것은 주체 사상이었다.

그 이유가 궁금하다. 역사적 원인이 가장 핵심이 될 것이다. 한국의 마르크스주의는 복잡한 종파 투쟁을 전개했고 국내보다 만주 지역에서 중국 공산주의자와 함께 투쟁했다. 그 고난이야 이루 말할 수 없었을 것이다. 실천의 간고함 때문에 실천론이 치열하게 전개됐던 것으로 보인다.

주체 사상이 독특한 한국철학의 전통을 계승한 것도 또 한 가지 원인일 것이다. 한국의 유학은 이기론 등의 이론적 영역에서는 중국의 유학을 거의 그대로 이식했다. 반면 한국유학은 유학의 기본적인 덕목인 오륜을 실천하는 문제, 즉 도덕론이나 심성론의 영역을 새롭게 개척했다. 한국의 유학은 이 영역에서 중국 유학이 따를 수 없을 정도로 탁월한 업적을 쌓았다.

조선조 초기의 소학 운동[140]에서부터 이런 운동이 일어났다. 그런 운동 끝에 의병 운동이 일어났다. 또한 그 뒤에 이론적으로 '사단칠정론'이나 '인성과 물성의 동이[同異]론' 등이 전개됐다. 이런 논쟁이 조선 유학의 백미이다. 이런 백미는 모두 도덕론, 심성론의 영역에서 전개된 것이라 할 수 있다.

조선조를 지배했던 성리학은 도덕론을 전개했지만, 아직 억압적 성격을 버리지 못했다. 도덕 자체가 삼강오륜 등 봉건적이었고 실천에서도 권력을 이용한 도덕적 강제를 버리지 못했다. 유학의 봉건성이 유학에 감추어진 진보적 덕목과 풍부한 실천론을 은폐하고 말았다.

조선 후기 등장한 양명학(강화학파)은 인간의 양심을 강조하면서 자주성에 기초한 도덕론의 토대를 놓았다. 강화학파의 양명학은 소학운동의 발전 선상에서 나온 것이면서 동시에 기독교와 결합하여 한 말 신민회(또는 국민회)가 전개한 자주 자강 사상의 토대가 된다. 이 자주 자강 사상이 김형직 목사를 통해 후일 김일성 주석에게 전달된 것으로 짐작한다.

이런 철학적 전통이 있었기에 조선의 마르크스주의라 할 수 있는 주체 사상은 독창적으로 심성론 또는 도덕론을 전개할 수 있었다.

### 3) 실천적인 자주성

주체 사상의 도덕론 또는 심성론을 어떻게 설명할 수 있을까? 쉬운 일이 아니다. 여기서 자주성의 또 한 가지 의미가 등장한다. 자주성의 첫 번

---

140   소학 운동이란 조선 조 초기 유교를 형이상학적으로 학습하지 않고 유교의 도덕을 실천적으로 습득하자는 운동을 말한다. 『대학』이 형이상학적 책이라면 『소학』은 유교의 도덕 책이다.

째 의미는 무엇이 가치 있는가와 연관된다. 사회적 생산, 착취와 억압에서의 해방, 그것은 가치론적 차원에서의 자주성 개념이다.

가치 있는 것이 무엇인지는 객관적으로 판단된다. 자주성의 실천적 의미는 가치 판단을 수용해 가치 있는 것을 선택하고 이를 실행하는 문제다. 이것은 도덕론, 심성론의 차원의 문제이다. 행위와 실천과 관련해 본다면 두 가지 원리가 대립한다. 하나는 욕망의 원리이고 다른 하나는 자유의지의 원리이다. 자주성의 두 번째 의미, 실천적 의미는 자유의지와 관련된다.

우선 욕망을 보자. 여기서는 욕망의 내용을 문제 삼는 것이 아니다. 여기서는 욕망이 실현되는 방식을 문제 삼는다. 욕망은 흔히 기계적인 힘으로 강요된다. 욕망의 힘은 자기도 어쩔 수 없이 강제된다. 욕망은 결과를 향해 직진(충동적)한다. 욕망은 그 결과 때문에 쾌락을 얻는다. 욕망은 남이 대신하더라도 결과만 얻으면 충분하다.

자유의지는 욕망과 다르다. 자유의지는 능동적으로 선택하고 실행한다. 그 때문에 자유의지라 한다. 이런 자유의지는 그 결과가 아니라 그 과정 때문에 즐거움을 얻는다. 자유의지는 남이 결과를 해다 바치는 것보다는 자기가 그런 결과를 만들어내기를 바란다.

두 가지의 차이를 비교하기 위해 축구 구경하는 두 방식을 보자. 나는 대개 뉴스 시간에 골 들어가는 장면만 보는 것을 좋아한다. 나는 솔직히 두 시간 동안 일진일퇴 지루하게 공이 오가는 것을 눈이 빠지게 쳐다보는 사람들이 이상하다. 반면 진짜 축구광은 나와 다르다. 그는 골을 넣기 위해 일진일퇴하는 장면, 하나하나를 놓칠까 두려워 화장실도 가지 않고 바라본다. 많은 축구광은 시원한 집에서 TV로 보기보다 뙤약볕 밑에 축구장에서 구경하고자 한다. 그것도 성에 안 차서 동네 축구를 한 시간 뛰고 나서는 마치 월드컵에 나간 것처럼 좋아한다. 나 같은 사람이 축구를 욕망하는 것이라면, 축구광은 축구에 대한 자유 의지를 갖고 있다고 할 수 있다.

자유의지는 왜 자기가 실행하는 것을 고집할까? 자기 실행에는 고유한 즐거움이 감추어져 있기 때문이다. 욕망은 결과를 통해 쾌락을 얻지만, 자유의지는 행위 자체, 행위를 하는 과정을 통해 즐거움을 얻는다.

자기 실행의 즐거움, 그것이 자유의지의 핵심이다. 이런 핵심은 자유의지의 다양한 형태가 발전하는 가운데 최종적으로 출현한다. 자유의지는 뒤에 설명하겠지만, 자율성, 자발성을 거쳐 마침내 자주성에 이른다. 자주성은 자유의지의 완성된 형태이다.

주체 사상은 자기 실행, 자주성을 인간의 본성의 차원으로 고양한다. 가치론적 차원에서의 인간의 본성은 욕망의 실현, 자기실현으로서 자주성이다. 그것은 역사적으로 사회적 생산, 억압과 착취로부터의 해방을 통해 실현된다. 반면 실천적 차원에서 인간의 본성은 자유의지이며, 그 가운데서 자주성이다. 자주성은 자신이 선택한 것을 자기가 실행하는 데서 고유한 즐거움을 얻는다.


## 4) 부르주아 자유주의

일반적인 자유의지와 부르주아 자유주의에서 자유는 다르다. 부르주아 자유주의는 말로는 자유롭게 선택한다고 주장한다. 그는 말만 그렇게 할 뿐 실제 행위는 자유롭게 선택하지 못한다. 부르주아 자유주의는 결국 몸이 강요하는 욕망에 마음을 맡길 뿐이다. 그는 욕망이 시키는 일을 자유롭게 선택한 것이라고 우기는 사기꾼이다. 부르주아 자유주의는 실제로 욕망론자와 구별되지 않는다.

진정한 자유의지는 능동적으로 선택하고 자기가 실행하는 것이니, 이는 욕망의 힘을 지배하는 힘을 갖는다. 예를 들어 그는 몸으로는 술을 먹고 싶어 한다. 그러나 강력한 의지를 통해 그 순간에 뜨거운 차를 먹는다. 이때 그에게 자유의지가 출현한 것이다.

욕망과 자유의지의 차이, 부르주아 자유주의와 진정한 자유의지와 차이에 관해서 이렇게 간단하게 정리하고 말자. 좀 더 상세한 논의는 내가 이미 지은 저서『자주성의 공동체』를 참조하기 바란다.

흔히 자본주의 사회를 민주 사회라 하고 사회주의 사회를 자치 사회라 한다. 민주란 목적만 합의로 결정하고 그 실행은 전문가 또는 관료에게 맡긴다. 결과의 즐거움 즉 최고의 효율성을 목표로 하기 때문이다. 반면 사회주의 사회는 자치가 확대하는 것을 요구한다. 그것은 목적만 합의로 결정하는 것이 아니라 그 실행까지도 구성원이 담당하는 것을 말한다. 그렇게 된다면 아마도 그것은 비효율적일 수도 있을 것이다. 전문가가 아닌 아마추어가 하는 일이니 서투르거나 혼란스러울 수도 있다. 하지만 사회주의 사회는 가능하면 자치의 방식을 택한다. 왜냐하면 자기가 실행함은 고유한 즐거움을 주는 것이니 실천적 자주성은 인간의 본성에 속하기 때문이다.

# 6절 자율성, 자발성, 자주성

## 1) 자유의지의 발전

자주성의 개념은 일반적인 자유의지 중의 하나이다. 자유의지란 기본적으로 가치 있는 것을 자기가 선택하고 이를 실행하려는 의지를 말한다. 자유의지는 여러 형태가 있다. 자유의지의 여러 형태 가운데는 발전이 존재한다. 그 발전은 자기 실행, 행위의 즐거움이 얼마나 포함되는가에 따른다. 자유의지가 발전하는 가운데 최종적으로 출현한 형태가 자주성이다. 자주성 속에서 가치 있는 것을 실행하는 즐거움이 완성된 형태로 나타난다.

자유의지의 최고 형태로 자주성 개념은 독일 고전철학의 전통에서 발전했다. 이 과정은 헤겔이 자기의 책『정신현상학』의「정신」장 마지막 부분에서 다루었다. 이때 헤겔은 칸트의 순수의지(자율성), 셸링의 양심(자발성)을 넘어 절대정신(종교 정신)이 발전한다고 서술했다. 자유의지의 발전 과정은 키어케고어의 책 『이것이냐 저것이냐』에서 반복적으로 설명됐다. 그는 여기서 미적 정신, 윤리적 정신, 종교적 정신으로 설명했다. 미적 정신이 양심 개념에, 윤리적 정신이 순수의지에, 종교 정신이 절대정신에 해당한다. 비록 순서는 차이가 있지만, 설명의 내용은 거의 같다.

헤겔과 키어케고어의 설명을 참조하여 이제 자유의지의 발전 과정을 설명해 보자.

### 2) 자율성

자유의지의 최초 형태는 자율성이다. 흔히 도덕적 강제라고 말한다. 자율성은 자유의지가 욕망을 억압적으로 규정하는 경우이다. 그 방식은 주로 자기 규율이다. 인간의 자유 의지에는 육체의 욕망을 억압하는 힘이 존재한다고 가정된다. 그 힘은 의지의 힘이다. 이 힘이 실현하는 것은 도덕적 법칙이다. 자율성을 강조하는 철학이 많다. 서양철학에서는 칸트의 의무론이 대표적이다. 동양에서는 유교의 실천론이 이런 자율성을 강조한다.

헤겔은 순수의지, 자율적 의지에 모순이 존재한다고 본다. 순수 의지는 욕망과 대립하기 때문이다. 그것은 어떤 동기도 없이 그야 말로 도덕적 법칙이 도덕적 법칙이기 때문에 실현하는 것이다. 칸트는 이를 의무를 위한 의무라고 규정했다.

순수의지는 어떤 동기도 없어야 하지만 그러면 이율배반에 빠진다. 즉 동기가 아무것도 없다면 실제 그것을 수행할 힘이 없다는 말이 된다. 실제로 행위가 일어난다면 그때는 어떤 동기 즉 욕망을 감추어 놓고 있는 경우가 많다. 어떤 사람이 이유 없이 자선을 한다고 하지만 사실은 감추어 놓은 목적이 있듯이 말이다. 역설적으로 선한 동기 때문에 자선을 하는 사람보다 아무런 동기 없이 마치 장난 듯 자선을 하는 사람이 더 올바른 행위가 된다.

결국 도덕 법칙을 실행하는 데 어떤 동기가 필요한 것은 틀림없다. 그러나 그 동기는 욕망에서 나오는 동기여서는 안된다. 그러면 욕망 때문에 행위를 한 것이 되기 때문이다. 욕망이 아닌 행위의 동기가 가능한가? 그렇다. 가능하다. 그것은 행위 자체에서 얻어지는 즐거움 때문에 행위를 하는 경우이다. 이때 자발적 의지가 출현한다.

### 3) 자발성

자율성 다음으로 등장하는 것이 자발성이다. 자발성은 도덕 법칙 또는 가치 있는 것을 실행하는데 그 행위 자체에 고유한 즐거움이 있다고 믿는다. 행위의 결과로부터 얻어지는 쾌락과 이 즐거움은 다르다. 행위의 결과로 얻어지는 쾌락이 아니라 행위 자체의 즐거움이 행위의 직접적인 동기이다.

자발성에서는 도덕적 행위가 저절로 나오게 된다. 자발성에 대표적인 예가 양심이다. 양심은 도덕적 가치를 수행한다. 양심은 도덕을 수행하면서 즐거움을 느낀다.

자율성은 도덕적 강제이다. 이것은 자유의지이기는 하지만, 고유한 즐거움을 지닌 자주성에 이르지는 못했다. 양심 또는 자발성에 이르게 되면, 도덕적 행위를 즐겁게 수행하니 여기서 자주성의 개념이 단순한 형태로 출현한다.

낭만주의 철학이 대개 자발성을 강조한다. 많은 무정부주의자의 기본 개념이 개인의 자발성이다. 최근 프랑스 철학자 들뢰즈 등의 철학도 자발성 개념을 기초로 한다. 동양철학에서는 양명학이 여기에 속한다. 양심이라는 말 자체가 양명학에서 말하는 양지양능[良知良能: 올바른 지식과 올바른 의지]에서 나온 말이다. 근대 초기 양명학의 영향을 받은 독립운동단체 즉 신민회 또는 국민회가 자주, 자강, 자립, 자력 등의 말을 잘 쓰는 이유도 여기에 있다.

자발성은 개인적인 자주성에 그친다는 한계가 있다. 양심적인 사람은 자주 오만에 빠진다. 자기만이 올바르고 선하다고 믿는다. 그는 타인이 자기를 인정하는 한에서만 타인도 양심적이라 믿는다. 만일 타인이 자기를 인정하지 않는다면 그것은 자기의 잘못 때문이 아니라 타인이 양심적이지 않기 때문이라고 생각한다.


### 4) 공동체적 자주성

양심과 같은 개인적인 자주성을 넘어서 공동체적 자주성이 등장한다. 이 공동체적 자주성의 대표적인(또는 이상적인) 예가 기독교적 사랑 개념일 것이다.

사랑은 양심처럼 자기가 실행하면서 그 속에서 고유한 즐거움을 얻는다. 사랑은 대가를 바라지 않으며 사랑하면 그것만으로도 이미 즐겁다. 사랑은 자주성에 속한다. 사랑은 타인에 관계한다. 양심이 오만한 개인주의에 머무른다면 사랑은 타인과 관계하여 아름다운 공동체를 이룬다. 사랑은 공동체적인 자주성이라 할 수 있다.

사랑도 다양한 형태가 있다. 남녀 간의 사랑은 단계가 낮아서 주로 감정에 종속하며, 약하기는 하지만, 대가를 바란다. 상대가 사랑하는 한 나도 사랑할 뿐이다. 부모의 사랑은 대가 없으니 남녀 간의 사랑보다 더 순수한 사랑 개념에 가깝다. 하지만 부모의 사랑은 자연적인 가족의 범위에 한정되어 있다. 마침내 동지애라든가 민족애에 이르게 되면 이웃 사랑이라는 기독교적 사랑 개념에 근접하게 된다. 기독교적 사랑, 이웃 사랑은 공동체적 자주적 정신의 핵심에 도달하게 된다.

공동체적 자주성 즉 사랑은 자유의지의 최고 단계이며, 많은 종교적인 개념이 이로부터 유래했다. 기독교적 이웃사랑, 유교에서 타인에 공감하는 인[仁], 동학에서 타인을 하늘로 받드는 인내천 사상이 자주적 공동체 정신의 최고단계를 보여준다. 헤겔은 공동체적 자주성을 절대정신이라 규정했다.


### 5) 종합적인 정리

지금까지 주체 사상에서 전개한 자주성의 개념을 살펴보았다. 다시 한번 말하지만, 자주성에 두 차원이 있다. 사회적 요구로서 자주성(계급해방과 민족자결)과 도덕적 차원에서 자주성이다. 전자는 가치의 차원이며 후자는 실천 의지의 차원이다. 전자는 욕망의 충족을 통해 얻는 자유와 연관된다. 이는 사회적 생산의 발전을 통해 서로가 서로를 위해 생산할 때 실현된다. 후자는 무엇이든 자기가 실행하면서 그 실행하는 행위나 과정을 통해 즐거움을 얻는 것이다.

철학적으로 그것은 도덕을 실행하는 자유의지를 기반으로 한다. 이런 자유의지는 단계적으로 발전한다. 자율성과 자발성을 넘어서 공동체적인 자주성이 출현한다. 그것은 동지애와 민족애, 이웃 사랑에서 가장 잘 표현된다.

# 나가는 말 - 21세기 사회주의

마르크스(그리고 엥겔스)의 사상은 시대에 따라 발전했다. 그는 자기 시대와 부딪히면서 부단히 자기의 사상을 재창조했다. 마르크스 사상의 토대가 놓인 것은 대체로 1846~1847년 작성된 『독일 이데올로기』에서였다. 그의 사상은 1848년 2월혁명의 실패 이후 지어진 역사서들 속에서 더욱 발전했다. 그리고 1850년대 가난과 고립, 모색의 시기를 거쳐 1850년대 말에 이르게 되면 그의 사상은 재창조됐다. 그 출발점이 1859년 『정치경제학 비판』 「서문」에 나타난 사적 유물론의 공식화였다. 마침내 1860년대 중반 '국제 노동자 협회'를 주도하면서 그의 사상은 새로운 면모를 드러냈다.

이 전체 흐름에서 기본 토대는 같았지만, 그 위에 그가 지은 집은 그때마다 새로운 모습이었다. 앞에서 여러 장에 걸쳐 제시한 마르크스 사상의 발전을 몇 가지 점으로 정리할 수 있겠다. 구체적인 것은 본문을 참조하기 바란다.

　우선 사적 유물론의 원리에서 생산력과 생산관계(또는 교환관계) 그리고 물질적 하부구조와 정치적 상부구조 사이의 관계는 처음 『독일 이데올로기』에서 확정되었다. 흔히 알려진 것과 달리 양자의 관계는 상호작용의 관계이다. 이 시기 생산관계와 교환관계의 개념이 구분되지 않았다. '사회적 분업'이라는 말로 뭉뚱그려졌다. 역사에서 매개고리 역할은 교환관계, 사회적 분업이 담당했다. 1850년대 역사 연구를 통해 역사 속에서 생산관계, 계급투쟁의 중요성이 강조되었다. 마침내 1859년에 『정치 경제학 비판』에서 교환관계를 제치고 생산관계가 매개고리 역할을 담당하게 됐다.

　국가론에 관해서도 변화가 있었다. 1850년대만 해도 마르크스는 블랑키의 의회 일원제 민주주의 국가 개념을 수용했다. 1860년대 그는 '국제 노동자 협회'에서 활동하면서 서구 민주주의의 수단적인 가치에 주목했다. '국제 노동자 협회'에서 무정부주의자와 논쟁을 통해 그는 무정부주의의 코뮌연합 개념을 부분적으로(반관료주의의 측면에서) 받아들였다. 그리고 1871년 파리 코뮌 전후로 새로운 사회주의 국가의 가능성을 모색했으나, 완성하지는 못했다. 그 이후 1917년 레닌에 의해 소비에트 민주주의 이론이 확립했다.

　민족 이론도 마찬가지로 발전했다. 1850년대 초에 마르크스는 민족주의에 대해 부정적이었다. 1848년 혁명에서 민족주의자의 활동에 대해 그가 실망했기 때문이다. 하지만 1850년대 후반에 아일랜드 민족 운동을 눈으로 확인하면서 그는 엥겔스를 따르면서 민족주의에 대해 긍정하게 됐다. 하지만 그 자신은 민족 이론을 확립하지 못했다. 1884년 엥겔스가 지은 『가족, 사유재산, 국가의 기원』이라는 책은 새로운 민족 개념을 함축하지만, 사람들은 그것에 대해 주목하지 못했다. 스탈린이 1913년 제시한 민족 이론은 마르크스 초기의 입장을 기초로 구성한 것이다. 스탈린 역시 1929년에 이르면 민족주의의 가능성을 더 폭넓게 인정하였다. 민족 이론은 후일 주체 사상에 이르러서 확립됐다고 볼 수 있다.

마지막으로 인간론에 관해 덧붙이자면 마르크스의 인간론은 아직 그의 사상이 확립되기 전 1844년 작성된 『경제학 철학 수고』에서 풍부하게 나타난다. 여기서 그는 '유적 존재'라는 개념을 통해 인간의 사회적 본성과 자유의 가능성을 제시했다. 그후 그의 역사적 유물론이 확립되면서 청년기 인간론은 사라졌다. 그는 인간의 욕망이 사회 역사적으로 결정된다는 측면을 강조했다. 레닌과 마오를 거쳐 가면서도 인간론은 다시 살아나지 않았다. 100년이 지나 주체 사상에 이르러 마르크스 철학 속에서 인간의 본성과 자유의 가능성이 다시금 발굴되었다. 그게 주체 사상이 제시한 자주성 개념이다.

이상 몇 가지 점에 관해서 마르크스(그리고 엥겔스)의 사상이 변화하는 것을 살펴보았다. 전체적으로는 1850년대 말이 대전환기였지만 이 전환은 일거에 일어난 것은 아니다. 그사이 그리고 그 이후 점진적인 변화 속에서 마르크스의 사상이 형성되었다. 마르크스주의는 레닌, 스탈린, 마오쩌둥 그리고 주체사상에 이르기까지 지속해서 발전했다. 그들은 자기 시대에 맞게 마르크스주의를 새롭게 창조했다. 오늘날 우리가 상식적으로 알고 있는 마르크스주의는 이런 사상적 발전 가운데 일부이거나 일정 시기에 한정된 것에 불과하다. 마르크스주의의 발전을 전반적으로 이해한다면 우리가 몰랐던 새로운 마르크스 사상의 상을 세울 수 있지 않을까? 필자가 이 책을 통해 모색했던 것도 그런 새로운 마르크스의 상이었다.

그렇다면 필자가 발견한 새로운 마르크스 사상의 상은 무엇인가? 이점을 필자는 21세기 사회주의라는 개념과 연관해서 말하고 싶다. 일반적으로 2008년 미국발 금융 위기를 신자유주의가 몰락해 가는 신호탄으로 간주한다. 금융 위기 후 요즈음 세계 곳곳에서 21세기 사회주의라는 말이 떠돌고 있다. 이 말은 멕시코에서 원주민과 함께 투쟁한 사파티스타에서 유래했다고 한다. 베네수엘라의 차베스 역시 이런 말로 자신의 투쟁을 그리려 했다. 이 말은 곧 유럽에도 상륙했다. 유럽의 자율주의 운동이 그것이다. 신자유주의의 변경에 서 있는 그리스의 시리자도 이 말을 사용한다.

21세기 사회주의란 무엇인가? 21세기 사회주의는 기존의 사회주의와는 어떻게 다른 것인가? 21세기 사회주의가 무엇인지에 관해 확정된 것은 없다. 신자유주의를 넘어서고자 모색하는 사람은 누구나 21세기 사회주의라는 깃발을 들고 있으니, 그 말은 칸트가 말한 규제 이념으로 보인다.

의미의 다양한 차이에도 불구하고 21세기 사회주의에 공통된 지향점은 있을 것 같다. 우선 21세기 사회주의가 신자유주의를 넘어서 새로운 대안으로 사회주의를 내세우는 것은 틀림없다. 그것은 기존 사회주의처럼 모든 소유의 폐지, 국가적 소유를 주장하는 것은 아닐 것이다. 국가적 소유가 아닌 사회주의도 가능한 것일까?

사회주의의 기본적인 출발점으로 돌아가 보면 어떤가? 생각해 보면 기존 사회주의 즉 모든 소유의 폐지조차 더 근본적으로 모든 사람이 서로를 위해 생산하는 사회적 생산의 한 방식에 불과하다. 소유의 폐지란 수단에 불과하고 사회적 생산이 기본 목표라 한다면 이를 위한 새로운 수단도 가능하지 않을까?

또 한 가지 공통적인 특징이 있다. 모든 21세기 사회주의는 자율성[Autonomie]을 강조한다. 이 말은 차라리 자주성이라고 번역하는 것이 옳다. 여기서 자율성, 자주성은 대체로 이런 의미이다. 즉 기존의 정당, 노조는 관료적이고 위계적이어서 대중이 수단화되고 대상화됐다. 이런 기존의 조직과는 다른 조직은 불가능한 것일까? 대중이 주인이 되고 자주적으로 행동하는 조직은 없을까? 이를 위해 다양한 모색이 이루어졌다. 사파티스타는 주민의 자치와 게릴라를 유기적으로 결합하려 한다. 차베스 역시 공동체적 생산과 자치를 국가 주도의 사회 체제 아래 육성하려 했다. 유럽에는 독립 노조, 연합 정당이 출현했다. 대표적인 것이 그리스의 시리자이다.

21세기 사회주의가 강조하는 두 요소는 주체 사상 속에서도 발견된다. 자주성이라는 개념이 위와 같은 두 가지 의미를 동시에 지니고 있다. 하나는 새로운 사회의 이념이다. 자주적 사회는 어떤 억압과 착취 없이 사회적 생산이 이루어지는 것을 사회를 의미한다. 다른 하나는 이런 사회를 실천하는 행동의 의지이다. 그 의지는 행위의 결과를 통해서가 아니라 행위 자체에서 즐거움을 얻는 의지, 즉 공동체적 자주성이다.

더 거슬러 올라가면 이 두 요소는 이미 마르크스의 원전 속에도 뿌리를 내리고 있다. 지금까지 마르크스는 교과서적으로만 읽혔다. 그 때문에 마르크스의 원전 속에 담겨있는 많은 풍부한 내용이 감추어지거나 잊혔다. 앞에서 우리는 마르크스의 원전을 다시 읽으면서 그 원전 속에 새로운 마르크스의 상 즉 21세기 사회주의의 지향성을 발견할 수 있었다.

유감스럽게도 지금의 현실에 적합한 21세기 사회주의 즉 사회적 생산의 구체적인 체제, 대중의 자주성을 불러일으킬 새로운 실천적 계기를 우리는 아직 발견하지 못했다. 마음은 칠흑같이 어둡지만 그래도 우리가 지향해갈 새로운 별빛은 선명하다. 21세기 사회주의의 별빛이 우리의 걸음을 비추고 있다.

# 우리가 몰랐던 마르크스

초판 1쇄 인쇄  2018년 12월 14일

초판 1쇄 발행  2018년 12월 21일

지은이   이병창

펴낸곳   먼빛으로

주소     서울시 관악구 봉천동 865-2 세종오피스텔 716호

전화     070-8742-5830

팩스     051-980-0609

이메일   fromafar@gmail.com

출판등록 617-91-76607

ISBN     978-89-963381-8-5 (03160)